BELPMOOS

EINE BERNER
KRIMINALGESCHICHTE

Thomas Bornhauser

BELPMOOS

EINE BERNER
KRIMINAL-
GESCHICHTE

WEBERVERLAG.CH

ERKLÄRUNG

Die in diesem Kriminalroman beschriebenen Schauplätze sind original-
getreu wiedergegeben. Die Handlung der Geschichte hingegen ist eine
Fiktion. Dies gilt insbesondere für die Namensnennung der Akteure, Un-
ternehmungen und Organisationen. Um die Verbindung zwischen Fiktion und Handlungsschauplatz sicherzustellen, sind juristische Personen
zum Teil namentlich erwähnt. Die auf diese Weise beschriebenen Unternehmen haben mit der fiktiven Geschichte nichts zu tun. Ihre im Roman
beschriebenen Tätigkeiten sind frei erfunden, ein Zusammenhang mit
der realen Welt ist nicht gegeben. Wenn sich aus dem Zusammenhang Parallelen zu real existierenden Personen oder Unternehmen ergeben, so ist
dies rein zufällig, weder beabsichtigt noch gewollt. Real existierende Personen sind unter «Personen, die im Roman ebenfalls vorkommen» namentlich aufgeführt.

IMPRESSUM

Alle Angaben in diesem Buch wurden vom Autor nach bestem Wissen und Gewissen
erstellt und von ihm und dem Verlag mit Sorgfalt geprüft. Inhaltliche Fehler sind
dennoch nicht auszuschliessen. Daher erfolgen alle Angaben ohne Gewähr. Weder
Autor noch Verlag übernehmen Verantwortung für etwaige Unstimmigkeiten.

TEXT
Thomas Bornhauser, CH-3033 Wohlen, www.bosaugenblicke.ch

FOTOS
Die Fotos stammen von Thomas Bornhauser (Ausnahmen sind deklariert).

WERD & WEBER VERLAG AG

Gestaltung Titelbild Darja Hosmann
Gestaltung/Satz Shana Hirschi
Lektorat David Heinen
Korrektorat Heinz Zürcher

ISBN 978-3-03818-350-1
www.weberverlag.ch

Der Verlag Werd & Weber wird vom Bundesamt für Kultur mit einem
Strukturbeitrag für die Jahre 2021–2024 unterstützt.

Inhalt

Vorwort	6
Die Protagonisten	8
Bern-Airport	14
Prolog	19
Eine Hinrichtung	20
Eine Woche zuvor	23
Vermisst wird: Manuela Dimitriu	32
Majkl Amanovic ist nicht gemeldet	41
Das Treffen mit Claude Bannel und Jean-Louis de Châtenier	49
Geheime Besprechungen	59
Gleich zweimal ermordet	71
Fake Watches waren lange vor den Fake News ...	79
Bluff oder starke Reaktion?	87
Die Reise in die Berliner Unterwelt	92
Drei Herren in einem schwarzen Mercedes	107
Robinson. 85 Sophie, 32 Willi.	118
Alle mit einer Schicht Silikon getäuscht	128
Staatsanwälte küsst man nicht	141
Sacha Anatoli Golubew	147
Ein weiterer Todesfall	155
Stanislaw Darko	161
«Was ist da bloss los?»	167
Rolf Guggisberg im Pyri und im Ringhof	177
Verkehr in Berlin	192
Von Bern nach Berlin	201
Von Berlin nach Bern	209
Personelle Mutationen	214
Epilog	221
Quellenverzeichnis	223
The Making of ...	225
Ich habe zu danken ...	229
Zum Autor	230

Vorwort

(Oder: Was Sie überspringen können …)

Sie, die Sie nicht meine erste Kriminalgeschichte lesen – das hier ist Ausgabe Nummer 7 –, wissen es: Ich bin allgemein interessiert. Dieses Interesse finden Sie in meinen Kriminalgeschichten niedergeschrieben. Mit jedem Buch nehme ich mich gewisser Themen an, dieses Mal geht es um den Flughafen Belpmoos und um seine Zukunft, über die ich einzig … spekuliere. Alles – ich schreibe ausdrücklich «alles» – ist in dieser Handlung frei erfunden. Wer würde daran zweifeln – Sie etwa? Das heisst: Die Sitzung vom 24. September, zu Beginn des Krimis, die hat tatsächlich stattgefunden. Ich war dabei.

«Du schreibst mit deinen Schilderungen zeitweise an der effektiven Kriminalgeschichte vorbei», bekomme ich dann und wann als Kritik zu hören. Diese habe ich zu akzeptieren – kann sie auch nachvollziehen. Nur eben: Das ist mein Stil, ich mag nicht über meinen Schatten springen, habe aber inzwischen gelernt, dabei wenigstens nicht auszuufern. Wenn Sie sich also nicht für die Geschichte des Flugplatzes oder für Fake Watches interessieren, so überspringen Sie einfach die Seiten 14 bis 18 respektive 79 bis 86, Sie verpassen nichts, was die Handlung betrifft. Übrigens: Die Fotos sind absichtlich in Schwarz-Weiss aufgenommen – und nicht farbig bei eitel Sonnenschein, sie unterstreichen so besser die Stimmung meiner Geschichte.

2022, das sei bereits verraten, wird es in «Westside» um ein ungewöhnliches Verbrechen gehen, um Gold und um Falschgeld. Viel mehr weiss ich im Moment auch noch nicht. Kommt Zeit, kommt bekanntlich Rat, auch in diesem Fall.

Das wäre es schon. Und nun wünsche ich Ihnen viel Spass mit Joseph «J. R.» Ritter und seinem Team. Danke für Ihr Interesse!

Mit freundschaftlichen Grüssen

Herzlich,

Wohlen/Vercorin, im Oktober 2021

Die Protagonisten

Joseph Ritter, Leiter des Dezernats Leib und Leben bei der Kantonspolizei Bern

1960 im Berner Länggassquartier geboren. Ausbildung zum kaufmännischen Angestellten in einem Sportgeschäft in Bern, danach im Bereich der Security tätig. Anstellung bei der US-Botschaft in Bern, anschliessend im Pentagon, wo er seine spätere Ehefrau Cheryl Boyle kennenlernt. Zum zehnten Hochzeitstag Reise nach Hawaii. Bei der Rückreise Zwischenhalt in San Francisco, wo sie schuldlos in eine Schiesserei rivalisierender Banden geraten. Cheryl wird von einem Querschläger getroffen und stirbt. Ritter geht darauf für drei Jahre nach Südkorea, findet eine Anstellung im Sicherheitsbereich der US Air Force. Er kehrt 2003 nach Bern zurück, wird Quereinsteiger beim Kriminaltechnischen Dienst (KTD) der Kantonspolizei Bern und ist seit elf Jahren in der heutigen Position tätig. Pension in Sicht, eventuell vorzeitig. Er wohnt seit fünf Jahren mit Stephanie Imboden in Münsingen zusammen. Ritter wird, seiner Initialen und seines Alters wegen, nur J. R. genannt («Tschei Ahr»), wie einst J. R. Ewing in der legendären US-amerikanischen TV-Serie «Dallas».

Elias Brunner

Solothurner, 40 Jahre alt. Sportler, spielt Fussball beim FC Bern. Elias Brunner war zuerst bei der uniformierten Polizei, bevor er ins Dezernat Leib und Leben wechselte. Er ist der ruhende Pol in der Abteilung, ihn kann offenbar nichts aus der Fassung bringen – ausser seine langjährige Partnerin und Ehefrau Regula Wälchli, die ab und zu gerne provoziert. Was sich liebt, neckt sich. Seit Kurzem zum zweiten Mal Vater. Die Familie wohnt im Beunde-Quartier in Wohlen bei Bern.

Stephan Moser

41 Jahre alt, gross gewachsen, seit Jahren Mitarbeiter von Joseph Ritter. Er lebt in Hinterkappelen, einem Vorort von Bern. Seit drei Jahren ist er

mit Claudia Lüthi liiert. Im Team gilt er als Bürokalb, immer zu einem Spässchen aufgelegt. Seine Sprüche wie «Wie makaber, ein Kadaver» oder «Der Typ ist derart blöd, dass er glaubt, Watergate sei eine grosse Wasserrutsche im Europapark» sind Kult. Bekennender Fan der Berner Young Boys.

Claudia Lüthi

Die 42-jährige Bernerin ist seit drei Jahren Mitglied des Teams. Nachdem sie vor fünf Jahren aus der Privatwirtschaft als Quereinsteigerin in den administrativen Bereich der Kantonspolizei gewechselt hatte, bewarb sie sich um den frei werdenden Posten von Regula Wälchli, die heute administrativ in Teilzeit für die Kapo arbeitet. Alle notwendigen Ausbildungen zur Kriminalistin hat Claudia Lüthi mit Auszeichnung bestanden. Sie wohnt am Adlerweg in Köniz. Partner: Stephan Moser.

Eugen Binggeli und Georges Kellerhals

Zwei Spezialisten des KTD, die eng mit dem Team von Joseph Ritter zusammenarbeiten. Binggeli wird mit Vornamen in der US-Version «Iutschiin» gerufen, Kellerhals mit «Schöre», Berndeutsch für Georges.

Veronika Schuler

Rechtsmedizinerin im Institut für Rechtsmedizin (IRM) Bern. Thurgauerin, mit unverkennbarem Dialekt (Stephan Moser: «Dein Dialekt ist die beste Verhütungsmethode …»). Fachfrau, gibt auch Fehler zu. Wird von Ritter & Co. enorm geschätzt.

Gabriela Künzi und Ursula Meister

Mediensprecherinnen bei der Kantonspolizei, beide seit vielen Jahren Kommunikationsprofis.

Max Knüsel

Generalstaatsanwalt Bern-Mittelland. 58 Jahre alt. Spricht die Leute nur mit Familiennamen an, macht selten bis gar nie Komplimente. Hat einen Hang zu schwarzem Humor. Zwei seiner Lieblingssprüche: «Ritter, haben Sie daran gedacht, dass ...?» und «Halten Sie mich auf dem Laufenden». Seit drei Jahren mit Ritter per Du. Vor allem aber: Am 1. Januar 2020 wurde er erwartungsgemäss zum Generalstaatsanwalt des Kantons Bern befördert, sodass die Ermittler seither mit einem neuen Staatsanwalt – mit Martin Schläpfer – zusammenarbeiten.

Martin Schläpfer

Staatsanwalt Bern-Mittelland, Nachfolger von Max Knüsel, vorher bei der Staatsanwaltschaft Biel-Seeland tätig. 41 Jahre alt, wohnt in Bremgarten bei Bern.

Christian Grossenbacher

Kommandant der Kantonspolizei Bern, ein stiller Schaffer, hört meistens nur zu. Wenn er sich ausnahmsweise zu Wort meldet, dann mit zielführenden Fragen oder Bemerkungen.

Regula Wälchli

Die 37 Jahre alte Gstaaderin war zusammen mit ihrem heutigen Ehemann Elias Brunner einige Jahre Mitglied des Dezernats Leib und Leben. Aufgrund ihrer seit bald drei Jahren veränderten Lebensumstände – Mutter von Noah und seit wenigen Wochen von Anna – hat sie ihren Fulltime-Job als Kriminalistin aufgegeben und eine Homeoffice-Teilzeitstelle im administrativen Bereich der Kantonspolizei angenommen. Ihren Arbeitsplan gleicht sie jeweils mit jenem von Elias Brunner ab. Regula Wälchli hat nach ihrer Heirat ihren Mädchennamen behalten.

Konstantin Kaiser (57 Jahre alt) ist österreichischer Staatsangehöriger, Selfmademan, hat in Österreich und in den neuen Bundesländern Deutschlands ein Vermögen mit Immobilien gemacht. Das Hauptbüro seiner Konstantin Kaiser Immobilien KKI befindet sich in Wien nahe dem Stephansdom, mit Niederlassungen in Innsbruck, München und Dresden. Firmensitz seiner Holding ist Vaduz. In der Schweiz ist KKI erst im Aufbau begriffen. Konstantin Kaiser, mit einem guten Riecher für lukrative Geschäfte ausgestattet, vermutet im Belpmoos das Potenzial für weit mehr als nur für ein «Flugplatzerl», wie er sich Geschäftsfreunden gegenüber ausdrückt. In Bern amtet Anwalt Flurin Casutt als sein Statthalter. Kaiser wird seiner Initialen wegen K u. K genannt, in Anlehnung an das seinerzeitige Kaiserlichkönigliche.

Stanislaw Darko (48 Jahre alt) aus Serbien, hat zusammen mit seinem Bekannten **Oliver Popovic** (45 Jahre alt), der aus Montenegro stammt, die letzten drei Jahre die Fluggesellschaft Fly4sure mit Sitz in Bern betrieben und vom Belpmoos aus Destinationen auf dem Balkan angeflogen, aber auch Berlin-Schönefeld, Dresden und Leipzig. Die Investitionen in die Airline in hoher zweistelliger Millionenhöhe tätigte angeblich ein ungenannt sein wollender Mäzen (wobei diese offizielle Version angezweifelt werden darf, hinter vorgehaltener Hand ist von Geldwäsche die Rede). Dies in guter Absicht – so jedenfalls die Verlautbarungen der Medienstelle von Fly4sure der Öffentlichkeit gegenüber –, den Regionen Belp und Bern zu Arbeitsplätzen und Bedeutung zu verhelfen. Fly4sure ging im letzten Frühling nach der Bruchlandung einer ihrer Maschinen mit mehreren Verletzten und nach den Entschädigungsforderungen der Passagiere in Konkurs.

Das Duo Darko/Popovic – brancheninttern wegen ihrer Vornamen und weil Popovic die körperlichen Ausmasse von Oliver Hardy hat, «Stan & Ollie» genannt – fiel nach dem Desaster mit der Airline in Ungnade und zog ins Ausland. Nach dieser Bruchlandung zog sich der angebliche Fly4sure-Geldgeber aus dem Luftfahrtbusiness zurück.

Julius Sommerhalder (44 Jahre alt) ist Initiant, Projektleiter und selbst ernannter CEO einer erst noch zu gründenden neuen Flughafengesellschaft. Während einer denkwürdigen Sitzung am 24. September in einem kahlen Sitzungszimmer des ebenso trostlos wirkenden Flugplatzes Belpmoos beabsichtigt er – in Konkurrenz zum Vorhaben von Konstantin Kaiser, dem er zuvorkommen will –, eine Auffanggesellschaft der pleitegegangenen Fly4sure zu gründen, auch ohne Beteiligung des ehemaligen Investors. Der selbstsichere Julius Sommerhalder war zuvor bei verschiedenen Reisebüros und Airlines in der Schweiz angestellt, schaffte es zum Schluss bei Travelling in Bassersdorf zum Leiter der nationalen Reservationszentrale. Seit zwei Jahren selbstständiger Koordinator für hiesige Tour-Operators mit Hauptgewicht auf finanzstarke Incoming-Passagiere, das heisst, vor allem auf ausländische Millionäre (und darüber hinaus) mit Ferienaufenthalt oder auf Durchreise in der Schweiz, die auch während der Corona-Pandemie aufs Fliegen nicht verzichten mochten oder mussten.

Manuela Dimitriu (38 Jahre alt) ist designierte Marketingleiterin der neuen Airline und gleichzeitig auserkorene rechte Hand von Julius Sommerhalder. Sie selber ist noch als Filialleiterin bei Travelling im Freizeit- und Einkaufscenter Westside im Bern angestellt, erwartet den Wechsel nach Belp allerdings in wenigen Wochen. Manuela Dimitriu wohnt in der Berner Länggasse zusammen mit **David Schaller** (38 Jahre alt), Mediensprecher beim Unterhaltungselektronik-Riesen Jupiter in Ittigen.

Majkl Amanovic (58 Jahre alt) war Station-Manager für Fly4sure in Belgrad und in dieser Funktion stark in die Aktivitäten von Stan & Ollie eingebunden. Als ehemaliger Berufspilot flog er regelmässig Flugzeuge der Fly4sure nach Bern. Kein unbeschriebenes Blatt, Amanovic wurde in Serbien wegen Urkundenfälschung und Erpressung rechtmässig verurteilt. Auch nach verbüsster Haftstrafe sagt man ihm nach wie vor Kontakte zur Unterwelt nach.

Rolf Guggisberg (55 Jahre alt) koordinierte als CEO bisher alle Aktivitäten auf dem Flughafen Belpmoos. Im Zuge einer Restrukturierung wegen des Groundings der Fly4sure verlor er seine Stelle. Seither auf Jobsuche.

Weitere Personen

Am Kick-off-Meeting vom Montag, 24. September, in einem Sitzungszimmer des Flughafens Belpmoos nebst Julius Sommerhalder – unter anderen – ebenfalls anwesend: zwei Freunde von Julius Sommerhalder, die Einsitz in den Verwaltungsrat der zu gründenden Aktiengesellschaft nehmen sollen; drei Vermögensberater aus Süddeutschland respektive dem Vorarlberg; **Daniel Grob,** der Ideen zum Projekt beitragen soll, sowie **Beat Neuenschwander,** ein Insider der Berner Wirtschaftsszene und ehemaliger Touristikfachmann.

Jean-Louis de Châtenier ist Anwalt und Financier aus Genf, **Claude Bannel** ist Projektentwickler mit eigenem Büro im Swiss Aeropole am Payerne Airport.

... sowie weitere fiktive Personen, die erst im Lauf der Geschichte auftauchen werden.

Real existierende Personen ...

... die mit richtigem Namen im Roman genannt werden: **Christoph Graf,** Chef des Helikopterunternehmens Mountainflyers auf dem Flughafen Bern-Belp; **Jakob Bornhauser** führt seit 2002 das Tierferienheim Fahrhubel in Belp; **Familie Zimmermann** das Hotel DellaValle in Minusio; **Valentin Nikolai Josef Landmann** ist ein Schweizer Rechtsanwalt, Buchautor und Kantonspolitiker; **Beat Beyeler,** Chef im Restaurant Rohrmoos in Pohlern; **Thomas Borer,** ehemaliger Schweizer Botschafter in Berlin; **Hans-Rudolf Schwarz,** Direktor der Strafanstalt Thorberg; **Hans-Ulrich Müller,** Initiant Bernapark Deisswil; **Cem Özdemir,** Bundestagsabgeordneter; **Michael Lauber,** ehemaliger Bundesanwalt; **Steff la Cheffe** ist Rapperin; **Willy Wüthrich** führt das Restaurant Campagne; **Jimmy Gyger** die Harmonie in Bern.

Bern-Airport

Eigentlich weiss niemand so recht, wie man den Ort nennen soll. Flugplatz? Flughafen? Regionalflugplatz? Flugfeld? Aerodrom? Auf der Homepage wird er als Bern-Airport vorgestellt. Lassen wir es mit «Belpmoos» bewenden, so wie der Flugplatz landläufig bekannt ist und von der Mundartgruppe Patent Ochsner sogar besungen wird.

Der Flugplatz liegt sechs Kilometer südöstlich der Berner Stadtgrenze auf dem Gebiet der Gemeinde Belp. Grund und Boden gehören der Stadt Bern, sie wurden im Baurecht abgegeben. Seine Lage im Belpmoos, einer Schwemmebene im Aaretal, hat dem Flugplatz seine lokal geläufige Bezeichnung verschafft.

Die 1929 als Genossenschaft initiierte Alpar, deren Name sich auf die Alpen und die Aare bezieht, war nicht nur Betreiberin des Flugplatzes, sondern auch die erste Flugverkehrsgesellschaft mit Sitz in Bern. Sie hatte am 8. Juni 1929 den Flugbetrieb mit einer Fokker F.XI aufgenommen, einen Monat vor der offiziellen Flugplatz-Eröffnungsfeier auf dem Flugplatz von Bern-Belp. Bis zu dreimal pro Woche beflog die Alpar die Strecke Bern–Biel–Basel (!) mit Anschluss an die Flüge nach Paris und London. Mit dem Beginn des Zweiten Weltkrieges wurde der Betrieb eingestellt. Der Flugbetrieb, eine Flugschule sowie die Rundflüge reichten nicht aus, um ohne Beiträge des Kantons und der Stadt Bern, deren Zuschüsse konstant blieben, über die Runden zu kommen. 1950 wurde die Genossenschaft in die Alpar Flug- und Flugplatzgesellschaft AG umgewandelt, welche gerade wegen der bisherigen Unbekanntheit ihres Namens seit Mai 2014 unter dem Namen Flughafen Bern AG auftritt.

Der Flugplatz Belpmoos wird von der Flughafen Bern AG betrieben und war die Basis der früheren SkyWork Airlines, deren Grounding im August 2018 beim Flugplatz zu einem Umsatzverlust von mehr als einem Drittel führte. Auf der Bundesbasis sind rund ein Dutzend Flugzeuge und Helikopter des Lufttransportdienstes des Bundes stationiert. Die Schweizerische Rettungsflugwacht (Rega) betreibt eine Basis, 2 Helikopterunternehmen sowie fünf Flugschulen operieren auf dem Flugplatz. Die 1987 gegründete Lions Air Group AG verfügt über umfangreiche Kompetenzen in Aviatik und Verkehr, insbesondere bei Ambulanz- und Organtransporten. Und: SPHAIR ist eine Ausbildungsplattform der Schweizer Luftwaffe. Sie dient primär einer vormilitärischen Selektion der Anwärter auf die Posten als Fallschirmaufklärer oder Piloten.

Der Flugplatz verfügt – nebst einem A-, einem ILS- und einem GPS-Anflugverfahren – über eine befestigte Start- und Landebahn 14/32 von 1730 Meter Länge und eine Graspiste. Ein neu installiertes Instrumentenlandesystem auf der Bahn 14 ist per September 2008 offiziell in Betrieb gegangen. Das satellitengestützte Anflugverfahren auf Piste 32 ist – nachdem auch das Bundesgericht Beschwerden abgewiesen hat – für 2024 vorgesehen. Die allgemeine Luftfahrt wehrt sich gegen Pläne, die Kontrollzone bis nach Thun auszudehnen, diese Bedenken sollen nach Möglichkeit im Umsetzungsprojekt berücksichtigt werden.

Nach dem positiven Bundesgerichtsentscheid zur vierten Ausbauetappe wollte der Flugplatz Belpmoos mit der Umsetzung des Masterplans 2022 beginnen, um so seine Zukunft zu gestalten. In einem ersten Schritt hätten Rollweg, Standlauf-Shelter, Teile der Vorfeldfläche und Hangars für die Kleinaviatik realisiert werden sollen, ebenso ein General-Aviation-Center. Damit hätte die Entflechtung der Verkehrsarten vorangetrieben werden sollen, was bessere räumliche Verhältnisse sowie Erleichterungen für Nutzer mit sich bringen sollte und auch von den Behörden gefordert wurde. Der Standlauf-Shelter reduziert den Lärm bei Triebwerkstandläufen für die umliegende Bevölkerung. Die Hochbauten hätten realisiert werden sollen, sobald genügend Investoren gefunden worden wären. Zur Umsetzung dieser Infrastrukturentwicklung mit Investitionen in der Höhe von rund CHF 18 Mio. hatte die Flughafen Bern AG eine Immobiliengesellschaft gegründet.

Es kam anders. Im Januar 2020 berichtete die Berner Zeitung darüber, dass der Flughafen Bern-Belp drei Infrastrukturprojekte abschreibt. Am geplanten Ausbau ändere sich aber nichts, sagte der Direktor.

Die Baugesuche wurden, so das Bundesamt für Zivilluftfahrt (BAZL), abgeschrieben, nachdem Vertreter des Flugplatzes dem BAZL bei einem Treffen erklärten, dass sie auf diese Projekte verzichten und sie zurückziehen. Von «Altlasten» war plötzlich die Rede, welche «höchstens die

Administration belasten». Was auch hiess: Der Flughafen hatte den Kanton für verschiedene Fachberichte noch zu entschädigen. Die ursprünglichen Projekte Standlauf-Shelter und General-Aviation-Center wolle man überarbeiten und später nochmals einreichen. Um die inzwischen 90 Jahre alten Hangars sanieren zu können, soll auf dem Flugplatz ein temporäres Hangarzelt errichtet werden, damit während der Bauphase der neuen Hangars Alternativen für die vorübergehende Stationierung von Kleinflugzeugen zur Verfügung stehen.

Gegenwärtig gibt es – wieder einmal – grössere Diskussionen darüber, ob die Stadt Bern (und/oder der Kanton Bern) den Flugplatz subventionieren und so am Leben erhalten soll. Die Meinungen darüber sind diametral entgegengesetzt. Die einen – Mitglieder der Klimabewegung – möchten ihn gleich schliessen, andere sehen in ihm noch immer einen ungeschliffenen Rohdiamanten, obwohl sich die Fluggesellschaften regelmässig die symbolische Türklinke in die Hand geben. So ist auf der Homepage zu lesen: «Der Flughafen Bern und damit die Flughafenbetriebsgesellschaft Flughafen Bern AG gehören seit fast 90 Jahren zum wirtschaftlichen Grundangebot des Kantons Bern und des Schweizer Mittellandes. Die direkte und indirekte Wertschöpfung, welche der Flughafen Bern generiert, ist beachtlich. Regelmässig sind die Flughafen-Standortgemeinden in Wirtschaft-Rankings auf den vordersten Plätzen zu finden.»

Fakt ist: Die Passagierzahlen und der Umsatz sind im Belpmoos seit 2018 dramatisch eingebrochen, auch zurückzuführen auf das Grounding von SkyWork und – vor allem – auf die Corona-Pandemie. Der Regierungsrat des Kantons Bern hat sich 2019 mehrfach mit der Zukunft des Flughafens Bern-Belp befasst und sich im Grundsatz für ein weiteres Engagement ausgesprochen. Das hierzu im Entwurf vorliegende Gesetz über die Beteiligung an der Flughafen Bern AG (BFBG) soll die Grundlage schaffen für eine weitere Beteiligung des Kantons am Aktienkapital, für Beiträge an den Ausbau der Infrastrukturen sowie für Beiträge an die Flugsicherung und die Sicherheit. Das BFBG wurde in der Vernehmlassung (20. Mai bis 19. August 2019) kontrovers aufgenommen. Aufgrund der offenen Fragen in Bezug auf die künftige Strategie der Flughafen Bern AG und der Rolle des Bundes ist die Vorlage bis auf Weiteres sistiert.

Im Sommer 2020 nahm eine neue virtuelle Fluggesellschaft namens FlyBAIR vorübergehend ihren Betrieb im Belpmoos auf. Wegen Corona konnten nur wenige Flüge durchgeführt werden, dies in Zusammenarbeit mit Helvetic, die darüber hinaus eigene Destinationen anfliegt. Bei der Flughafen Bern AG traten vier Verwaltungsräte zurück, um so einen Generationenwechsel zu ermöglichen. Wegen der widrigen Umstände musste das Restaurant Gribi's Eat & Drink in der Nähe des Abflugterminals nach vier Jahren Betrieb im Mai 2020 Konkurs anmelden, nicht zuletzt als Folge der Pandemie-Einschränkungen. Heute wird an seiner Stelle das kleine Restaurant Take-Off betrieben, zu dem auch ein Mahlzeitendienst gehört.

Das baufällige Airport-Hotel mit verwahrlostem Restaurant wurde im Herbst 2020 von der Stadt Bern ersteigert. Im Mai 2021 holte sich Unternehmer Hans-Ulrich Müller – zusammen mit seinen drei Brüdern – als neuer Eigentümer sozusagen das Hotel zurück, das seine Eltern 1983 eröffnet hatten und 25 Jahre lang führten. Gegen 2023 soll es, total restauriert, als Hotel, Restaurant und Bürogebäude wiedereröffnet werden.

Das Jahr 2020 war wegen der Pandemie für die Airlines und den Flughafen alles andere als erfolgreich, FlyBAIR konnte wie erwähnt nur einen Teil der geplanten Flüge durchführen, sodass das ohnehin nicht üppige Aktienkapital in Anspruch genommen werden musste, ohne dass es aber aufgebraucht worden wäre.

Was die Öffentlichkeit nie zu lesen bekam, aus welchen Gründen auch immer: Im Dezember 2012 nahm eine gemeinsame Arbeitsgruppe zur Weiterentwicklung des Flughafens Bern-Belp ihre Arbeit auf. «Sie will einvernehmlich Lösungen zum Wohl des Flughafenstandorts und aller Partner erarbeiten. Sie», so stand in einem internen Papier zu lesen, «diskutiert Möglichkeiten, wie der Flughafen Bern-Belp für alle Beteiligten und als zentraler Wirtschafts- und Arbeitsplatzfaktor in der Region noch attraktiver gestaltet werden kann. Dabei will sie auch den Anliegen der umliegenden Bevölkerung Rechnung tragen.» Über die Ergebnisse dieser Bemühungen herrscht Unklarheit.

Für den Sommerflugplan 2021 waren vorgesehen: Flüge von Helvetic Airways, Lübeck Air und Swiss Flight Services vom Belpmoos nach

Elba, Heraklion, Lübeck, Palma und Stuttgart. Flüge von FlyBAIR sind erst wieder für 2022 in Planung.

In dieser Kriminalgeschichte wird eine andere Nutzungsmöglichkeit für den Flugplatz aufgezeigt, die allerdings allein der Fantasie des Autors entspringt. Die Sitzung vom 24. September (Seiten 23 bis 31) hingegen hat tatsächlich stattgefunden, auch wenn die daraus resultierende Konsequenz rund um Jules Sommerhalder frei erfunden ist und in keinem Zusammenhang mit der Realität steht.

Vor allem aber: Der Status quo rund um das Belpmoos stammt – nach bestem Wissen und Gewissen – vom Gut-zum-Druck Anfang Juli 2021. Gut möglich, dass sich seither einiges verändert hat.

Prolog

Die Kantonspolizei Bern bittet die
Bevölkerung um Mithilfe: Am frühen Montagmorgen des 1. Oktober wurde in unmittelbarer
Nähe des Tierferienheims Fahrhubel in
einem Waldstück in Belp ein Wagen mit
drei leblosen Personen vorgefunden.
Beim Wagen handelt es sich um einen
dunkelblauen BMW X7, Baujahr 2020,
der gestern Sonntag um 13 Uhr in
Muri bei Bern gestohlen wurde.
Die Polizei bittet um Hinweise:
Wer hat in der Nacht vom Sonntag,
30. September, auf Montag, 1. Oktober,
Beobachtungen gemacht, die zur
Klärung der Umstände beitragen
könnten? Wurde das Auto bereits
am Sonntag, 30. September, nach
13 Uhr beobachtet?
Sachdienliche Mitteilungen
sind erbeten an die Kantonspolizei Bern
oder an jede andere Polizeidienststelle zu richten.

(Medienmitteilung der Kantonspolizei
Bern am Montagnachmittag, 1. Oktober)

Eine Hinrichtung
(Montag, 1. Oktober)

«Ist das jetzt ein Déjà-vu?», ging Jakob Bornhauser durch den Kopf, als er am frühen Morgen des Montag, 1. Oktober, in einer Waldlichtung nahe dem Tierferienheim Fahrhubel in Belp – unweit des bekannten Restaurants Campagna am Ufer der Aare – aus ungefähr 50 Meter Entfernung ein Auto stehen sah, das bestimmt nicht dorthin gehörte. Es war nämlich ziemlich genau zehn Jahre her, als der gelernte Tierpfleger sich in einer ähnlichen Situation befand: ein verlassenes Auto im Wald, von einem Besitzer weit und breit nichts zu sehen. Bornhauser meldete seine Beobachtung der Polizei, worauf eine Patrouille ausrückte und sich des Falls annahm. Besser gesagt: Man bedankte sich bei ihm und schickte ihn daraufhin weg, ohne dass er jemals wieder etwas zum Fall gehört hätte.

1977 gründeten die Eltern von Jakob Bornhauser das Tierferienheim in Belp, 2002 übernahmen er und seine Frau Edith Riesen die Tierpension. Auf dem 10 000 Quadratmeter grossen Grundstück leben Feriengäste wie Katzen, Hunde, Nager und Vögel; der Betrieb wird regelmässig vom Veterinäramt Bern kontrolliert.

Jakob Bornhauser – mit einem Berner Krimiautor weder verwandt, verschwägert noch bekannt – näherte sich dem Auto, einem dunkelblauen BMW SUV, und bemerkte, dass die rechte hintere Türe offen stand. In unmittelbarer Nähe lag etwas am Boden, das von Weitem wie ein Mensch aussah. Je mehr der Tierpfleger sich dem Fahrzeug näherte, desto unwohler wurde ihm, denn im Innern glaubte er zwei Personen auszumachen, die sich jedoch nicht bewegten. Einige Augenblicke später wurden seine schlimmsten Befürchtungen zur Wahrheit: Zwei Männer im Fahrzeug – der mutmassliche Fahrer und ein Passagier im Fond – reagierten nicht auf Zurufe, ebenso eine am Boden liegende Frau. Ein Fenster war zerschossen, überall sah man Blut. Bornhauser entfernte sich einige Schritte vom BMW. Sekunden später musste er sich übergeben.

Um diese Zeit waren noch keine Hündeler zu sehen, er machte sich schnellen Schrittes zurück ins Tierferienheim, wo er im ersten Stock mit seiner

Frau wohnte. Unterwegs meldete er den Fund der Einsatzzentrale der Kantonspolizei Bern, die umgehend jene Autopatrouille anpeilte, die sich am nächsten des Fundorts befand, zehn Minuten später fuhren bereits zwei Beamte beim Tierferienheim vor, unmittelbar neben Meyers Gärten gelegen. Bornhauser erwartete sie vor dem Haus, kreidebleich. Seine Frau, die noch immer schlief, hatte noch keine Kenntnisse von den Ereignissen. Erst das Bellen einiger Hunde, vom Polizeiwagen in ihrer Ruhe gestört, veranlasste Edith Riesen, ans Fenster zu treten. Innert Sekundenbruchteilen war sie hellwach.

«Jack, was ist hier los?», hörten sie die drei Herren rufen.
«Da vorne im Wald steht ein Auto mit drei Toten», sagte Bornhauser, der nicht um den heissen Brei herumreden mochte. Er wandte sich an seine Frau: «Du kannst nichts machen, ich zeige den Polizisten den Fundort, dann komme ich retour. Ich denke, dass ich dann einen starken Kaffee brauchen kann.» Darauf schloss sich das Fenster im ersten Stock wieder.

Die Beamten fuhren die kurze Strecke zum Fundort unterhalb des Tierheims. Um keine möglichen Spuren zu zerstören, hielt Christoph Gruber den Wagen in 30 Meter Distanz und näherte sich zusammen mit René Huber zu Fuss dem BMW, mit jedem Schritt darauf bedacht, die spätere Arbeit der Kriminaltechnik nicht zusätzlich zu erschweren – und vor allem, um sich hämische Bemerkungen à la «Ist Oberst Hathi mit seiner Elefanten-Frühpatrouille aus dem ‹Dschungelbuch› hier durchmarschiert?» der Herren Binggeli und Kellerhals zu ersparen.

Gruber und Huber sassen zwei Minuten später wieder im Wagen und forderten bei der Einsatzzentrale «das ganze Rösslispiel» an. Christoph Gruber erklärte kurz die Tatumstände und informierte, dass Huber und er den Fundort «grossräumig absperren» würden. Es handle sich, so Gruber, «um regelrechte Hinrichtungen».

In der Nähe des Tier-Ferienheims wurde der BMW mit den drei Toten gefunden.

Eine Woche zuvor
(24. September)

Seit dem Grounding der Fluggesellschaft Fly4sure im vergangenen Frühjahr – die Airline bediente von Bern aus Destinationen in Europa, darunter Berlin-Schönefeld – glich der Flugplatz Bern-Belp zeitweise einem Geisterort, einem Lost Place. Besonders schlimm stand es um das ehemalige Hotel-Restaurant, das längst nicht einmal mehr Selbstbedienung anbot. Man fühlte sich beim Anblick der Terrasse, wo die Natur sich ihren Platz zurückerobert hatte, an Tschernobyl erinnert. Der ehemalige Kinderspielplatz vor der Ruine hatte mit seinem Namen gar nichts mehr gemeinsam. Wobei: Das Hotel hatte mit dem Flugplatz nichts zu tun. Es wurde schon einige Jahre zuvor geschlossen, sogar mit der Überlegung, es in ein bestimmtes Etablissement umzuwandeln. Dieses mögliche Kind wurde aber beim Zeugungsvorgang interruptiert.

Und selbstverständlich sprachen sich Politiker und Wirtschaftsführer der Bundesstadt in den Medien lautstark dafür aus, diesen Regionalflugplatz – Luftlinie gute zehn Kilometer vom Berner Stadtzentrum entfernt – auch mit Staatsgeldern erhalten zu wollen, weil er angeblich derart wichtig für die Bundesstadt ist. Dabei liegt der Regionalflughafen Grenchen mit 27 Kilometern Luftlinie nicht sehr weit entfernt. Ähnliches gilt für Payerne mit 42 Kilometern Luftdistanz, auf der Autobahn in etwas mehr als einer halben Stunde zu erreichen, also in etwa jener Zeit, die man zu Stosszeiten von Belpmoos nach Bern braucht, und umgekehrt.

Mit 75 000 Flugbewegungen ist der Flughafen Grenchen – unter diesem Aspekt – nach Zürich, Basel und Genf der viertgrösste Flughafen der Schweiz, nach der Zahl der Passagiere kommt er aber erst an siebter Stelle. Die fliegerischen Tätigkeiten beschränken sich mehrheitlich auf Ausbildung, Geschäftsflüge, Rundflüge, Modellflüge, Segelflüge und Fallschirmabsprünge. Der Airport dient zu 65 Prozent der nationalen und internationalen fliegerischen Aus- und Weiterbildung, der Business-Aviation als Erlebnisflugplatz für Motor-, Segel-, Modellflug, Helikopter, Acro- und Paragliding. Die Uhrenmanufakturen, Medizinaltechnik-, Feinmechanik- und Biotechnologieunternehmen nutzen den Flughafen für ge-

Erinnert an Tschernobyl: das wenig einladende Restaurant auf dem Flugplatz.

schäftliche Zwecke, seien es Personen- oder Warentransporte. 2019 feierte man den Baubeginn des neuen Hangars für die Ausbildungsbasis der Rega, mit dem Ausbildungszentrum der European Flight Academy und der Einsatzzentrale der Flughafenfeuerwehr. Auf dem Gebäude ist auch der neue Kontrollturm geplant.

Der Flugplatz Payerne wiederum ist nicht nur die wichtigste Basis der Schweizer Luftwaffe, seit März 2019 steht dort auch ein modernes Business-Aviation-Terminal. Der zivile Flugplatz Payerne verfügt über ein Kontingent von 8400 zivilen Flugbewegungen und viel Entwicklungspotenzial im angegliederten Business- und Technologiepark.

Am 29. März 2019 wurde auf dem Flugplatz Payerne das 177 Meter lange und 100 000 Kubikmeter umfassende Multifunktionsgebäude des Payerne Airports in Betrieb genommen. Es bietet 6557 Quadratmeter Hangarfläche, Passagier-Lounges, Zoll, einige Konferenzräume, Crew-Räume, vier Schlafzimmer und Büroräume. Damit hat das vor 20 Jahren gestartete Projekt der zivilen Mitbenutzung des Militärflugplatzes Payerne einen weiteren wichtigen Schritt gemacht. Der Swiss Aeropole will aber viel mehr als ein attraktiver Flugplatz sein. Dem Flugplatz ist ein Business- und Technologiepark angegliedert, der auf 400 000 Quadratmetern Fläche Konzernen und Start-up-Unternehmen viel Entwicklungsmöglichkeiten mit Flugplatzanschluss bietet.

Eine mögliche Abwanderung von Belpmoos nach Grenchen und/oder nach Payerne galt es also unter allen Umständen zu vermeiden, weshalb sich am Montag, 24. September, eine hoch motivierte Gruppe zu einer Sitzung im Belpmoos traf.

Dieses Treffen einberufen hatte der 44-jährige Julius «Jules» Sommerhalder. Er wusste um die Pläne «eines Österreichers», der beabsichtige, das, wie jener im Wienerjargon sagte, «marode Flugplatzerl» zu sanieren, grösstenteils umzunutzen und anschliessend einem internationalen Finanzkonsortium zu verkaufen, mit dem der Österreicher bereits erfolgreich zusammenarbeite.

Beim Österreicher handelte es sich um den 57-jährigen Konstantin Kaiser aus Wien, der im Immobilienbereich mit seiner Firma Konstantin Kaiser

Immobilien KKI in den letzten 30 Jahren ein Vermögen in Österreich und vor allem in den neuen Bundesländern Deutschlands verdient hatte. Als relativ junger Schnösel begann er 1990 damit, mit der Treuhandanstalt THA zusammenzuarbeiten. Die THA hatte den Auftrag, ehemalige volkseigene Betriebe der DDR nach den Grundsätzen der sozialen Marktwirtschaft zu privatisieren, um sie möglichst in westliche Hände übergehen zu lassen. Die Zusammenarbeit der KKI mit der THA war erfolgreich, sehr erfolgreich, was wiederum zu Neidern führte, die Kaiser unterstellten, Treuhandanstalts-Verantwortliche in ihrer Freizeit gütig zu stimmen, was das auch immer heissen mochte. Wie auch immer: Er konnte nie belangt werden, zu dünn die gegen ihn aufgebaute Indizienkette. Grossen Anteil an diesen juristischen Erfolgen hatte sein Berner Anwalt Flurin Casutt, ein gebürtiger Bündner, den Kaiser von früher her kannte, weil Casutt vor seiner Rückkehr nach Bern drei Jahre in der österreichischen Hauptstadt in einer Anwaltskanzlei jeweils ganz im Sinne von Kaiser gearbeitet hatte. Casutt sollte auch das Vorhaben von Kaiser in Belp vergolden, Kaisers erstes grosses Projekt in der Schweiz, weitere sollten folgen.

Am Kick-off-Meeting, das man auch als konspiratives Treffen hätte bezeichnen können, in einem Sitzungszimmer des Flughafens Belpmoos waren an diesem Nachmittag nebst Julius Sommerhalder unter anderen ebenfalls anwesend: zwei designierte Verwaltungsräte – Freunde von Sommerhalder –, drei Vermögensverwalter interessierter Investoren aus Süddeutschland und dem Vorarlberg sowie zwei Insider der Berner Szene, Daniel Grob und Beat Neuenschwander.

«Ich danke Ihnen sehr, dass Sie alle meiner Einladung gefolgt sind, und auch dafür, dass Sie sich Zeit nehmen, um sich bei der Zukunft des Flughafens zu engagieren.» Mit diesen Worten eröffnete Jules Sommerhalder die Sitzung. Umgehend kam er – nach einer sehr kurzen Vorstellungsrunde der Anwesenden – auf die Wichtigkeit dieses Kick-offs zu sprechen, denn in den nächsten Stunden sollte sich seiner Ansicht nach «die Zukunft des Flugplatzes entscheiden», eine für die eher behäbigen Berner Verhältnisse überraschende Einschätzung. In wenigen Worten skizzierte er seine Vorstellung der «neuen Schweizer Attraktion», von einem bekannten Berner Bauplaner ausgearbeitet und betreut: Die Piste sollte verlängert und auf den neuesten technischen Stand gebracht, der Kontrollturm versetzt und völlig erneuert werden, «damit es keinerlei Einschränkungen mehr für den

Flugverkehr gibt». Ein neues Restaurant mit angegliedertem Seminarhotel hatte nicht bloss für die Inhouse-Verpflegung zu sorgen, sondern gleichzeitig die Aufgabe, die Transferküche für eine neu zu bauende Seniorenresidenz zu übernehmen. Keine schlechte Idee für die Auslastung der Restaurantküche, auch bei schlechtem Wetter mit wenig Flughafenbesuchern. Selbstverständlich durfte im Projekt ein kleines Einkaufszentrum nicht fehlen, «optimalerweise 24/7 offen».

«Um den Linienflugverkehr sicherzustellen», fuhr Sommerhalder ohne Unterbruch für Fragen fort, «wird die neue Airline, an der ich beteiligt sein werde, sieben geleaste Embraer 190 in Dienst stellen. Das wird – zusammen mit dem zu erwartenden Charterbusiness mit in- und ausländischen Airlines – das triste Belpmoos in eine ganz neue Liga katapultieren.» Für die anwesenden Berner war es ungewohnt, solche Worte in Schriftdeutsch mit Zürcher Akzent zu hören, und zwar zackig, ohne Atempause. Nur in Stichworten beschrieb Sommerhalder die Embraer 190: in Brasilien gefertigt, Platz für 100 Passagiere, 4500 Kilometer Reichweite, 870 km/h Höchstgeschwindigkeit, Mantelstromtriebwerke.

«So, ich hoffe, Sie alle konnten sich ein Bild machen, was hier entstehen wird. Und nun möchte ich das Wort Daniel Grob übergeben. Er hat sich Gedanken über den Namen der neuen Airline gemacht. Herr Grob, bitte! Ich bin gespannt.» Merke: Sommerhalder sprach immer nur von «ich», nie von «wir».

Daniel Grob, einer echter Stadtberner, war von Berufs wegen ein Ideenfabrikant, wie er sich selber bezeichnete, mit Spezialgebiet Namensrecht, über die Landesgrenzen hinaus bekannt, weshalb Sommerhalder ihn mit der Namensfindung beauftragt hatte. Auch Grob erwies sich als einer der schnellen Garde: Sofort bekamen die Anwesenden, unter ihnen auch Manuela Dimitriu als designierte Marketingleiterin und rechte Hand von Jules Sommerhalder, via Beamer eine Embraer 190 zu sehen, bereits im neuen Design und mit der Aufschrift «AIR TELL». Während die Einheimischen schmunzeln mussten – vereinzelt wurde der Ausdruck «genial» geflüstert ... –, war die ausländische Opposition sofort zur Stelle, zuerst in der Person des Vermögensverwalters aus dem Vorarlberg.

Erst bei seiner Intervention wurde den Leuten klar, dass man noch gar nicht über die Finanzierung des Projekts gesprochen hatte, aber anscheinend schien das entweder vernachlässigbar oder bereits in trockenen Tüchern, was die Anwesenheit von drei Vermögensverwaltern erklärt hätte.

«Herr Grob, was soll das?»
«Soll was?»
‹AIR TELL.›
«Herr Kreuzinger, ‹TELL AIR› wäre leicht mit ‹Teller› zu verwechseln. Und noch etwas: Dieses Bild ist lediglich eine Illustration, keineswegs ein Fait accompli.» Dies schienen der Österreicher und die beiden übrigen Vermögensverwalter aus Deutschland allerdings nicht zu verstehen.
«Verstehen Sie mich nicht oder wollen Sie mich nicht verstehen, Herr Grob?»
«Dann klären Sie mich doch bitte auf», antwortete Daniel Grob leicht säuerlich.
«AIR TELL geht gar nicht, das ist lächerlich, kein Mensch wird da einen Zusammenhang mit dem Belpmoos vermuten. Das ist Humbug. Wir sind eine Airline aus dem Mittelland, also muss ‹Midland› rein.»
«Einspruch! ‹Midland› assoziiert man sofort mit den ehemaligen British Midland Airways, wir reden aber über eine Schweizer Fluggesellschaft. Wissen Sie, der Flugplatz Belpmoos ist an sich schon in der Öffentlichkeit ein relativ heikles Thema, da gilt es, kein Porzellan zu zerschlagen, schon gar nicht im Voraus. Sie hier sind auf dem besten Weg dazu», erklärte Beat Neuenschwander ungefragt, was der ohnehin leicht gereizten Stimmung eher abträglich war.
«Herr Grob», schaltete sich ein zweiter Vermögensverwalter hinzu, «ich verstehe Ihre Einstellung nicht, wir haben grossartige Reaktionen aus Berner Wirtschaftskreisen und der Poilitk erhalten, sie alle stehen hinter der Idee von Herrn Sommerhalder.»
«Soso, stehen sie …», mischte sich erneut Beat Neuenschwander ein, Kenner des Berner Tourismus und der regionalen Wirtschaftsszene.
«Herr Neuenschwander, ich finde Ihre abschätzige Ausdrucksweise völlig daneben.»
«Also gut. Deshalb die Frage an Sie: Wissen Sie, wo diese Herrschaften grösstenteils wohnen, die angeblich so grossartig hinter der Idee stehen, wie Sie sagen?»
«Spielt das eine Rolle?»
«In Muri. Spricht sich übrigens mit einem langen ‹u› aus, nicht mit zwei ‹r›», provozierte Neuenschwander.

Die Namensbezeichnung AIR TELL stiess auf wenig Begeisterung. (Illustration: Beat Sigel)

«Na und?», kam unwirsch retour.

«Muri liegt genau in der Anflugschneise des Flugplatzes. Glauben Sie allen Ernstes, dass diese Ihnen angeblich wohlgesinnten Wirtschaftsvertreter den zu erwartenden Fluglärm privat goutieren werden? Wir Berner kennen die Szene, man wird das Projekt im Geheimen zu sabotieren versuchen», was die drei Geldverwalter sprachlos werden liess. «Übrigens, meine Herren, wen vertreten Sie eigentlich, wer sind die Investoren?»

«Herr Neuenschwander, ich denke, das geht Sie gar nichts an», intervenierte Sommerhalder, «das ist meine Sache, wer das Geld zur Verfügung stellen wird.»

«Das mag stimmen, Herr Sommerhalder, aber ich werde sicher nicht für ein Schwarzes Loch arbeiten.»

Im Laufe der Sitzung wurde immer klarer, dass die anwesenden Ausländer keine Ahnung vom Airline-Business im Allgemeinen und von der Berner Befindlichkeit im Besonderen hatten, auch die beiden designierten Berner Verwaltungsräte zeigten sich zunehmend ratlos. Einer der Anwesenden flüsterte zu seinem Kollegen, der Wissensstand der Vermögensverwalter erinnere ihn an einen Song der Rapperin Steff la Cheffe: «Ha ke Ahnig, chume nid drus».

Nun kippte die Sitzung definitiv ins Unproduktive, so wie sehr viele andere Besprechungen verschiedenster Branchen in der heutigen Zeit ebenso. Von den Vermögensverwaltern und von Jules Sommerhalder kamen tatsächlich ernst gemeinte Vorschläge, die man – ausgestattet mit Erfahrung rund um Baubewilligungsverfahren hierzulande – gar nicht erst angehen musste, zum Beispiel die Idee, ein kleines Einkaufszentrum «mit genügend Gratisparkplätzen» im 24/7-Betrieb zu erstellen. Vom Panorama Center und dem Zentrum Oberland, beide in Thun, dem Shoppyland Schönbühl oder dem Berner Westside hatten die Herren Vermögensverwalter noch nie gehört.

«Ist das für unser Projekt denn von Belang?», kam als nächte Bemerkung, was dazu führte, dass Beat Neuenschwander mitten in der Sitzung aufstand und sich mit folgenden Worten verabschiedete: «Meine Herren, Ihre Überheblichkeit ist für mich nicht motivierend, gehen Sie damit hausieren, zu wem Sie wollen, aber bitte rufen Sie mich *nie wieder* an.»

Beat Neuenschwander erhielt am späteren Abend einen Anruf von Daniel Grob, der ihm sagte, sein Abgang sei «schon etwas dicke Post gewesen», was Neuenschwander mit der Feststellung konterte, dass er «so was» nicht nötig habe, dazu fehle ihm auch die Zeit. Daniel Grob meinte, es wäre ganz gut gewesen, hätte jemand den Herren «die Kutteln geputzt». Auf das «Und wieso immer ich?» erhielt Neuenschwander von Daniel Grob keine Antwort. Wie auch immer: Das Projekt würde dennoch weiterverfolgt, sagte Grob, allerdings auch ohne ihn.

Wie beinahe zu erwarten war: Die von den Vermögensverwaltern in Aussicht gestellten «zig Millionen» zur Revitalisierung des Flughafens trafen nie ein.

Vermisst wird: Manuela Dimitriu (Montag, 1. Oktober)

Um 8 Uhr war das angeforderte «Rösslispiel» an der Arbeit, innerhalb des abgesperrten Perimeters quer durch den Wald, das Auto samt der daneben liegenden Frau hinter einem Sichtschutzzelt versteckt: Eugen Binggeli und Georges Kellerhals von der Kriminaltechnik, Veronika Schuler mit einer Assistentin der Rechtsmedizin, Staatsanwalt Martin Schläpfer, Gabriela Künzi von der Medienstelle sowie das Ermittler-Team von Joseph Ritter mit Claudia Lüthi, Stephan Moser und Elias Brunner. Die beiden Letztgenannten waren jedoch im Tierheim bei der Befragung von Jakob Bornhauser.

Die beiden Patrouillenpolizisten, Christoph Gruber und René Huber, baten die Hündeler, zurückzutreten und keine Handy-Aufnahmen zu machen. Vergeblich, denn bereits eine halbe Stunde später tauchten die ersten sogenannten Leserreporter-Fotos auf den Online-Portalen auf, aus dem Wald heraus aufgenommen, auf denen die Szenerie aus der Distanz zu sehen war. Es konnte deshalb nicht erstaunen, dass nur kurze Zeit später die ersten Journalisten am Fundort auftauchten. In weiser Voraussicht hatte Gabriela Künzi ihre Kollegin Ursula Meister gebeten, ebenfalls nach Belp zu kommen, damit die beiden im nahe gelegenen Restaurant Campagna eine erste improvisierte Medieninformation abhalten konnten. Obwohl offiziell noch geschlossen, konnte Gabriela Künzi das Säli telefonisch für 10 Uhr reservieren, worauf sie die Medien umgehend informierte.

Wie in jedem halbwegs anständigen TV-Krimi wartete Joseph Ritter gegenüber der Rechtsmedizin mit der obligaten Frage nach dem Zeitpunkt des Verbrechens auf. Wegen Jakob Bornhauser wusste man, dass der BMW «gestern Abend um 21 Uhr» noch nicht am heutigen Fundort stand, das hätte er auf seinem Spaziergang mit einem der Hunde bemerkt. Mehr konnte er nicht sagen, weil weder seine Frau noch er während der Nacht etwas Verdächtiges gehört hatten. Mit beinahe entschuldigenden Worten berichtete er den Streifenpolizisten Gruber und Huber von einem «gesunden Schlaf». Kam hinzu, dass überhaupt nicht feststand, aus welcher Richtung der Wagen angefahren kam, vielleicht waren die Täter gar nicht auf direktem Weg am Tierheim vorbeigefahren.

Auf dieser Fläche neben dem Waldweg fand Jakob Bornhauser den BMW, nur 100 Meter vom Tierheim entfernt.

Beinahe als Erstes hatten die Ermittler herausgefunden, dass der BMW am Vortag als gestohlen gemeldet worden war, weil «nicht abgeschlossen», wie der Halter bei seiner Befragung zugeben musste. Da er sich nach eigenen Angaben «aufgrund eines Gesprächs mit einem Bekannten länger als erwartet im Coop Pronto Tankstellenshop» in Muri aufgehalten hatte, konnte er gerade noch zuschauen, wie sein Wagen weggefahren wurde. Erst auf hartnäckige Nachfrage gab der Lenker gestern der angerückten Polizeipatrouille gegenüber zu, dass er den Wagen nicht nur unverschlossen stehen gelassen hatte, sondern dass auch noch der Zündschlüssel im Auto lag. Die Beamten konnten darüber nur den Kopf schütteln. Auf der Videoaufzeichnung des Tankstellenshops sah man, dass zwei mit Strumpfmasken ausgerüstete Männer wie aus dem Nichts auftauchten, sich in den Wagen setzten und wegfuhren. Die Vermutung lag deshalb nahe, dass die beiden Täter in einem Versteck nur auf die Gelegenheit gewartet hatten, um ein Fahrzeug zu stehlen, da der Shop an Sonntagen überdurchschnittlich gut besucht ist. Dies im Gegensatz zu den traditionellen Lebensmittelläden, die am Sonntag geschlossen sind. Da beim BMW nach dem Aussteigen des Eigentümers keine Kontrollblinklampen aufleuchteten, um das Schliessen der Türen zu bestätigen, und der Fahrer offensichtlich auch keine entsprechende Handbewegung in Richtung seines Wagens gemacht hatte, kam dies einer Einladung für die Autodiebe gleich.

«J. R., angesichts der Aussentemperatur und der einsetzenden Totenstarre kann ich den Todeszeitpunkt relativ gut eingrenzen, zwischen 3 und 5 Uhr. Alles Weitere nach der Obduktion, wie immer.»
«Schon klar, danke, Veronika. Iutschiin, schon irgendwelche Erkenntnisse? Fundort gleich Tatort?»
«J. R., du hast schon einfachere Fragen gestellt. Zuerst müssen wir feststellen, ob einer der beiden Erschossenen im Wagen, nämlich jener auf dem Fahrersitz, auch wirklich der Fahrer war – oder ob er erst nachträglich auf diesen Sitz platziert wurde, post mortem.»

«Was sagen dein Gefühl und deine Erfahrung über die Tatumstände?»
«Das war kein Einzeltäter, der die drei Personen nacheinander erschossen hat, wir sind daran, Fussabdrücke und Reifenspuren eines möglichen zweiten Fahrzeugs auszugipsen. Irgendwie müssen die Täter ja weggefahren sein. Fundort gleich Tatort? Keine Ahnung, wirklich nicht. Noch nicht.»

«Heilanddonner, Iutschiin, was hat sich letzte Nacht hier abgespielt?»
«Das ist die eine Frage, die sich stellt ...»
«Und die andere?»
«Wen haben wir hier überhaupt vor uns sitzen oder liegen? Ausser den Wagenpapieren ist nichts vorhanden, und die nützen uns nichts. Wir sind daran, die Fingerabdrücke der Toten abzugleichen, Veronika wird sich bestimmt der DNA annehmen», was diese, weil in Hörweite, mit einem «Sicher doch» und einem Kopfnicken bestätigte.

Um 10 Uhr fanden sich 16 Medienschaffende und Fotografen im Säli des Restaurants Campagna ein. Joseph Ritter vertrat das «Rösslispiel», von dem er Minuten zuvor mit allen bis jetzt vorliegenden Fakten aufdatiert worden war – viele Infos waren es indes nicht. Ursula Meister übernahm den Lead, berichtete über das Auffinden des Autos in der Nähe des Tierheims, das tags zuvor beim Coop Pronto in Muri gestohlen worden war. Im Innern und neben dem BMW seien heute Morgen drei leblose Personen gefunden worden, ihre Identität im Moment noch unbekannt, die Kriminaltechnik und die Rechtsmedizin würden «mit Hochdruck» an der Identifizierung arbeiten. Die Polizei gehe von einem Gewaltverbrechen aus. Kurz darauf wechselte die Gesprächsführung zu Joseph Ritter, der sich für Fragen zur Verfügung stellte. Er bat darum, sich mit Namen und Medium zu melden.

«Matthias Berger, 20 Minuten. Wann wurde der Wagen entdeckt?»
«Vor knapp vier Stunden, von einem Spaziergänger.»
«Von Jakob Bornhauser vom Tierheim?»
«Herr Berger, wie gesagt, von einem Spaziergänger.»

«Viktor Remund, Regionaljournal SRF. Weshalb geht die Polizei von einem Gewaltverbrechen aus?»
«Die drei Personen wurden mit gezielten Schüssen umgebracht. Eine Waffe, die auf Tötung und anschliessende Selbsttötung hindeuten würde, haben wir im Umfeld des Autos nicht gefunden, obwohl das ja auch einem Gewaltverbrechen gleichkäme.»

«Röbi Haller vom Blick. Eine dreifache Hinrichtung?»
«Ihre Worte.»
«Konrad Keller, Berner Zeitung. Herr Ritter, können Sie zu den Umständen des Wagendiebstahls nähere Angaben machen?»

«Ja. Die Täter haben offensichtlich auf die Gelegenheit gewartet, einen Wagen zu stehlen. Wie lange, das kann ich Ihnen allerdings nicht sagen. Passiert ist es gestern gegen 13 Uhr beim Coop Pronto in Muri.»

«Gibt es dort Überwachungskameras?»

«Ja, wir sind daran, das Video auszuwerten. Und bevor Sie fragen: Zwei Maskierte sind zu sehen, wie sie in den Wagen steigen und wegfahren.»

«Nachfrage: Sie sagen ‹in den Wagen steigen und wegfahren›. Der Wagen wurde nicht aufgebrochen?»

«Nein, der Halter hat den Wagen – einen blauen BMW Offroader – nicht abgeschlossen. Im Innern befand sich auch der elektronische Zündschlüssel», was zu einem Raunen im Saal führte.

«Caroline Dusset, Der Bund. Ist unter diesen doch recht seltsamen Umständen der Halter nicht mitverdächtig?»

«Nein, das können wir bereits ausschliessen.»

«Matthias Berger, 20 Minuten. Der Halter, wer ist es?»

«Herr Berger, ist diese Frage ernst gemeint? Wir haben übrigens das Kontrollschild abmontiert, nur damit Sie nicht auf die Idee kommen, na, Sie wissen schon …» Darauf folgte ein zum Teil mitleidiges, zum Teil hämisches Lachen der Medienvertreter. Damit hatte Ritter sein Pulver allerdings bereits verschossen, mehr konnte – oder wollte – er nicht sagen, auch um die Ermittlungen nicht zu gefährden, die erst am Anfang standen. Die Medieninfo wurde deshalb für beendet erklärt, mit dem Hinweis, dass neue Erkenntnisse «auf den üblichen Kanälen» verbreitet würden, wie Gabriela Künzi präzisierte.

Und es war wie immer nach einer Medienkonferenz: Einzelne Journalisten – primär solche, die nicht im Dienst von Online-Portalen standen und deshalb etwas mehr Zeit für solide Recherchen hatten – wollten in Einzelgesprächen den Verantwortlichen Fragen stellen, welche die Kollegen nicht zu hören bekommen sollten, vor allem die Antworten nicht. Dazu gesellten sich Vertreter der elektronischen Medien für sogenannte O-Töne. Der Leiter des Dezernats Leib und Leben der Kantonspolizei Bern nahm sich für diese Medienschaffenden Zeit, wofür Ursula Meister und Gabriela Künzi dankbar waren, weil sie dadurch entlastet wurden – zudem erhielt man beim Zuhören möglicherweise die eine oder andere Info, die sie selber noch nicht mitbekommen hatten.

Viktor Remund vom Regionaljournal SRF wollte beispielsweise wissen, welcher Alterskategorie die Toten zuzuordnen seien, was Ritter mit «alle zwischen 30 und 60» beantwortete, mit dem Hinweis, dass äusserlich ausser den erwähnten Schussverletzungen «auf den ersten Blick» nichts Ungewöhnliches festzustellen sei. Die Rechtsmedizin und die Kriminaltechnik würden bestimmt weitere Hinweise finden, «natürlich nebst der Identifizierung, die Vorrang hat».

«Herr Ritter, Sie arbeiten ja nicht im Vakuum, Sie und Ihre Abteilung sind sehr gut vernetzt. Haben Sie im Vorfeld dieser Tat keine Hinweise auf ein möglicherweise bevorstehendes Verbrechen erhalten?»
«Nein, Frau Dusset, auch nach dem Diebstahl des Wagens gestern haben wir nichts in Erfahrung bringen können. Und glauben Sie mir, wir haben in den Stunden danach unseren Radar aktiviert, weil die Umstände beim Coop Pronto Shop sehr speziell waren», bekam die Bund-Redaktorin als Antwort.

Es folgten anschliessend einige eher belanglose Fragen, sodass Joseph Ritter mit den beiden Mediensprecherinnen um 11 Uhr zu Fuss zum Tatort zurückkehren konnte. Dort erwartete sie eine erste Überraschung: Claudia Lüthi berichtete, dass ein gewisser David Schaller vor einer Stunde auf der Einsatzzentrale seine Freundin als vermisst gemeldet habe. «Dieser Schaller hat dann unserer Zentrale noch etwas Merkwürdiges erzählt», sagte Lüthi. Weder sei seine Freundin, eine gewisse Manuela Dimitriu, 38 Jahre alt, gestern Abend nach einem Ausflug nach Hause gekommen, noch heute Morgen im Büro erschienen. Zu erreichen sei sie auch nicht, ihr Handy liege zu Hause, völlig ungewohnt. Merkwürdig die Aussage, David Schaller habe ein ungutes Gefühl, weil seine Freundin möglicherweise «in etwas Absonderliches hineingeraten» sei, was nicht zum normalen Alltag gehöre. «Unsere Kollegin in der Einsatzzentrale, über die drei Toten hier bereits informiert, hat sicherheitshalber das Signalement dieser Dimitriu aufgenommen – die Beschreibung samt ihrer Bekleidung passt auffällig gut zur Toten neben dem Auto. Ich habe die Nummer von Schaller.»

Ritter erkundigte sich nach dem Namen der Polizistin, die den Anruf entgegengenommen hatte, erstens, um ihr für ihren Spürsinn zu danken, und zweitens, um alles über den Gesprächsinhalt zu erfahren. Dies stellte sich als einfach heraus, weil der Anruf aufgezeichnet worden war. Mehr noch:

Auf der Einsatzzentrale nahm man den Anrufer aufgrund seiner Schilderungen ernst und war nach einem genauen Signalement der Vermissten und einem in Aussicht gestellten Foto bereits daran, eine Vermisstenmeldung zu verfassen. Claudia Lüthi hatte im Übrigen das Gespräch mit David Schaller perfekt wiedergegeben.

Ritter bedankte sich bei der Kollegin aus der Einsatzzentrale und besprach sich darauf kurz mit seinem Team – Moser und Brunner hatten die Befragung von Jakob Bornhauser inzwischen abgeschlossen und waren an den Fundort zurückgekehrt – im Beisein des Staatsanwalts, derweil die Kriminaltechnik ihrerseits in Form von zwei Patronenhülsen und einem Projektil erste Resultate vorweisen konnte. Es handelt sich dabei zweifelsfrei um Munition aus mindestens zwei verschiedenen Pistolen, Kaliber 8 mm und 9 mm. Sehr viel mehr konnte Binggeli noch nicht sagen, nur dass eine Hülse im Wagen, die andere auf dem Waldboden gefunden wurde, das sichergestellte Projektil steckte in einem Baum, Kellerhals und er würden weiter nach den fehlenden Hülsen und Geschossen suchen.

Etwas differenzierter als noch drei Stunden zuvor konnte Binggeli zum Fundort respektive dem Tathergang ... spekulieren. Weil in unmittelbarer Umgebung des BMW keine weiteren Reifenspuren nachgewiesen werden konnten – im Gegensatz zu Schuhabdrücken, die es auszuwerten galt –, ging er davon aus, dass der BMW mit fünf Personen besetzt war, als er hierhergefahren wurde. Was dann passierte, darüber gab es verschiedene Versionen. Für den erfahrenen Kriminaltechniker schien es sehr unwahrscheinlich, dass einer der Täter das Auto gefahren hatte, um anschliessend einen Insassen zu erschiessen und diesen auf seinen Platz zu setzen.

«Ich gehe davon aus», erklärte Binggeli, «dass einer der Täter neben dem Fahrer sass und ihn hier, *also am Fundort,* erschossen hat. Ob dieser Mord vor oder nach den beiden anderen passierte, das kann ich nicht sagen. Wahrscheinlich ist hingegen, dass der zweite Täter im Fond in der Mitte sass.» «Wie kommst du darauf, Iutschiin?», fragte ihn Stephan Moser.

«Stephan, dem zweiten Toten im Wagen wurde von rechts in die Schläfe geschossen, das linke hintere Seitenfenster ist durchschossen, ein Projektil haben wir in einem Baum gefunden. Ich nehme an, dass die Frau, die rechts vom Täter sass, wegrennen wollte, was ihr aber nicht gelang. Sie konnte nur die Türe öffnen, danach wurde sie mit einem Schuss in den Nacken getötet und blieb neben dem Wagen liegen.»

Schussverletzungen hängen von Art, Geschwindigkeit und Flugrichtung des Projektils ab. Fernschüsse aus modernen Faustfeuerwaffen hinterlassen am Eintrittspunkt in der Regel nur eine relativ kleine Wunde, manchmal mit eingerissenen Haurändern. Auf der Austrittseite ist die Wunde dagegen meist gross und unregelmässig. Bei Nah- und aufgesetzten Schüssen kann diese Unterscheidung schwerfallen. Kleine Projektile wie Schrotkugeln und langsame Querschläger können im Kopf steckenbleiben, grössere können beim Auftreffen auf den Knochen fragmentieren. Kopfschüsse sind meistens tödlich. Vor allem Treffer der tiefen Hirnstrukturen führen sofort zu Atem- und Kreislaufstillstand. Peripher gelegene Hirnschäden können zunächst überlebt werden, manchmal bleibt das Opfer sogar bei Bewusstsein. Allerdings entwickeln sich bald Hirnödeme und schwere Blutungen, die durch Kompression des Stammhirns tödlich sein können. Bei Personen, die die ersten Stunden überleben, treten zudem Infektionen, Thrombosen und Luftembolien auf.

«J. R., was ist eigentlich mit diesem Typen, der seine Freundin als vermisst gemeldet hat? Wir haben da was mitbekommen», wollte Binggeli wissen.

Ritter wiederholte die Aussagen von Claudia Lüthi Minuten zuvor. Er wandte sich an Martin Schläpfer mit der Frage, ob es okay sei, dass «ich diesen Schaller anrufe und ihn bitte, ein Foto seiner Freundin zu übermitteln»? Der Staatsanwalt nickte und stellte bereits einen Durchsuchungsbeschluss für die Wohnung in Aussicht, falls sich erweisen sollte, dass die Vermisste auch die Tote war. Ritter graute sich schon bei der Vorstellung, dass man Schaller vielleicht aufsuchen oder in den Ringhof – die Kommandozentrale der Kantonspolizei im Berner Lorraine-Quartier – bitten müsste, um später mit ihm zur Identifizierung der Toten in die Rechtsmedizin in der Länggasse zu fahren.

Auch nach seinen vielen Dienstjahren hatte er sich noch immer nicht daran gewöhnt, Todesnachrichten zu überbringen, dennoch sah er davon ab, diese schwierige Aufgabe an jemanden aus seinem Team zu delegieren. In diesem besonderen Fall war das Chefsache. Er entfernte sich darauf einige Schritte vom Fundort, um David Schaller anzurufen.

«Herr Schaller? Ich heisse Joseph Ritter von der Kantonspolizei Bern. Sie haben heute Morgen Ihre Freundin als vermisst gemeldet?»

«Ja, das ist richtig. Haben Sie etwas herausgefunden?», sagte David Schaller mit besorgter Stimme.

«Nein, das haben wir noch nicht, Herr Schaller. Sie haben unserer Kollegin auf der Einsatzzentrale eine gute Beschreibung von Frau …»

«… Dimitriu, Manuela Dimitriu heisst sie. Wir wohnen seit einem Jahr zusammen, an der Gesellschaftsstrasse 89 in Bern.»

«Danke für diese Information, Herr Schaller. Können Sie mir bitte ein Foto von Frau Dimitriu aufs Handy schicken? Ich melde mich dann so schnell wie möglich bei Ihnen, sollten wir etwas zum Verbleib Ihrer Freundin herausfinden.»

«Ein Foto von Manu? Was bedeutet das, Herr Ritter? Ist ihr etwas passiert? Und abgesehen davon: Ich wollte das Foto von Manu in wenigen Minuten der Dame von der Einsatzzentrale übermitteln.»

«Herr Schaller, das hat noch gar nichts zu bedeuten, es wäre uns einfach eine Hilfe, hätten wir zur Beschreibung noch ein Foto von ihr, direkt von Ihnen, damit ich keinen Umweg über die Zentrale machen muss.»

«Aha, ja, ich verstehe. Geben Sie mir Ihre Handynummer, das Foto kommt gleich.»

Ritter hatte David Schaller absichtlich nur gesagt, er sei von der Kantonspolizei Bern, nichts weiter, um ihn nicht zu beunruhigen. Er hatte sein Gespräch mit David Schaller noch keine 30 Sekunden beendet, als sein Handy eine neue Meldung anzeigte: das Foto von Manuela Dimitriu. Augenblicke später wurde die Vermutung zur Gewissheit: Bei der Toten handelte es sich um Manuela Dimitriu. Auch die Beschreibung eines Medaillons, die Ritter von David Schaller erhalten hatte, stimmte mit der Kette überein, welche die Ermordete um ihren Hals trug.

«Veronika, wann lässt du die Leichen ins Institut fahren?»

«J. R., sobald mir der KTD die Erlaubnis dazu gibt.» Georges Kellerhals hatte mitgehört und sagte:

«Veronika, wir sind fertig.»

«Also, J. R., ab 15 Uhr könnt ihr allenfalls zur Identifizierung vorbeikommen, die Transporter sind bereits hierher unterwegs.»

Majkl Amanovic ist nicht gemeldet (Dienstag, 2. Oktober)

Wie bei einem neuen Fall üblich, trafen sich alle Ermittler samt den Kommunikationsleuten, dem Staatsanwalt und dem Polizeikommandanten am Tag darauf zu einer ersten grossen Kommunikationsrunde, der GroKo, um sich gegenseitig auf den aktuellen Stand der Ermittlungen zu bringen. Claudia Lüthi hatte bereits erste Vorarbeiten geleistet, indem sie die Infowand beschriftet und Fotos daran befestigt hatte: detaillierte Aufnahmen des Fundorts, der Opfer, Hinweise auf David Schaller. Und, in der Tat: Seit gestern Mittag hatte sich einiges getan. Joseph Ritter begleitete David Schaller – nachdem er ihn im Büro in Ittigen aufgesucht hatte, wo dieser als Mediensprecher beim Unterhaltungselektrik-Giganten Jupiter arbeitete – ins Institut für Rechtsmedizin zu Veronika Schuler. Der 38-Jährige identifizierte seine Freundin und erklärte Ritter, die unmittelbaren Angehörigen von Manuela Dimitriu «selber informieren» zu wollen. Auch gab er sein Einverständnis zu einer Haussuchung. Das Handy der Ermordeten hatte er Ritter bereits überlassen, das der Leiter des Dezernats Leib und Leben nach seiner Rückkehr in den Ringhof gestern sofort den Leuten des KTD zur Auswertung gebracht hatte.

Ursula Meister und Gabriela Künzi hatten ihrerseits gestern Nachmittag in den Medien einen Aufruf veröffentlicht, mit der Bitte um Mitteilung von möglichen Beobachtungen in Zusammenhang mit dem blauen BMW in der Nacht vom 30. September auf den 1. Oktober. Die Medienmitteilung schloss den Sonntagnachmittag mit ein, nach dem Diebstahl in Muri. Joseph Ritter übergab Ursula Meister das Wort, um eine Bestandsaufnahme der Berichterstattungen zu geben.

«Zuerst gilt es festzustellen, dass noch keine Aussenstehende um die Identität von Manuela Dimitriu wissen, das wird sich im Laufe des Tages wohl ändern. Der eine oder die andere Familienangehörige wird den Umstand sicher innerhalb des eigenen Bekanntenkreises erzählen, was erfahrungsgemäss dazu führen kann, dass sich jemand bemüssigt fühlen wird, die Medien zu informieren. Je nach Ausgang der heutigen GroKo werden wir lediglich kommunizieren, dass es sich um eine 38-jährige Schweizerin handelt.»

«Ursula, Dimitriu, tönt das nicht eher in Richtung Bulgarien oder Rumänien?»

«Korrekt, Stephan. Dimitriu, eine gebürtige Bulgarin, wurde vor vier Jahren eingebürgert, sie ist – ich meine, sie *war* – Doppelbürgerin. Die Familie verliess Sofia vor 20 Jahren. Und bevor du fragst: Klar tönt Dimitriu nach Rumänien. Auch müsste sie eigentlich Dimitrova heissen, aber ich habe ihre Familiengeschichte nicht dahingehend untersucht, ob sie eventuell noch Vorfahren in Transsylvanien hatte.»

«Danke, Ursula, aber ich habe dich unterbrochen.» Moser verzichtete entgegen seiner Art darauf, Transsylvanien mit Graf Dracula in Verbindung zu bringen.

«Kein Problem, für solche Infos sitzen wir ja zusammen», erwiderte Meister schmunzelnd. «So wie es aussieht, tappen auch die Medien noch im Dunkeln, bei den Berichterstattungen ist kein Fleisch am Knochen. Aussergewöhnliches gibt es nicht zu berichten, das könnte sich aber bald ändern. Vom Blick wissen Gabriela und ich, dass sie eine Art Soko auf den Fall angesetzt haben, vier Leute insgesamt, um 12 Uhr muss ich schon mal antraben …»

Weil die drei Leichen im IRM sie im Moment übermässig beanspruchten, kam als Nächste Veronika Schuler zu Wort, mit ihrem unverkennbaren Thurgauer Dialekt. Sie bestätigte die Aussage von Joseph Ritter, dass David Schaller am späteren Nachmittag seine Freundin identifiziert hatte. Die Eltern der Toten baten noch am frühen Abend darum, vorbeikommen und Abschied von Manuela Dimitriu nehmen zu können. Weil eine erschütternde Szene, habe sie darauf verzichtet, den Eltern Fragen zum Umfeld ihrer Tochter zu stellen, da sei David Schaller eher die richtige Ansprechperson.

Weil die DNA in einer internationalen Datenbank gespeichert war, konnte die Rechtsmedizinerin die Identität eines weiteren Opfers herausfinden: Majkl Amanovic, mehrfach vorbestraft. Er sass auf dem Fahrersitz des BMW.

«Die Kriminaltechnik weiss um seine Identität, Iutschiin oder Schöre werden uns bestimmt mehr zum Toten sagen können», was diese mit Kopfnicken bestätigten. «Dieser Amanovic hatte keinen wirklich intakten Körper mehr, von einem früheren Nasenbeinbruch über einen gebrochenen Kiefer, mehrere gebrochene Rippen bis hin zum Beckenbruch ist so ziemlich alles vorhanden, mit der Auflistung aller Verletzungen könnte man ein A4-Blatt vollschreiben. Ihm wurde von rechts in den Kopf geschossen, er war sofort tot.»

Veronika Schuler kam nochmals kurz auf die ermordete Manuela Dimitriu zu sprechen. Ausser dem Nackenschuss – «sie war sofort tot» – gab es im Moment keinerlei Anzeichen von Gewalt. Am unbekannten Toten, ungefähr 50 Jahre alt – er sass links im Fond –, gab es aus Sicht der Rechtsmedizin keine Auffälligkeiten. Veronika Schuler hatte bereits Fotos seines Gebisses erstellt und in eine entsprechende Datenbank eingegeben, ohne Erfolg, ebenso der DNA-Abgleich. Selbstverständlich werde sie sich aber sofort melden, «falls …», worauf sie aufstand und sich verabschiedete.

Als Nächstes standen Eugen Binggeli und Georges Kellerhals vom KTD im Mittelpunkt des Interesses. Angesichts der Fülle ihrer noch «vorläufigen Erkenntnisse», teilten sie sich den Bericht der Informationen. Eugen Binggeli äusserte sich zur Tatmunition und zu Majkl Amanovic, derweil sein Kollege, von den anderen Anwesenden unbeobachtet, Joseph Ritter mit einem Kopfnicken und Augenzwinkern zu verstehen gab, dass eine offensichtlich zuvor getroffene Abmachung eingehalten werden würde.

«Die Waffen haben wir nicht gefunden. Sicher ist, dass aus zwei Pistolen geschossen wurde, 8 mm respektive 9 mm. Drei Hülsen und drei Projektile haben wir inzwischen sichergestellt, eine Kugel aus dem Schädel von Amanovic hat uns Veronika überreicht, jene, die Dimitriu getroffen hat, haben wir auf dem Waldboden gefunden, die dritte steckte bekanntlich in einem Baum. Sie sind bei den Forensikern.» Binggeli wiederholte seine Theorie des Vortages, wie das Verbrechen beim Fundort womöglich abgelaufen sein könnte. Veronika Schuler habe sie indirekt bestätigt, weil die von ihm vermutete Schussrichtung im Fall des Unbekannten stimmte.

Er kam danach auf Majkl Amanovic zu sprechen, den zweiten identifizierten Toten. Dieser war als Station-Manager in Belgrad für Fly4sure tätig und in dieser Funktion stark in die Aktivitäten der Fluggesellschaft eingebunden. Als ehemaliger Berufspilot flog er regelmässig Flugzeuge der Fly-4sure von verschiedenen Landeplätzen aus nach Bern und zurück. Amanovic wurde in Serbien wegen Urkundenfälschung und Erpressung rechtmässig verurteilt. Auch nach verbüsster Haftstrafe sagte man ihm nach wie vor Kontakte zur organisierten Kriminalität nach. Bisherige Nachforschungen hatten noch keinen Hinweis auf einen möglichen Aufenthaltsort Amanovics in der Schweiz ergeben. Ein Handy hatte man nicht gefunden. Gleiches galt für den dritten Toten, jenes von Manuela Dimitriu lag hingegen seit gestern im KTD.

«Ausser den Wagenausweispapieren – aber den Halter kennen wir ja – haben wir gar nichts gefunden, was auf die Identität des dritten Toten hinweisen würde. Ich bin gespannt, wann es uns gelingen wird, ihm einen Namen zu geben. Übrigens: Die Täter sind nach den Tötungen nicht Hals über Kopf weggerannt, sie haben offenbar in aller Ruhe alle Fingerabdrücke abgewischt. Trotzdem hoffen wir auf DNA-Spuren, die uns weiterhelfen können», sagte Binggeli.
«Ein Wunder, wurde der BMW nicht abgefackelt», stellte der Staatsanwalt fest.
«Da pflichte ich Ihnen bei, Herr Schläpfer, einen Reim darauf kann ich mir nicht machen, zumal zwei volle Benzinkanister im Kofferraum lagen, die nicht dem Fahrzeughalter gehörten. Vielleicht noch eine letzte Feststellung, bevor ich das Wort Kollega Kellerhals übergebe, Veronika hat das zu sagen vergessen: Der Schusskanal aller drei Projektile passt zu meiner Theorie des Tathergangs. Und jetzt bitte, Schöre.»

Der Staatsanwalt hatte eine Haussuchung bei Manuela Dimitriu angeordnet, die bekanntlich zusammen mit David Schaller an der Gesellschaftsstrasse 89 wohnte, unweit vom Seidenweg 17, wo vor ihrem Umzug nach Wohlen Regula Wälchli und Elias Brunner zu Hause gewesen waren. Diese Aktion fand gestern Abend in Absprache mit und im Beisein von David Schaller statt. Kellerhals sprach von einer «geschmackvoll» eingerichteten Wohnung, wo beide Partner – in einem gemeinsamen Büroraum – ihre Arbeitspulte stehen hatten.

Der KTD stellte alle vorhandenen elektronischen Geräte von Manuela Dimitriu sicher, beziehungsweise baute deren Festplatten für die Auswertung aus. Ansonsten war nichts zu finden, was sie als relevant für die Untersuchung erachteten. Schaller hatte bereits ausgesagt, dass Manuela Dimitriu ihr Handy zu Hause habe liegen lassen, «total ungewöhnlich». Es blieb jedoch offen, ob bewusst oder aus Vergesslichkeit. Das Duo Binggeli/Kellerhals wollte vom Partner von Manuela Dimitriu wissen, ob er das Handy selber durchsuchte und allenfalls Daten gelöscht habe. Eugen Binggeli sagte ihm, er solle sich seine Antwort gut überlegen, weil die Spezialisten das «mit einfachsten Mitteln» rekonstruieren könnten, allenfalls im Abgleich mit den Randdaten des Providers. Eine unwahre Aussage würde Konsequenzen für ihn haben, worauf er aussagte, dass er das Handy zwar durchgesucht, aber nichts verändert oder gelöscht habe, eine Aussage, die später vom KTD bestätigt wurde. Schaller kannte auch die Passwörter für die Geräte seiner Freundin.

In der Schweiz sind die Telekommunikationsunternehmen – die Provider – verpflichtet, die sogenannten Randdaten ihrer Kunden während sechs Monaten zu speichern. Es handelt sich dabei sowohl um Übermittlungen als auch um geführte Gespräche oder um jene Orte, wo jemand eingeloggt war. Beim Gesetz geht es darum, dass die Behörden Zugriff auf die Daten erhalten, um die letzten Stunden, Tage oder Wochen eines Halters bei einem Kriminalfall rekonstruieren zu können. Auch dienen die Daten dazu, eine verschwundene oder vermisste Person anhand der eingeloggten Masten lokalisieren zu können, zum Beispiel bei einem Unfall in den Bergen.

Nur: So ganz einfach *mir nichts, dir nichts* ist es für die Kriminalisten nicht, Zugriff auf die Randdaten zu erhalten. Zuerst muss ein begründeter Anfangsverdacht auf ein schweres Verbrechen bestehen, sonst wird jede Staatsanwaltschaft ein solches Begehren ablehnen. Kommt hinzu: Die Benutzung der Randdaten muss die letzte Möglichkeit darstellen, die Subsidiarität, um an Informationen heranzukommen. Ein Zwangsmassnahmengericht prüft danach den Antrag, und erst nach dessen Einverständnis dürfen Daten eingesehen und ausgewertet werden. Randdaten sind im Übrigen Teil eines Puzzles, nur wenn sie zu anderen Beweismitteln passen, wird man sie verwenden können. Niemals können Randdaten allein in der Strafverfolgung eingesetzt werden, denn auch sie können ungenau sein und allenfalls zu falschen Schlüssen führen.

«Und jetzt wollen Sie wissen, was wir bisher herausgefunden haben?»
«Herr Kellerhals, können Sie Gedanken lesen?», meldete sich Christian Grossenbacher zu Wort, sonst der Schweiger in Person, was alle in Erstaunen versetzte.

«Bis jetzt nichts Aussergewöhnliches, das Übliche halt: Chats, Facebook, Instagram, nichts, was uns direkt ins Zentrum des Verbrechens führen würde. Aber damit wir uns richtig verstehen: Wir haben mit unseren Nachforschungen erst begonnen, auf den Festplatten und auch in den Social Media, es gilt ausserdem, den Handynummern Gesichter zu geben. Eine Auffälligkeit gibt es indes, eine Prepaidnummer, mit der Frau Dimitriu Kontakt hatte. Auch hier: Wir überprüfen. Vor allem richten wir unser Interesse auf mögliche Verbindungen zwischen Frau Dimitriu und Majkl Amanovic, schliesslich sassen sie zusammen im Wagen.»

«Zusammen vermutlich mit drei anderen Herren, von denen wir mindestens einen nicht mehr befragen können», komplettierte Kellerhals seine Aussagen. Er übergab nun Joseph Ritter das Wort. Dieser ordnete zuerst eine kurze Pause an, was von den meisten Anwesenden mit einem leisen «Merci» quittiert wurde, nicht zuletzt – Zeichen unserer Zeit – um selber aufs Handy schauen zu können, schliesslich hätte man ja eine Eruption des Gurtens verpassen können, des Berner Hausbergs.

Von Joseph Ritter wusste man, dass er wichtige Infos immer bis zum Schluss zurückbehielt, um eine Sitzung nicht einfach ausfädeln zu lassen. Er berichtete von seiner Begegnung mit David Schaller im IRM. Die Herren des KTD wussten darüber bereits Bescheid, überliessen das Mitteilen der Information aber dem Dezernatsleiter. Deshalb auch das vorherige Nicken von Kellerhals.

Bekanntlich hatte der Partner von Manuela Dimitriu bei seinem Anruf an die Einsatzzentrale davon gesprochen, dass sie «möglicherweise in etwas hineingeraten» sei, angesichts der Umstände sicher keine falsche Einschätzung. Auf dem Weg vom IRM an der Bühlstrasse zur Wohnung von Dimitriu und Schaller an der Gesellschaftsstrasse – ein Spaziergang von zehn Minuten – unterhielten sich beide Herren gestern über diese Aussage von David Schaller. Joseph Ritter hatte um Erlaubnis gebeten, dieses Gespräch aufnehmen zu können. Dank Ritters Handy konnten alle im Raum mithören.

«Herr Schaller, Sie haben gestern gesagt, Ihre Partnerin sei möglicherweise in etwas hineingeraten. Sie werden sich vorstellen können, *wie wichtig* diese Einschätzung ist. Was vermuten Sie?»
«In den letzten Wochen hat Manu geheimnisvolle Gespräche geführt, per Zufall habe ich einmal mitgehört, ohne dass sie es bemerkt hat.»

«Worum ging es da?»

«Nun, ich habe rasch gemerkt, dass es kein Liebhaber war, wie man bei geheimnisvollen Gesprächen vielleicht vermuten könnte.»

«Sondern?»

«Herr Ritter, ich weiss es nicht! Ich habe Manu darauf angesprochen, worauf sie völlig ausgerastet ist, die Kontrolle verloren und sogar Gegenstände nach mir geworfen hat. Ich würde sie aushorchen, brüllte sie. Wobei ihre Entrüstung aufgesetzt wirkte, als ob sie wütend auf sich selber gewesen wäre, zugleich schien sie auch verängstigt und ratlos zu sein, sie weinte und schrie gleichzeitig.»

«Wann war das?»

«Das hingegen kann ich Ihnen genau sagen, am Montag, 10. September, meinem Geburtstag.»

«Wann genau?»

«Ist das wichtig?»

«Das ist nicht nur wichtig, das ist sehr wichtig, damit wir den Zeitpunkt mit den Randdaten von Frau Dimitriu abgleichen können. Diese Verbindung kann für die Aufklärung des Verbrechens entscheidend sein.»

«Zwischen 19 und 19.15 Uhr.»

«Was glauben Sie, aus dem Gespräch herausgehört zu haben?»

«Manu sprach natürlich leise, aber da war von ‹Ware› die Rede, die es ‹zu übergeben› gelte. ‹Aussteigen› habe ich gehört, ‹das letzte Mal, sonst …›.»

«Sonst was?»

«Keine Ahnung, mehr weiss ich nicht. Und bevor Sie fragen: Manu sagte mir vorgestern, sie gehe am nächsten Tag, also gestern Sonntag, mit Kollegen auf einen Ausflug. Keine Ahnung wohin, keine Ahnung mit wem.»

Nach diesem Satz stellte Ritter sein Handy ab und übergab das Wort Eugen Binggeli.

«Wir haben ja das Handy der Toten. Und am Montag, 10. September, hat sie um 19.10 Uhr einen Anruf erhalten. Mit erwähnter Prepaidnummer hatte sie in den letzten Wochen mehrmals telefoniert. Anhand ihrer Randdaten werden wir jetzt herauszufinden versuchen, wo ihr Gesprächspartner jeweils eingeloggt war.»

«Iutschiin, da von Amanovic kein Aufenthaltsort in der Schweiz bekannt ist: Könnte die Nummer ihm gehören?»

«Claudia, jein. Oder anders ausgedrückt: Ich weiss es nicht.»
Mit dieser Feststellung wurde die GroKo für beendet erklärt, und am Nachmittag gingen alle ihren erteilten Aufgaben nach. Die Rechtsmedizin versuchte – in Zusammenarbeit mit der Kriminaltechnik, welche das Auto auf der Suche nach Fingerabdrücken und DNA-Spuren regelrecht auseinandergenommen hatte –, die Identität des dritten Opfers herauszufinden. Claudia Lüthi hatte den Auftrag übernommen, die Handydaten von Manuela Dimitriu auszuwerten, um mögliche Verbindungen zu Majkl Amanovic aufzudecken.

Die drei Herren des Teams – Joseph Ritter, Stephan Moser und Elias Brunner – waren überzeugt, dass der Flugplatz Belpmoos beim Verbrechen eine Rolle spielen musste: Amanovics Engagement für Fly4sure und Dimitrius mögliche neue Anstellung als Marketingleiterin einer Flughafengesellschaft standen sicherlich in einem Zusammenhang. Das hatte Joseph Ritter nämlich gestern beim Gespräch mit David Schaller erfahren, auch von der eigentlich geheimen Sitzung am 24. September. Ihm wurde der Name von Jules Sommerhalder genannt, den es – so Schaller – zu kontaktieren gelte. Ritter hatte sich für Mittwoch, 3. Oktober, mit ihm verabredet, Brunner und Moser ihrerseits wollten mit einem gewissen Rolf Guggisberg reden, der aufgrund des Konkurses der Fly4sure seinen Job als CEO des Flughafens verloren hatte und seitdem – bislang erfolglos – auf Stellensuche war. Zu seiner Person war zu hören, dass er seit der Kündigung ab und zu Trost im Alkohol suchte.

Die Medienstelle schliesslich hoffte auf verwertbare Hinweise aus der Bevölkerung.

Das Treffen mit Claude Bannel und Jean-Louis de Châtenier (Dienstag, 2. Oktober)

Am frühen Nachmittag des Dienstags, 2. Oktober, in Payerne: Jean-Louis de Châtenier, Anwalt und Financier aus Genf, Claude Bannel, Projektentwickler mit eigenem Büro im Swiss Aeropole am Payerne Airport, und Julius Sommerhalder sassen in einem Säli des Hotels Croix Blanche in Payerne zusammen, um die Möglichkeit eines Ausbaus mit entsprechendem Investment des Payerne Airports zu besprechen. Die Anwesenheit Sommerhalders erstaunte in zweierlei Hinsicht: Einerseits wollte er bekanntlich noch am 24. September im Belpmoos eine sozusagen eigene neue Airline samt gewaltiger Infrastruktur aus dem Boden stampfen, andererseits wurde seine dafür designierte Marketingleiterin gestern tot aufgefunden. Die Herren de Châtenier und Bannel hatten weder vom einen noch vom anderen Ereignis Kenntnis.

Angesichts der unsicheren Zukunft des Airports kreisten die Geier zwar noch nicht über dem Berner Flugplatz, sie hatten aber schon mal ihre Nester verlassen, um sich abseits der Öffentlichkeit zu sammeln. Schliesslich soll man bekanntlich das Fell des Bären nicht verteilen, bevor er erlegt wurde, eine für Bern durchaus passende Symbolik. Konkret ging es bei diesem Treffen in Payerne darum, die Möglichkeit einer Übernahme privater Flüge aus dem Belpmoos zu sondieren, sollte es dort zu einem Ende mit Schrecken kommen, falls der Kanton Zuschüsse verweigern oder streichen würde. Niemand dachte ernsthaft daran, den gesamten Traffic von Belpmoos übernehmen zu wollen, dafür war Payerne – jedenfalls in der heutigen Konstellation – gar nicht ausgelegt, mit der Swiss Air Force als Platzhirsch.

Julius Sommerhalder hatte aus der Sitzung im Belpmoos seine Konsequenzen gezogen, nicht bloss der eher unbeholfenen – zum Teil sogar peinlichen – Auftritte der ausländischen Teilnehmer wegen, sondern weil eine bekannte Schweizer Bank trotz aller Beteuerungen im Vorfeld ihr zugesagtes finanzielles Engagement kurzfristig zurückgezogen hatte, an eine

Bankgarantie war auch nicht zu denken. Sommerhalder vermutete (zu unrecht), dass das Geldinstitut entweder mit Daniel Grob oder mit Beat Neuenschwander über einen direkten Draht ins Sitzungszimmer verfügte, durch welchen den Bankiers nach der Sitzung abgeraten wurde, sich die Finger zu verbrennen.

Auch eine von den Vermögensverwaltern zugesagte «erste Tranche» über mehrere Millionen Franken wurde nicht ausgezahlt. Vor allem aber: Sommerhalder wusste um das Interesse von Konstantin Kaiser, der bei einem Kollaps der Fliegerei das gesamte Areal des Flugplatzes Belpmoos zu übernehmen und teilweise umzunutzen gedachte, immer vorausgesetzt, die Stadt Bern als Eigentümerin würde mitmachen. Bei den konstant auferlegten Sparmassnahmen nicht unwahrscheinlich, zumal die Stadt dadurch einen weit höheren Baurechtszins erwarten konnte.

Unter diesen Umständen konnte es nicht erstaunen, dass sich das Interesse von Julius Sommerhalder plötzlich in die Waadt verlegte, zumal unter Insidern bekannt, dass man in Payerne nur darauf wartete, einen lukrativen Anteil an Privatflügen vom Belpmoos zu übernehmen, würde man dort den Stecker ziehen. Er hatte deshalb Jean-Louis de Châtenier und Claude Bannel zu einem Gespräch «ganz allgemeiner Art» eingeladen. Mit allem hatte Sommerhalder bei der bevorstehenden Besprechung gerechnet, nur nicht mit der Ouvertüre von Claude Bannel.

«Herr Sommerhalder, was ist mit Ihren Plänen, auf dem Belpmoos eine neue Airline zu stationieren?»
«Ich verstehe die Frage nicht», antwortete Sommerhalder, sichtlich darum bemüht, seine Contenance zu wahren.
«Herr Sommerhalder, die Aviatikbranche hierzulande ist sehr klein, da hört man das Gras noch vor dem Säen wachsen. Abgesehen davon, ich staune, dass kein Journalist diese Sitzung mitbekommen und davon berichtet hat. Wäre Dynamit gewesen.»

«Das versteht man also unter Vertraulichkeit», ging Sommerhalder durch den Kopf. Nach dem Rückzug der Banken also auch noch die Information an die Konkurrenz. «Ein ‹shark tank›, ein Haifischbecken, in dem ich mich befinde.» Er wählte die Flucht nach vorne, der Angriff ist noch immer die beste Verteidigung.

«Herr Bannel, das ist ja interessant, was man sich erzählt. Aber ja, das stimmt, wir haben uns kürzlich im kleinen Kreis», er betonte dabei «kleinen Kreis» mit deutlicher Verärgerung, «vertraulich darüber unterhalten, wie die Chancen für eine neue Airline samt neuer Infrastruktur auf dem Belpmoos stehen», was natürlich nicht ganz der Wahrheit gleichkam, aber immerhin der Spur nach.

«Und, wie stehen sie, die Chancen fürs Belpmoos?»

«Herr de Châtenier, was soll ich sagen? Die Fliegerei auf dem Belpmoos wird ohne staatliche Hilfe à la longue kaum überleben können, das hat die Vergangenheit immer wieder gezeigt. Die Airlines gaben sich die Türklinke in die Hand. Enfin, on verra, wie die Romands sagen.»

«Was ist eigentlich mit den bisherigen Chefs von Fly4sure, mit den Herren …»

«… den Herren Darko und Popovic? Meines Wissens befinden sie sich im Ausland, aber keine Ahnung wo.»

«Den beiden wird ja nachgesagt, dass sie die Flüge von Fly4sure auch dazu benutzt haben, um – nun, wie soll ich sagen? – private Kleintransporte vor allem aus den Balkanstaaten und aus Berlin am Zoll vorbeizuführen», wobei de Châtenier lachen musste.

«Was meinen Sie damit, was ist daran so lustig?»

«Ich stelle mir gerade vor, was passieren würde, wenn jemand am Zoll Drogen oder Anabolika zur Verzollung anmelden würde. Das wäre direkt etwas für ‹Verstehen Sie Spass?›.»

Die Mutmassungen des Herrn de Châtenier waren indes nicht aus der Luft gegriffen, denn einmal hatte die Security auf dem Belpmoos tatsächlich nachts zwei Personen dabei beobachtet, wie sie eine weitab des Towers abgestellte Bombardier DHC 8 von Fly4sure bestiegen, angeblich, um dringend benötigte Medikamente zu holen, die im Cockpit vergessen worden waren. Der Sicherheitsbeamte notierte Namen und Vorgang für seinen Rapport, nachdem Stanislaw Darko und Oliver Popovic als Verantwortliche der Airline ihm einige Medi-Packungen vorgewiesen hatten, worauf er sich zufriedengab.

Interessant ist in diesem Zusammenhang ein recherchierter Beitrag über die Arbeit des Grenzwachtkorps auf dem Flughafen, vom Regional-TV TeleBärn 2020 ausgestrahlt, der nicht zuletzt angesichts der Aussagen von Offiziellen nur noch Kopfschütteln provozierte. Da war vom Postenchef

Auch wenn es wenig bis gar nichts zu tun gab: Die Zollkontrollen hatten bei gewissen Leuten offenbar keine Priorität.

des Grenzwachtkorps Bern beispielsweise zu hören, dass Kontrollen bei der Privatfliegerei wichtig seien, weil es in der Vergangenheit diesbezüglich «keine Kontrollen» gab, was die Betreiber von Fly4sure natürlich wussten und auch ausnützten. Im Beitrag war auch die Ankunft eines Airbus 319 zu sehen, der vom Besitzer zu einem eigentlichen Wohn- und Arbeitszimmer umgebaut worden war.

Unmittelbar nach der Landung kam ein Helikopter angeflogen, um den Besitzer des Flugzeuges und seine Frau an ihren Schweizer Aufenthaltsort weiterzufliegen. Die Kontrolle der mitgeführten Waren musste auf Verlangen des Ankommenden direkt auf dem Flugfeld selber – nicht im dafür vorgesehenen Gebäude für Krethi und Plethi – stattfinden und durfte nicht gefilmt werden, seine Identität gaben die Behörden nicht bekannt, weil «zu wichtig für den Flughafen». Der TV-Journalist fand indes heraus, dass es sich um einen russischen Oligarchen handelte, der einen europäischen Spitzenfussballklub besitzt, mit einem geschätzten Vermögen von 6,9 Milliarden Dollar einer der reichsten Männer der Welt.

Diese Luxus-Clientèle empfand Zollkontrollen nicht nur als lästig, sondern als reine Schikane. Unglaublich: Laut dem TV-Bericht wäre es dem Flughafen-Personal lieber, «man würde diese wichtigen Leute in Ruhe lassen», berichtete de Châtenier, der den Beitrag gesehen hatte.

«Das ist ja ein dicker Hund, Herr de Châtenier, un chien épais …»
«Also, Herr Sommerhalder, weshalb Ihr Interesse an Payerne?»
«Ich bin seit jeher im Tourismus tätig, in den letzten Jahren habe ich mir eine solvente Kundschaft aufgebaut, für ihre Reisen in die Schweiz, Corona hin oder her. Viele davon landen im Belpmoos. Es wäre ein Einfaches, sie nach Payerne zu transferieren, selbst wenn die Weiterreise ins Berner Oberland für Ferienaufenthalte etwas länger dauert. Bei diesen Transfers kommt es einzig auf das ‹Comment› an.»

Claude Bannel schaltete sich in das Gespräch zwischen den Herren de Châtenier und Sommerhalder ein, besser gesagt, er unterbrach es kurzerhand mit Hinweis auf seinen dicht gedrängten Terminkalender.

Sommerhalder staunte zum zweiten Mal, denn Bannel wusste ebenfalls um die Pläne von Konstantin Kaiser aus Wien, und zwar nicht nur oberflächlich, sodass er mit interessanten Details aufwarten konnte. Kaiser hatte über seinen Rechtsvertreter in Bern, Flurin Casutt, bereits einen ersten Kontakt mit der Berner Stadtregierung aufgenommen, selbstverständlich ohne offiziellen Charakter. Dieses Treffen – es war auch der Gemeindepräsident der Standortgemeinde Belp anwesend – fand denn auch nicht auf Stadtberner Boden statt, sondern im Restaurant Drei Fische in Lüscherz. Die Vision von Konstantin Kaiser: Das Belpmoos sollte zu einem ganz gewöhnlichen Flugplatz herabgestuft werden, nur noch für die Privatfliegerei offen sowie für die Rega und die Bundesrat-Jets. Den Helikopterbetrieb und die Heli-Basis der Schweizerischen Rettungsflugwacht Rega mit einem ständig stationierten Helikopter wollte der Wiener als Attraktion auf dem Belpmoos belassen, den übrigen Flugverkehr inklusive Flugschulen auslagern, vorzugsweise nach Grenchen, dort war man ohnehin auf Ausbildung spezialisiert.

«Und wie will Kaiser das ganze Gelände umnutzen? Woher haben Sie übrigens Ihre Informationen, Herr Bannel?», was bei diesem zu einem breiten Grinsen führte.

«Herr Sommerhalder, diese äusserst unglückliche zweite Frage habe ich überhört. Wissen Sie, Kaiser ist auch deshalb erfolgreich, weil ein cleverer Typ, der bei seinen Grossprojekten nicht bloss die eigenen Interessen mehr oder weniger elegant durchzuboxen weiss, sondern auch die Bevölkerung dran teilhaben lässt, Zuckerbrot und Peitsche. Ein Sportplatz hier, eine Kita dort. Damit bringt er auch die Bevölkerung auf seine Seite, weil diese von Behörden ad infinitum ‹Wir haben kein Geld dafür› gehört hat. Ganz abgesehen davon, dass er mit seinem Wiener Schmäh auch viele Politiker für sich einzunehmen weiss.»

Kaiser war ebenfalls bekannt dafür, dass er viele gutgläubige Politiker mit seiner künftigen Steuerkraft einzulullen wusste. Nur: Kitas und Sportplätze liessen später den Gewinn seiner Projekte angeblich wie Schnee an der Sonne schmelzen, der Fiskus hatte das Nachsehen. Die Bevölkerung kümmerte das herzlich wenig, dazu waren viele der damals befürwortenden Politiker nicht mehr im Amt. Der Österreicher wurde ebenfalls immer wieder mit Korruption in Verbindung gebracht, ohne dass ihm aber Handfestes nachgewiesen werden konnte. Im Belpmoos hatte Kaiser vor, Firmen im Bereich der Kryptowährungen in den dereinst umgebauten Hangars und drei Neubauten anzusiedeln. Der eigentliche Coup: Kaiser wollte in Zusammenarbeit mit einem Pionier auf dem Gebiet der Energieoptimierung den enormen Stromverbrauch für die Herstellung von Bitcoins entscheidend minimieren. Gleiches galt für die Kühlung dieser Hallen.

Bitcoin ist die weltweit führende Kryptowährung auf Basis eines dezentral organisierten Buchungssystems. Zahlungen werden kryptografisch legitimiert und über ein Netz gleichberechtigter Rechner abgewickelt. Anders als im klassischen Banksystem üblich, ist kein zentrales Clearing der Geldbewegungen notwendig. Eigentumsnachweise an Bitcoin werden in persönlichen digitalen Brieftaschen gespeichert. Der Kurs eines Bitcoins zu den gesetzlichen Zahlungsmitteln folgt dem Grundsatz der Preisbildung an der Börse. Das Bitcoin-Netzwerk basiert auf einer von den Teilnehmern gemeinsam verwalteten dezentralen Datenbank, der Blockchain, auf der alle Transaktionen verzeichnet sind. Mit Hilfe kryptografischer Techniken wird sichergestellt, dass gültige Transaktionen mit Bitcoins nur vom jeweiligen Eigentümer vorgenommen und Geldeinheiten nicht mehrfach ausgegeben werden können. Neue Bitcoin-Einheiten werden durch die Lösung kryptografischer Aufgaben, das sogenannte Mining, geschaffen. Durch das Mining – das Schürfen – werden neue Blöcke erzeugt und anschliessend zu Blockchains hinzugefügt. Anders als beim Goldschürfen gibt es beim Bitcoin-Mining eine Belohnung für nützliche Dienste. Die Auszahlung der jeweiligen Bitcoin-Anteile richtet sich nach der zur Verfügung gestellten Rechenkapazität. In traditionellen Fiat-Währungssystemen drucken Regierungen beziehungsweise Zentralbanken, wenn Bedarf besteht, mehr Geld. Beim Bitcoin hingegen wird kein Geld gedruckt. Vielmehr werden Bitcoins selbst oder in der Cloud, dem Cloud Mining, geschürft. Rund um den Globus minen/errechnen Computer Bitcoins und konkurrieren dabei miteinander.

Es gibt dabei verschiedene Wege, um Bitcoins zu minen. Zum einen kann man mit sogenannten ASIC-Minern von zu Hause aus schürfen. Dies ist im Prinzip aussichtslos, da die benötigte Rechenkapazität viel zu gross wäre. Beliebte Bitcoin-Miner sind zum anderen die Antminer. Die Miner werden einfach via LAN-Kabel an einen Router angeschlossen, anschliessend können diese über den Webbrowser konfiguriert werden. Es ist kein weiteres Gerät oder Software nötig, da es sich um Standalone Miner handelt. Mining-Pools arbeiten nach der Idee des kollektiven Minings. Hier wird die benötigte Rechenkapazität aller Nutzer gebündelt. Somit findet man schneller neue Blöcke. Die Entlöhnung in Bitcoins wird entsprechend der geleisteten Rechenkapazität auf die einzelnen Nutzer aufgeteilt. Tönt kompliziert, ist es auch – Nerds ausgenommen.

Zurück ins Belpmoos: Die Bevölkerung ihrerseits sollte die Möglichkeit bekommen, Teile des Areals fürs Skaten, Joggen oder Velofahren benutzen zu können, ähnlich dem ehemaligen Berliner Flugplatz Tempelhof. Und wie in Berlin waren auch Picknick- und Grillstellen vorgesehen. Ein idealer Ort für Familien, direkt vor den Toren der Bundesstadt. Klar, hatte Kaiser in erster und zweiter Linie bei der Realisation an sich gedacht, aber davon war noch nichts Konkretes durchgesickert.

In der Schweiz bestehen verschiedene Kategorien von Flugplätzen. Je nach Art kommt ihnen eine unterschiedliche Bedeutung zu. Während die Landesflughäfen für die Anbindung der Schweiz an europäische und weltweite Zentren sorgen und die Regionalflugplätze internationale wie auch nationale Verbindungen sicherstellen, dienen die Flugfelder vorab der privaten Fliegerei und der Ausbildung. Der Sachplan Infrastruktur der Luftfahrt (SIL) unterscheidet im Wesentlichen zwischen fünf Kategorien von Flugplätzen: Landesflughäfen, Regionalflugplätze, Flugfelder, zivil mitbenutzte Militärflugplätze und Heliports.
«Aber ich bin nicht wegen Kaiser hier», sagte Sommerhalder, «Herr Bannel, ich hoffe, Sie können über die Ausbaupläne in Payerne ebenso handfeste Aussagen machen, abgesehen davon: Time is money.»
«Stimmt. Also, sollte sich das Belpmoos zu einem kleinen Flugplatz redimensionieren, wollen wir die Rosinen rauspicken, das gebe ich hiermit unumwunden zu. Wir sind hier aus den bekannten Gründen nicht an einer grossen Zunahme der Flugbewegungen interessiert, schon allein deshalb nicht, weil sonst eine grössere Opposition aus der Bevölkerung zu erwarten wäre. Und das hiesse eine jahrelange Verzögerung. Ihre Philosophie einer gehobenen Clientèle passt perfekt zu unserem Geschäftsmodell. Es liegt auf der Hand, dass wir dazu den Aeropole Payerne ausbauen müssten, weshalb Herr de Châtenier hier anwesend ist.»

Die Performance des Jean-Louis de Châtenier in den letzten Jahren war in der Tat beachtlich. Ihm war es gelungen, nebst institutionellen Anlegern wie Pensionskassen oder Real-Estate-Managern von Banken und Versicherungen auch viele Vermögensverwalter für Investments im In- und

Die Berner Bevölkerung sollte künftig Teile des Flugplatzes Belpmoos in ihrer Freizeit nutzen können, wie hier in Berlin-Tempelhof.

Ausland zu begeistern. Die Kosten für den Ausbau des Aeropole Payerne waren Peanuts im Vergleich zu anderen Projekten, vor allem in Ländern, in denen Investoren normalerweise eher skeptisch und zurückhaltend auftraten. Dank seines seriösen Rufs – de Châtenier setzte sich nie über einmal ausgearbeitete Abmachungen hinweg und vermittelte mit Erfolg dank seines diplomatischen Auftretens bei möglichen Unklarheiten zwischen Bauherren, Behörden und Investoren – hatte er bereits Interessenten für den Payerne Aeropole ausgemacht.

Es verging an diesem Dienstagnachmittag noch eine halbe Stunde, bis man sich auf einen weiteren Termin geeinigt hatte. Bei der Verabschiedung bekam Julius Sommerhalder noch einmal zu spüren, wie sehr es Claude Bannel offenbar Spass bereitete, anderen Leuten zu beweisen, was er alles wusste und womit niemand rechnen konnte: Bannel kondolierte Sommerhalder zum Tod von Manuela Dimitriu.

Geheime Besprechungen
(Mittwoch, 3. Oktober)

Wie abgemacht: Joseph Ritter hatte sich an diesem Morgen mit Julius Sommerhalder verabredet, weil er sich von ihm Auskünfte erhoffte, die den Ermittlern in der *Causa Dimitriu* weiterhelfen würden. Zwar entsprach das Erstklasserestaurant Jacks im Hotel Schweizerhof am Berner Bahnhofplatz nicht wirklich dem Geschmack von Ritter, garantierte aber frühmorgens traute Zweisamkeit, wenn man(n) etwas ohne Mithörer zu besprechen hatte.

Der Dezernatsleiter kam zu Fuss, trotz einer direkten Bus-Verbindung zwischen Lorraine und Bahnhof. Das Wetter zeigte sich in typischem Oktobergrau, dennoch genoss er die knappe Viertelstunde via Lorrainebrücke und an der schweizweit bekannten Reitschule vorbei, wo just am vergangenen Samstag wieder Unruhen stattgefunden hatten: Vermummte gegen die Polizei, schon beinahe Programm in der Hauptstadt. Ginge es nach vielen Polizeiangehörigen – die ihren Kopf gegen Pflastersteine und Feuerwerkskörper hinzuhalten hatten –, würde man die anonym auftretenden Randalierer einbehalten, damit sie ihre Abwesenheit bei der Arbeitgeberin zu erklären hätten. Nur eben, die rot-grüne Mehrheit in der Berner Stadtregierung und der gleichgeschaltete Stadtrat unternahmen einiges, um die Stadt für Gleichgesinnte attraktiv zu machen, auch wenn man das öffentlich natürlich vehement bestritt. Ziel dieser sozusagen verdeckten Strategie: Sich damit das Fundament für weitere Wahlerfolge zu legen und die eigene Ideologie auf Jahre hinaus zu zementieren. Aber das durften öffentliche Personen – wie der Dezernatsleiter Leib und Leben – nicht offen aussprechen, weil sonst der Kommandant der Kantonspolizei sofort zum Rücktritt aufgefordert werden würde, zusammen mit dem Nestbeschmutzer. Ganz abgesehen davon: Die bürgerlichen Parteien waren selber meilenweit von einer griffigen Vision für die Stadt entfernt. Wie auch immer: 20 Minuten später sassen die beiden Herren allein an einem Vierertisch.

«Herr Sommerhalder, Sie werden sich vorstellen können, weshalb ich Sie treffen will, bewusst ausserhalb unserer vier Wände der Polizeizentrale. Es geht um Manuela Dimitriu.»

«Wissen Sie bereits mehr über die Umstände ihres Todes?»

«Ehrlich gesagt … nein. Aber ich erhoffe mir, dass wir nach unserem Gespräch mehr wissen.» Gerade, als er die erste Frage stellen wollte, kam ein Serviceangestellter vorbei, worauf beide Herren einen Espresso bestellten. Die beiden Tassen und Wassergläser wurden zwei Minuten später serviert. Während der Anwesenheit des Mitarbeitenden wurde nicht gesprochen, ganz im Gegensatz zu Unvorsichtigen in öffentlichen Verkehrsmitteln. Bei einer solchen Gelegenheit hatte Ritter in einem VIP-Shuttlebus nach dem Bigger-Bang-Konzert der Rolling Stones am 11. August 2007 in Lausanne sogar gut hörbar die private Handynummer des ehemaligen Schweizer Botschafters in Berlin mitgehört, von Thomas Borer. Ganz schön fahrlässig. Ritter hatte das VIP-Ticket übrigens bei einem Wettbewerb im Migros-Magazin gewonnen, zum Leidwesen von Stephanie Imboden nur eines. Sie verzichtete ladylike darauf, es ihrem Partner wegzuschnappen.

«Herr Sommerhalder, vom Lebenspartner von Manuela Dimitriu wissen wir, dass sie offenbar in dubiose Machenschaften verstrickt war.»

«Ich habe keine Ahnung, was Sie damit meinen.»

«Herr Sommerhalder, ich treffe mich hier mit Ihnen, um Auskünfte entre nous zu erhalten, ohne Sie offiziell zu einer Einvernahme vorzuladen. Ich erwarte im Gegenzug Ihre Zusammenarbeit. Also stelle ich eine andere Frage: Was genau haben Sie mit dem Flughafen Belpmoos vor?», worauf sich Sommerhalder insgeheim die genau gleiche Frage wie am Vortag beim Treffen mit den Herren Bannel und de Châtenier stellen musste. Sein eigentlich geheimes Treffen glich einem Löchersieb.

«Herr Ritter, mir ist bekannt, dass ein Österreicher sich für das Gelände interessiert.»

«Konstantin Kaiser», was Sommerhalder innerlich kollabieren liess. Woher wusste Ritter das schon wieder? Er versuchte, sich nichts anmerken zu lassen.

«Genau, Konstantin Kaiser mit seiner KKI. Mir liegt daran, dass das Belpmoos in Schweizer Händen bleibt, Umbauarbeiten und späterer Betrieb mit Berner Firmen.»

«Und mit ausländischen Investoren? Herr Sommerhalder, wir können unser Katz-und-Maus-Spiel abkürzen. Sie antworten mit Fakten, ich hinterfrage dafür Ihre vermeintlich geheime Sitzung nicht, weil für unsere Ermittlungen vermutlich unerheblich, ausser Sie überzeugen mich vom Gegenteil.»

Das schien nicht der Fall zu sein, sodass man ins eigentliche Gespräch zurückfand.

«Nochmals: Worauf hatte sich Manuela Dimitriu eingelassen, dass sie deswegen ermordet wurde, zusammen mit einem gewissen Amanovic mit bekannt krimineller Energie? Den dritten Toten haben wir noch nicht identifizieren können. Also, Herr Sommerhalder?»
«Ja, da war etwas, was sie beschäftigte …»
«… beschäftigte?»
«Ich korrigiere mich: was sie belastete.»
«Weiter.»
«Ich glaube, mitbekommen zu haben, dass sie sich am Airport mit Angelegenheiten abgab, die nicht in Zusammenhang mit ihrer offiziellen Arbeit bei Travelling standen. Der Tour-Operator hatte keine Kenntnis davon. Sie widersprachen auch meinen Absichten. Ich habe sie einmal darauf angesprochen.»
«Und wie hat sie reagiert?»
«Betroffen. Von meiner Frage überrascht. Sie meinte aber, das sei einzig ihre Sache, das ginge weder mich noch David Schaller noch Travelling etwas an. Sie war nicht bereit, mit mir darüber zu sprechen.»
«Was vermuten Sie? Sehen Sie, Herr Sommerhalder, jedes Detail kann zu einem Puzzleteil führen, damit wir ein ganzes Bild zusammensetzen können.»
«Ich wollte sie einmal von der Arbeit abholen, ohne Vorankündigung, weil ich noch etwas Unvorhergesehenes mit ihr zu besprechen hatte, in Zusammenhang mit meinen Plänen für das Belpmoos.»
«Und?»
«Ich sah sie vor dem Einkaufszentrum Westside in den Wagen eines Unbekannten steigen, den ich noch nie gesehen hatte.»

Ritter fackelte nicht lange, nahm sein Handy hervor und zeigte Sommerhalder ein Bild von Majkl Amanovic.

«War das der Mann?»
«Müsste ich mich festlegen: Nein, eher nicht», was dazu führte, dass Sommerhalder das Bild des dritten Todesopfers zu sehen bekam.

«Ja, der schon eher. Ja, ich glaube, dass er es war. Wer ist es?»

«Das ist der dritte Tote. Sie haben sich nicht ganz per Zufall die Nummer des Kontrollschildes gemerkt, nicht wahr?», erkundigte sich Ritter mit einem Schmunzeln im Gesicht.

«Nein, tut mir leid. Es war aber mit Sicherheit ein ausländisches Kennzeichen.»

«Wie steht es mit dem Wagentyp?»

«SUV, an die Marke erinnere ich mich nicht mehr. Aber aufgefallen ist mir, dass Manuela einstieg, ohne dem Fahrer drei Küsschen links, rechts, links zur Begrüssung zu geben. Vermutlich ein Zeichen dafür, dass die beiden nicht freundschaftlich verbunden waren – oder aber Nachwehen der Corona-Pandemie. Der Wagen ist in Richtung Tscharnergut-Überbauungen verschwunden, ich habe ihn nicht verfolgt.»

«Hat Frau Dimitriu mit Drogen gehandelt, hat sie welche genommen?»

«Da müssen Sie Herrn Schaller fragen. Meiner Meinung nach hat sie keine konsumiert, über einen Handel kann ich nicht urteilen.»

Mehr war von Sommerhalder nicht zu erfahren. Das Brisanteste: die mögliche Bekanntschaft von Manuela Dimitriu mit dem unbekannten Toten. Gehörte ihm das Handy mit der Prepaidnummer? Bevor sie das Lokal verliessen, sprach Ritter ganz allgemein mit Sommerhalder über den Flughafen Belpmoos. Mit keinem Wort erwähnte Sommerhalder dabei sein mögliches Ausweichmanöver in Richtung Payerne, von dem Ritter in der Tat nichts wusste.

Zu Ritters grosser Überraschung nannte Sommerhalder jedoch den Namen von Flurin Casutt als lokalen Drahtzieher von Konstantin Kaiser, sodass Ritter einen unerwarteten Gesprächstermin in seiner Agenda notierte. Idealerweise sofort. Nach der Verabschiedung von Sommerhalder vor dem «Jacks» rief er die Kanzlei von Casutt an.

Praktisch zur gleichen Zeit trafen sich Stephan Moser und Elias Brunner mit dem ehemaligen CEO des Flughafens, Rolf Guggisberg, der aufgrund der Situation auf dem Belpmoos seinen Job losgeworden war. Im Moment hatte man sich auf dem Flugplatz deshalb die anstehenden Arbeiten mehr schlecht als recht aufgeteilt: Der Chef des Skyguide-Kontrollturms koordinierte zum Beispiel die Privatfliegerei, wichtigen Gästen nahm er sich persönlich an, nicht ganz uneigennützig, denn bei bevorzugter Behandlung ohne grosse administrative Zollarbeiten – man erinnere sich an den Beitrag von TeleBärn – bekam der Mann vom «Tower-of-Power» durchaus ein Trinkgeld, über dessen Höhe man sich natürlich ausschwieg. Und seinem Team sagte er erst recht nichts über diese Zuwendungen, die natürlich auch nicht in seiner Lohnabrechnung zuhanden der Steuerbehörden zu lesen standen.

Die Flugschulen – für Flugzeuge und Helikopter – operierten selbstständig, ebenso die Basis der Rega und der Heli-Firmen. Blieben noch die Bundesratsflieger, deren Instandhaltung von Mitarbeitenden des BAZL wahrgenommen wurde. Allen Beteiligten standen Techniker aus einem Servicepool zur Verfügung. Es galt, das Belpmoos wortwörtlich in der Luft zu halten, derweil sich verschiedene Leute über die Zukunft dieser Anlage so ihre eigenen Gedanken machten.

Es war wie in so vielen Fällen: Eigentlich hatte der gewünschte Gesprächspartner von Joseph Ritter – Flurin Casutt – gemäss seinem Sekretariat «in den nächsten Wochen» leider keinen Termin frei. Als der Dezernatsleiter erwähnte, dass man «in diesem Fall» Herrn Casutt offiziell zur Einvernahme in den Ringhof vorladen würde, hiess es plötzlich: «einen Moment bitte». Das Zauberwort «Einvernahme» hatte seine Wirkung einmal mehr voll entfaltet, denn bereits eine Viertelstunde später sassen sich die beiden im Büro von Flurin Casutt am Hirschengraben gegenüber. Joseph Ritter bedankte sich für die Möglichkeit, mit dem Anwalt von Konstantin Kaiser zu sprechen, dieser erwiderte: «Herr Ritter, gerne, wie kann ich Ihnen behilflich sein?»

«Wann wird Herr Kaiser zum nächsten Mal in der Schweiz sein, wissen Sie das?»
«Das steht noch nicht fest, es kommt auf die Entwicklung seines Projekts an. In vielen Belangen vertrete ich Herrn Kaiser, Sie können also auch mich fragen, ich bin in das Vorhaben involviert.»
«Ich nehme an, ebenso wie die Standortgemeinde Belp und die Landbesitzerin, die Stadt Bern?»
«Interessant, dass Sie das erwähnen, Herr Ritter. Gerade kürzlich haben wir diese Behördenmitglieder getroffen, in einem allerdings inoffiziellen Rahmen.»
«Wie der Zufall so spielt: Ein Bekannter der Staatsanwaltschaft hat Sie gesehen, und die Vertreter von Gemeinde, Stadt und Kanton.»

«Aber kaum etwas mitbekommen, wir waren zur Besprechung im Säli», beruhigte sich Casutt damit gleich selber.

«Nein, aber beim Mittagessen. Er sass ganz in der Nähe, Sie haben nicht bloss über Sport gesprochen. Im Wissen um die Umstände hat er mir telefoniert und das eine oder andere erzählt, besser gesagt … nacherzählt», was dazu führte, dass Casutt blitzartig überlegte, worüber man gestern zu Tische diskutiert hatte. Er versuchte sich an einem verbalen Rettungssprung:

«Kein Problem. Was wirklich unter Verschluss bleiben muss, zumindest für den Moment, das blieb innerhalb der vier Wände des Sälis.»

Ritter war es tatsächlich gelungen, Casutt zu verunsichern, sodass dieser sich erkundigte, ob seine Aussagen im heutigen Gespräch «später irgendwie protokolliert» würden. Der Chefermittler verneinte, nur wenn die Pläne von Konstantin Kaiser in einen direkten Zusammenhang mit dem Dreifachmord gebracht werden könnten, was Ritter jedoch zu keinem Moment vermutete. Diese Aussage vermochte Casutt zu beruhigen, sodass er relativ offen über das Projekt von Konstantin Kaiser zu sprechen begann.

Kaiser hatte vor, das gesamte Areal bei einem Kollaps des Flugverkehrs in seiner bisherigen Form zu übernehmen und ohne grossen Aufwand für die spätere Umzonung zum ganz gewöhnlichen Flugplatz für die Privatfliegerei herunterzufahren, um dafür neue Wirtschaftszweige im Hightech-Bereich anzusiedeln. Nebst einer Erholungszone für die Bevölkerung mit dem Namen BERN*natura*, zu vergleichen mit Berlin-Tempelhof, plante er ein neues Zentrum für Firmen, die sich mit Kryptowährungen beschäftigten, BERN*futura*. Einmal eröffnet, würde Kaiser die gesamte Anlage verkaufen. Aber das wurde nicht an die grosse Glocke gehängt. Auch nicht an eine kleine.

«In Deisswil entsteht Ähnliches, ich gehe davon aus, dass Sie das wissen», sagte Ritter.
«Selbstverständlich, der Bernapark von Hans-Ulrich Müller, in der ehemaligen Papierfabrik. Mit Wohnungen, Büroflächen, einem Fitness- und Gesundheitszentrum und Gastronomie. Nicht zu vergessen die 40 Firmen mit über 300 Mitarbeitenden. Müller macht das extrem gut.»
«Wie sieht der Zeitplan von Herrn Kaiser aus?»

«Lieber heute als morgen», antwortete Casutt lachend, «aber zuerst muss der Charter- und Linienverkehr von sich aus zusammenbrechen, ohne dass die Behörden ein weiteres Kapitel dieser ‹never ending story› ermöglichen. Und bei BERN*futura* reden wir von einer zweistelligen Millionensumme.»

«Die Hoffnung stirbt bekanntlich zuletzt. Aber irgendwann stirbt auch sie.»

«Wie wahr, Herr Ritter. Nur: Herr Kaiser hat auch deshalb Erfolg, weil er das Gras wachsen hört. Er wartet nicht, bis sich Leichen im Keller häufen. Oops, entschuldigen Sie bitte, das war soeben ein unpassender Vergleich angesichts Ihrer Ermittlungen.»

«Sie wollen sagen, dass Herr Kaiser eine Sache aktiv angeht, nicht wahr?»

«Proaktiv, ja.»

«Herr Casutt, lösen Sie mir das letzte grosse Geheimnis der Menschheit?»

«Ich verstehe Sie nicht.»

«Was ist der Unterschied zwischen ‹aktiv› und ‹proaktiv›?»

«Eine gute Frage, das sagt man doch einfach so, das habe ich mir, ehrlich gesagt, noch nie überlegt.»

«Erinnert mich an ‹tagtäglich›. Wo ist der Unterschied zu ‹täglich›? Aber jetzt bin ich entgleist. Zurück in die Spur: Herr Kaiser hat den Belper und Berner Behörden sein Interesse angemeldet, sollte der Flughafen eine Re-vitalisierung benötigen?»

«Korrekt, finanzielle Zusagen wurden jedoch in keinerlei Hinsicht ge-macht, dazu ist es viel zu früh. Sie dürfen aber davon ausgehen, dass alle Beteiligten profitieren würden: die Flugplätze Payerne und Grenchen, die Stadt Bern, die Gemeinde Belp und die Bevölkerung.»

«Um Herr Kaiser nicht zu vergessen.» Mit diesen Worten beendeten sie das Gespräch. Joseph Ritter bedankte sich und begab sich zu Fuss vom Hirschengraben in die Lorraine, mit der Erkenntnis, dass man Konstantin Kaiser bei den Ermittlungen ausblenden konnte. Für den Moment jeden-falls.

Er sass noch keine zehn Minuten im Büro, als Elias Brunner und Stephan Moser von ihrem Treffen mit Rolf Guggisberg zurückkehrten. Sofort be-gann man sich aufzudatieren, zumal Claudia Lüthi bei der Auswertung der Handydaten von Manuela Dimitriu noch keinen nennenswerten Durch-bruch vermelden konnte, vor allem nicht bezüglich der Prepaidnummer. «Ich bleibe aber dran», wie sie sagte.

Auf seinen Wunsch hin hatten sich Moser und Brunner mit dem ehemaligen CEO des Flughafens im Café des Pyrénées am Kornhausplatz getroffen, im «Pyri», ganz in der Nähe des Zytglogge, dem Stammlokal von vielen 68ern, die gerne von früher erzählen. Dem bekanntesten Gast, dem 2017 verstorbenen Polo Hofer, hatte man im Fumoir eine ganz besondere Erinnerungswand gestaltet. Und obwohl lange vor 11 Uhr – inoffizieller Startschuss für Apéros –, bestellte sich Guggisberg einen «Dreier Weissen», im Gegensatz zu den Ermittlern, die Augenblicke später ein Coca-Cola-Zero und einen Espresso vorgesetzt bekamen.

«Und? Was hatte Guggisberg zu erzählen?»
«Der hadert mit sich und vor allem mit der Welt», begann Stephan Moser, «alle sind sie an seinem Unglück schuld, er sieht sich als Opfer. Er spricht sogar von einer Verschwörung, man hätte ihn auch nach dem Grounding der Fly4sure weiterbeschäftigen können.»
«Stephan, kannte er Manuela Dimitriu?»
«Oh ja! Die Frau bekam post mortem ihr Fett ab.»
«Inwiefern?»
«Wo soll ich beginnen? Besser gesagt, Elias. Er hat sich Notizen gemacht», sodass Brunner automatisch die Rolle des Erzählers übernahm.
«Dimitriu sei regelmässig am Flughafen aufgetaucht, ohne dass sie Gäste zu betreuen hatte. Sie suchte auffallend oft die Nähe der beiden Fly4sure-Chefs, primär die von Stanislaw Darko. Guggisberg liess auch kein gutes Haar an ihnen. Anscheinend dubiose Typen.
«Elias, wie denn dubios?»
«Das wollte Guggisberg nicht sagen. Nicht nur die drei – auch andere Typen hätten von den zumindest früher grosszügig gehandhabten Kontrollen profitiert, da sei vermutlich geschmuggelt worden, dass sich die Balken gebogen hätten. Und Dimitriu mittendrin.»
«Mit wem?»
«Guggisberg, irgendwie ein kaputter Zeitgenosse – er hat keine Viertelstunde nach unserem Eintreffen bereits Wein nachbestellt –, hat Amanovic anhand unseres Fotos erkannt. Für unseren unbekannten Toten hatte er sogar einen Namen parat: Krutow. Diesen ‹Russen›, wie sich Guggisberg ausdrückte, habe er mehrere Male mit Amanovic und Dimitriu gesehen, zusammen mit einem gewissen Wlassow.»
«Wlassow?»
«Ja, wobei er sich wegen des Namens nicht mehr sicher ist, er habe ihn nur

Stephan Moser und Elias Brunner trafen Rolf Guggisberg in dessen Lieblingsbeiz, dem Café des Pyrénées in Bern.

einmal von Weitem gehört, als Dimitriu nach ihm gerufen habe. Gesehen habe er ihn nie.»

Claudia Lüthi hatte während der Äusserungen ihres Kollegen blitzartig in den polizeilichen Registern rumgesurft, nach den Namen Krutow und Wlassow. Sie meldete sich jedoch nicht zu Wort, um Elias Brunner nicht zu unterbrechen. Der aber hatte sein Vorträgli wenig später beendet, sodass Claudia Lüthi einige weitergehende Infos in die Runde einbringen konnte. Der Suchbegriff «Krutow» ergab vorerst keinen brauchbaren Treffer, einzig für einen ehemaligen Eishockeyspieler aus der früheren UdSSR – das Team erhielt damals den Übernamen Sputniks – schien sich das Internet prima vista zu interessieren. Allerdings kam dieser Krutow nicht als der unbekannte Tote in Frage, weil er dem dritten Ermordeten in Belp neun Jahre zuvor bereits vorausgegangen war.

Wesentlich aufschlussreicher war der Suchbegriff «Wlassow», obwohl auch hier zuerst ein Sportler, ein Gewichtheber, erwähnt wurde, ursprünglich aus der Ukraine stammend, zu Aktivzeiten mit einem aufgrund anaboler Steroide aufgedunsenen Gesicht. Unmittelbar danach folgte ein Pjotr Wlassow aus Woronesch, der mit einem Mehrfachmord in Moskau in Verbindung gebracht wurde, worauf Lüthi in den internationalen Polizeidossiers zu surfen begann. Zwei Zeugen der Anklage, die bei Befragungen bereits gegen ihn ausgesagt hatten, erlebten den Prozess gegen Wlassow nicht mehr. Eine Frau, die bei der Polizei beteuert hatte, Wlassow habe kurz nach der Tatzeit ein Haus verlassen, wo vier Tote lagen, kam bei einem merkwürdigen Selbstunfall mit ihrem Auto auf gerader Strasse ums Leben. Der zweite Zeuge wurde auf offener Strasse erschossen. Die Staatsanwaltschaft hatte ohne diese beiden Zeugen keine Chance, Pjotr Wlassow zu verurteilen und seiner Strafe zuzuführen.

«Claudia, versuch alles über diesen Pjotr Wlassow herauszufinden, du weisst schon …»
«Mache ich, samt Euro- und Interpol.»
«Genau. Ich werde meinerseits mit David Schaller Kontakt aufnehmen, ihm das Foto von Pjotr Wlassow mailen. Ich bin alles andere als sicher, ob er uns die ganze Wahrheit erzählt hat. Da fehlt was.»
«Wie kommst du darauf, J. R.?»
«Elias, einzig ein Gefühl in mir. Schaller und Dimitriu wohnen zusammen

und Schaller will keine grosse Ahnung gehabt haben, was seine Partnerin so treibt? Schwer vorstellbar. Ich gehe gleich zur Travelling-Filiale, die Dimitriu geleitet hat. Vielleicht hatte sie dort ja eine *beste Freundin*.»

Ritter bat nach diesem Treffen den KTD, das IRM sowie die beiden Mediensprecherinnen zu einer «kurzen Informationssitzung» am frühen Nachmittag, um sich gegenseitig aufzudatieren, zumal der KTD seit der letzten Zusammenkunft bestimmt nicht untätig geblieben war. Er selber – Ritter – fuhr vorher noch, «ohne Lunch für mich», zur Travelling-Verkaufsstelle, die im Einkaufs- und Freizeitzentrum Westside in Bern eingemietet war, sodass das Reisebüro über Mittag offen hielt, wie alle anderen Läden und Dienstleister auch.

Auf einem der drei Schalter stand ein Foto von Manuela Dimitriu mit einem Trauerflor, davor ein Kondolenzbuch, mit bis jetzt nur wenigen Trauerbezeugungen. Ritter verlangte, die Stellvertreterin von Dimitriu zu sprechen, eine gewisse Carmen Gertsch. Sie selber konnte oder wollte sich zu ihrer Vorgesetzten nicht äussern, auch deshalb, «weil Manuela ihr Privatleben privat hielt». Die beiden anderen Mitarbeiterinnen pflichteten Carmen Gertsch bei, auch sie hatten angeblich «keine Ahnung», was die ermordete Chefin neben ihrem Job trieb oder mit wem sie sich traf. Die Namen Amanovic oder Krutow hatten sie selbstverständlich noch nie gehört. Auch jenen von Wlassow nicht. Fazit: Ausser Spesen nichts gewesen.

Rechtzeitig zur Sitzung um 14.30 Uhr traf Ritter wieder im Ringhof ein, die Runde somit «au grand complet». Ursula Meister erzählte von den Kontakten mit den Medien, die ungeduldig auf News warteten. Immerhin lag das Auffinden des BMW samt den drei Toten bereits über 48 Stunden zurück. Für die Journalisten besonders störend: dass der dritte Tote noch immer nicht identifiziert werden konnte. Aber selbst die Eigenrecherchen der Blick-Redaktoren brachten die Journalisten nicht weiter, auch der Name Krutow blieb unerwähnt, im Gegensatz zu M. D. und M. A., die nur mit Initialen genannt wurden.

«Ursula, keine Hinweise von der Journaille, die uns weiterhelfen könnten? Mutmassungen? Gerüchte?»
«Fehlanzeige, J. R., immerhin hat ein Online-Journi herausgefunden, dass der Flughafen Belpmoos möglicherweise eine Rolle spielt.»

«Möglicherweise?»

«Ein Informant des Medienschaffenden will Manuela Dimitriu gemeinsam mit Majkl Amanovic auf dem Flughafengelände gesehen haben.»

«Wo genau?»

«In der Nähe des Heli-Hangars der Mountainflyers, so viel hat er uns verraten. Und noch etwas.»

«Jetzt mach es nicht spannend!»

«Es war ein Mann bei den beiden, wild gestikulierend, vielleicht 50 Jahre alt.»

«Unser unbekannter Tote, Krutow?»

«Das musst du ihn schon selber fragen. Den Journalisten natürlich, nicht den Toten.»

«Gell, ein Foto von Krutow habt ihr noch nicht veröffentlicht?»

«Nein, sollen wir das?»

«Ja, aber erst morgen, vorher will ich noch mit dem Journalisten sprechen. Vielleicht erkennt sein Informant den Mann, der mit Dimitriu und Amanovic vor dem Hangar stand. Wer ist es?»

«Konrad Keller, Berner Zeitung, ich gebe dir gleich seine Nummer.»

«Bestens, ich gehe dann auch gleich zu den Mountainflyers, vielleicht können die weiterhelfen.»

«J. R., der Chef dort heisst Christoph Graf, mein Bruder fliegt dann und wann bei denen.»

«Danke, Stephan, dann kommst du gleich mit, wir informieren auch David Schaller, dass wir um …», Ritter schaute auf sein linkes Handgelenk, «… um 17 Uhr bei ihm vorbeikommen. Den Durchsuchungsbeschluss haben wir ja bereits. Iutschiin, Schöre, für euch okay?»

Die Kriminaltechniker bestätigten mit Kopfnicken den Auftrag. Claudia Lüthi erhielt die Aufforderung, weiter nach den Herren Krutow und Wlassow zu suchen, Elias Brunner liess man, als Familienvater, vorzeitig in den Feierabend, was dieser mit einem «Merci beaucoup!» quittierte. Nächster Termin: «Morgen Donnerstag, 4. Oktober, GroKo um 8 Uhr. Alle, bitte», sagte Ritter.

Bevor Stephan Moser den Ringhof mit seinem Chef verliess, rief er sich noch rasch als Bürokalb in Erinnerung, im Zusammenhang mit dem Belpmoos: «In Aviatikkreisen gilt eine Flugzeuglandung dann als geglückt, wenn sämtliche Flugzeug-, Personen- und Gepäckteile noch innerhalb der Flughafenumzäunung zu finden sind.»

Gleich zweimal ermordet (Donnerstag, 4. Oktober)

Joseph Ritter war am Donnerstagmorgen anzusehen, dass er nicht viel geschlafen hatte. Gleiches galt jedoch auch für die Kollegen des KTD und für Stephan Moser, die alle nach dem Besuch bei David Schaller – ihn inklusive – einen Ausflug nach Salavaux unternehmen mussten, ein Dorf am nördlichen Rand der Broye-Ebene in der Waadt, aufgrund seiner Lage am südlichen Ende des Murtensees sowie des Sandstrandes ein beliebter Ferienort. Der Camping stand in seinen letzten Tagen der Nebensaison; Mitte Oktober bis Ostern blieb das Gelände geschlossen.

Ritter hatte mitten in der Nacht noch den Staatsanwalt und den Polizeidirektor über die Reise nach Salavaux informiert, allerdings nicht telefonisch, sondern per SMS, ohne sie aufzubieten. Beide hatten die Meldung beim Aufstehen gelesen und glänzten durch Anwesenheit.

Bevor es um Neuigkeiten ging, rekapitulierte Ritter – mit Erklärungen zur Infowand – die bisherigen Erkenntnisse, ergänzt mit der Mitteilung, dass Christoph Graf, Chef der Mountainflyers, gestern nicht anwesend war.

Autodiebe auch Täter?
Manuela Dimitriu und Majkl Amanovic identifiziert
Dritter Toter möglicherweise Krutow?
Amanovic + Dimitriu = Krutow?
Aufenthaltsort Amanovic?
Drogenschmuggel mit Fly4sure wahrscheinlich
Aktivitäten Dimitriu, Drogen?
Letzte Tage im Leben von M. D.?
Projekt Konstantin Kaiser im Belpmoos
Projekt Sommerhalder im Belpmoos
Wlassow?
Rolle Guggisberg?

Es war klar: Über einen Mosaikstein wusste man nicht Bescheid, nämlich das Vorhaben Sommerhalders, allenfalls nach Payerne auszuweichen.

In bekannter Manier überliess Ritter nach der formellen Begrüssung das Wort zuerst anderen, es kam Claudia Lüthi zu Wort, die sich dienstlich im Ringhof die halbe Nacht mit dem Fall beschäftigt hatte, ebenso wie Stephan Moser in Salavaux.

Die Nummer des Prepaid-Handys, mit der Manuela Dimitriu Kontakt hatte, liess sich nach wie vor nicht einem bestimmten Besitzer zuordnen. Zusätzliche Recherchen beim KTD in Zusammenhang mit den Untersuchungen zur Festplatte ergaben kein Resultat, auch weil beim dritten Toten kein Handy sichergestellt werden konnte. Claudia Lüthi musste also offenlassen, ob die Nummer Krutow gehörte. Ähnliches bei Amanovic, von dem man nicht einmal wusste, wo er zum Schluss gewohnt hatte: Kein Handy, sodass man davon ausgehen musste, dass die Mörder auch Amanovic das Handy und sämtliche Ausweise abgenommen hatten. Alles spurlos verschwunden.

«Die Swisscom konnte mir hingegen sagen, wo sein Handy in den letzten Monaten eingeloggt war, nämlich in Deutschland, vor allem in Bärlin, aber auch in der Region Bärn, besser gesagt rund ums Belpmoos und in Kloten», wobei sie «Bär» zweimal deutlich betonte, zwei Städte mit einem Bären im Wappen. «Was zu unseren Vermutungen passt. Illegale Transporte ab Schönefeld ins Belpmoos.»
«Das hast du aber schön gesagt, ‹illegale Transporte›, ich nehme an, du meinst Drogen.»

«Möglich, ja. Aber dazu kommen wir noch», erwiderte Ritter für alle Anwesenden rätselhaft. «Jetzt aber wieder zu dir, Claudia. Nein, warte noch schnell. Stichwort Berlin. Da gibt es einen Zusammenhang mit dir und Stephan …»
«Stimmt, aber das wissen einige Leute hier nicht, noch nicht.»
«Was denn, Claudia?»
«Iutschiin, Stephan und ich haben schon lange ein verlängertes Weekend in Berlin vor, ab … morgen Freitag bis Montag, wir sind am Dienstag wieder auf der Brücke.»
«Unser Boss weiss schon länger davon», brachte sich Stephan Moser ein, «weshalb wir plötzlich nicht nur privat unterwegs sein werden. Wir haben kurzfristig aufgrund unserer Ermittlungen via Polizeipräsidium mit Kollegen in Berlin Kontakt aufgenommen, statt die Reise zu annullieren.»

Diese Neuigkeit brachte den einen und die andere zum Schmunzeln, auch ein «Immer diese Zufälle …» konnte man hören. Claudia Lüthi blickte danach in Richtung von Veronika Schuler, bei welcher der dritte Tote noch immer seiner Identifizierung entgegensah. Die Rechtsmedizinerin war indes ratlos, was seine Personalien betraf. Die Umstände seines unmittelbaren Todes seien hinlänglich bekannt. Alles andere käme einem einzigen grossen Fragezeichen gleich. Die Rechtsmedizinerin wartete aber mit einer echten Überraschung auf.

«Krutow ist weiterhin mein Gast, also konnte ich mich näher mit ihm beschäftigen. Und da habe ich etwas entdeckt.»
«Veronika, bitte …»
«Gleich, J. R., es geht um Hypoglykämie.»

«Eine Hypoglykämie», sagte Schuler, «eine Unterzuckerung, tritt ein, wenn der Blutzucker zu stark abfällt. Und das ist der Fall, wenn zu viel Insulin im Blut ist, zum Beispiel bei verspäteten oder ausgelassenen Mahlzeiten oder unmittelbar nach einer starken physische Aktivität.» Solange die Bauchspeicheldrüse funktioniert, stellt diese die Insulinproduktion entsprechend ein, sobald der Blutzuckerspiegel unter normale Werte fällt. Mit Insulin lässt sich der notwendige Blutzucker-Wert regulieren. In jüngster Vergangenheit war davon zu lesen, dass ein Krankenpfleger in einem Altenheim in Deutschland Menschen in krimineller Absicht zu viel Insulin gespritzt hatte, nur um sie danach auszurauben.

«Veronika, ist es korrekt, dass man diese Handlung nur schwer nachweisen kann?»
«Ja, Claudia, das hat verschiedene Gründe. Zum einen gibt es heute Hightech-Nadeln, die für eine Schmerzverminderung beim Einstich extrem dünn konstruiert sind, man merkt es kaum, dazu noch speziell silikonisiert. Es ist deshalb fast unmöglich, die Einstichstellen nachzuweisen. Andererseits baut der Körper Insulin ganz schnell ab, im Prinzip ist es eine ‹mission impossible› für die Rechtsmedizin.»
«Und im Fall unseres Unbekannten?»
«Krutow, ich bleibe bei dieser Bezeichnung, habe ich deshalb nochmals genau untersucht. Unglaublich: Er war bereits tot, als man ihn erschossen hat. Keine Ahnung unter welchen Umständen.»
«Doppelt genäht hält bekanntlich besser.»

«Steeephan», unterbrach ihn seine Partnerin, bevor Moser weiteren verbalen Schaden anrichten konnte.

«Der KTD hat von gefundenen Spritzen oder Insulinampullen nichts gesagt – oder irre ich mich, Iutschiin?»

«Nein, Veronika, die Täter haben alles mitgenommen und den Wagen gesäubert. Es wurde bereits einmal gesagt: Komisch, haben sie das Fahrzeug nicht angezündet, denn volle Kanister hatte es ja.»

Damit war man in Sachen Krutow – zumindest unter diesem Namen – am Ende des Lateins: keine polizeiliche Akte, weder im In- noch im Ausland. Fingerprints und Gebissvergleiche bisher negativ. Der KTD konnte in diesem aussergewöhnlichen Fall ebenfalls keine Hilfestellung bieten, auch anhand der Vermisstenkartei nicht. Veronika Schuler sprach davon, dass sie «noch selten» in einer derartigen Sackgasse stand, schon gar nicht bei einem Tötungsdelikt in einem solchen Umfeld.

«Wir werden heute ein Foto von ihm veröffentlichen, vielleicht hilft uns Kommissar Zufall weiter, wie auch schon. Übrigens, J. R., wie war dein Gespräch mit BZ-Mann Konrad Keller?», durchbrach Ursula Meister die eingesetzte Stille.

«No News sind für einmal keine Good News, Ursula. Er hat das Foto von Krutow seinem mir nicht bekannten Informanten gemailt, dieser konnte aber nicht mit Sicherheit sagen, ob … na, du weisst schon. Noch eine Frage an Claudia: Was ist mit Wlassow?»

«Schwierig. Ich hatte Kontakt mit Interpol. Wlassow wird in Russland nicht steckbrieflich gesucht, weil man ihm nichts Greifbares nachweisen kann. Mein Gesprächspartner meinte, Wlassow gehöre mit Sicherheit einer der Gruppierungen der Russenmafia an, und da hackt bekanntlich keine Krähe der anderen ein Auge aus. Mehrere europäische Länder haben Wlassow mit einer Einreisesperre belegt, nicht so die Schweiz. Spekulationen sind also erlaubt, zumal wir noch immer nicht wissen, wo wir Amanovic im Puzzle einsetzen sollen.»

Russenmafia ist der Überbegriff für verschiedene Gruppen der organisierten Kriminalität, die aus dem Territorium der ehemaligen Sowjetunion stammen und sich nach dem Zerfall derselben auch international ausgebreitet haben. Zu den Hauptvertretern gehören die Kartelle Tambowskaja in/aus Sankt Petersburg sowie Ismailowskaja und Solntsewskaja, beide

Das Institut für Rechtsmedizin im Länggassquartier, Arbeitsort von Veronika Schuler.

aus Moskau. In Deutschland ist bislang nur eine aktive Gruppierung dieser Art bekannt: die Samarowskaja Gruppa, die von Berlin aus die Aktivitäten im Osten des Landes leitet und von Köln aus jene im Westen. Allerdings kann allein auf deutschem Gebiet von mehreren vergleichbaren, bisher unentdeckten Organisationen ausgegangen werden. Die russische Mafia scheint demzufolge in ähnlicher Weise organisiert zu sein wie die bekanntere italienische Mafia mit ihren Zweigen Cosa Nostra, Camorra, 'Ndrangheta oder Sacra Corona Unita.

«Stephan, bevor wir über unsere Erkenntnisse rund um Manuela Dimitriu berichten: Fragt dann in Berlin auch nach einer möglichen Rolle der Samarowskaja in Zusammenhang mit der Fly4sure», bat Kellerhals.
«Das werden wir sicher tun, schon allein wegen unserer Erkenntnisse aus Salavaux», was dazu führte, dass Staatsanwalt Martin Schläpfer darum bat, «vorwärtszumachen, es macht nichts aus, wenn es zügig vorwärtsgeht», er habe schliesslich nicht den ganzen Tag Zeit. Die Aufforderung erinnerte an seinen Vorgänger und heutigen Generalstaatsanwalt Max Knüsel. Joseph Ritter kam der Aufforderung nach, zumal auch der Polizeikommandant dem Wunsch von Martin Schläpfer zustimmte.

Zusammen mit Eugen Binggeli und Georges Kellerhals hatten Stephan Moser und Joseph Ritter gestern den Partner von Manuela Dimitriu aufgesucht, den Durchsuchungsbeschluss der Staatsanwaltschaft in der Tasche, wie schon am vergangenen Montag, als der KTD lediglich die elektronischen Geräte der Toten beschlagnahmte und Dimitrius Handy von Schaller erhalten hatte.

Ritter erzählte in den folgenden Minuten vom Erlebten an der Gesellschaftsstrasse. Das Duo Binggeli und Kellerhals begann, «vertieft» zu suchen, immer von den Beschwörungen Schallers begleitet, mit Ausnahme des Telefongesprächs an seinem Geburtstag hätte er nie bemerkt, dass seine Partnerin in illegale Aktionen verwickelt sein könnte. Einen Wlassow kenne er nicht. Im Laufe ihrer Arbeiten fanden die Herren der Kriminaltechnik einen einzelnen Schlüssel, der nicht am Brett neben dem Eingang aufgehängt gewesen war, sondern in einem kleinen Badezimmerschrank gelegen hatte, versteckt in einer Medikamentenpackung. Was das für ein Schlüssel sei, wollte Ritter von David Schaller wissen. Dieser schüttelte zuerst seinen Kopf, um Minuten später – mit der Aussicht, andernfalls am Donnerstag im Ringhof zu einer längeren Einvernahme erscheinen zu müssen – zu erzählen, dass die Eltern von Manuela Dimitriu einen Platz auf dem Camping in Salavaux belegten, ihre Tochter würde sie dann und wann nach Voranmeldung in deren Wohnwagen besuchen.

Auf die Frage, weshalb sie denn einen Schlüssel benötige, wenn Manuela Dimitriu ausschliesslich nach Absprache zu Besuch gehe und ihre Eltern bestimmt anzutreffen seien, folgte nur ein Achselzucken der wenig glaubhaften Unwissenheit, zumal der Schlüssel gut versteckt worden war.

Ein Anruf bei den Eltern Dimitrius bestätigte die Aussagen des Jupiter-Pressesprechers: Sie hatten vor einigen Jahren einen Hymer Nova 495 mit vier Schlafplätzen gekauft, den sie von April bis Oktober jeweils in Salavaux stehen liessen. Zuerst sprach Ritter mit Maria Dimitriu, der Mutter von Manuela, die aber angesichts der Ereignisse in Tränen ausbrach, sodass ihr Mann, Ion, den Hörer von ihr übernahm. Ja, es stimme, Manuela habe einen Schlüssel für alle Fälle, falls sie – Maria und er – einmal nicht da seien. Eine erstaunliche Aussage angesichts der Äusserungen von David Schaller. Ritter bat deshalb darum, sich im Wohnwagen umsehen zu dürfen, was Ion Dimitriu sofort gestattete, verbunden mit der Frage, ob seine Anwesenheit notwendig sei, was Ritter verneinte – David Schaller würde jedoch mitkommen. Und nein, seine Tochter hätte im Wohnwagen bestimmt nichts versteckt, davon wüssten er und seine Frau, worauf sich Ritter bei Ion Dimitriu bedankte und sich verabschiedete, verbunden mit dem Versprechen, ihn zu informieren, sollte sich «etwas ergeben».

Als Nächstes informierte Ritter den Staatsanwalt Bern-Mittelland und bat ihn darum, bei seinem Waadtländer Kollegen einen Durchsuchungsbeschluss für den Wohnwagen anzufordern, damit alles seine Richtigkeit hatte. Martin Schläpfer erbot sich auch an, über die Staatsanwaltschaft Waadt die Polizei des Kantons über die «Aktion» zu informieren, ebenfalls der beliebten guten Ordnung halber. Der Berner Dezernatsleiter nahm das Angebot gerne an, worauf die Herren Binggeli, Kellerhals, Schaller, Moser und Ritter den Weg nach Salavaux unter acht Räder nahmen. Fahrzeit via Autobahn: 30 Minuten. Nach Payerne waren es nur 5 Minuten mehr, was den Ermittlern vor Augen führte, dass der Flugplatz Payerne eigentlich ziemlich nahe bei Bern lag.
«Wir mussten gar nicht lange suchen, bis in einem Hohlraum eine mittelgrosse, sogar unverschlossene Metallkiste zum Vorschein kam, fast ebenso

gut wie der Schlüssel in der Wohnung an der Gesellschaftsstrasse versteckt. Darin fanden wir einen Teil des Geheimnisses rund um Manuela Dimitriu, wenn wir mögliche Drogendelikte ausser Acht lassen», erzählte Binggeli.

«Und was war darin versteckt? Vermutlich kein Kindertagebuch.»

«Nein, Veronika. Uhren der obersten Preiskategorie. Hublot, IWC, Rolex, Blancpain, Patek Philippe, Sie wissen schon, Richard Mille und Breitling. Allerdings …»

«Allerdings, Iutschiin?»

«Allerdings nicht wirklich made in Switzerland, obwohl so auf dem Zifferblatt aufgedruckt, täuschend echt. Ich überlasse Kollega Moser das Wort.»

Fake Watches waren lange vor den Fake News ...

Stephan Moser hatte zum Thema gefälschte Uhren in der Tat einiges zu erzählen, vor allem wegen eines Aufenthalts in der Türkei (der allerdings schon einige Jahre zurücklag), wo Replikas – wie man sich in Fälscherkreisen vornehm auszudrücken pflegt – im grossen Stil verkauft wurden. Aber nicht bloss Uhren. Alles, was nach Markenprodukt aussah, wurde zum grossen Teil mehr schlecht als recht kopiert: Taschen von Louis Vuitton, Foulards von Hermès, Jeans von Tommy Hilfiger, Eau de Toilette von Guerlain und so weiter und so fort. Es gab in vielen Touristenzentren entlang der Haupteinkaufsstrassen praktisch keine Läden, die wirklich Echtes anboten, sieht man von den Teppichverkäufern ab, wobei auch bei diesen Verkaufsgenies die Ware nicht immer über jeden Zweifel erhaben war.

«Zuoberst in der Textil-Hitparade: Poloshirts mit dem Krokodil. Hier», so erzählte Moser, bei dem unklar blieb, ob er Fake-Käufer war, «gibt es drei verschiedene Qualitäten: Jene, die von Strandverkäufern angeboten werden, für knapp 10 Euro, und die nach einmaligem Tragen und Waschen als relativ teure Putzlappen eine Weiterverwendung finden. Dann Shirts um 20 Euro, mit S, M, L oder XL angeschrieben, eine Bezeichnung, welche die originalen Krokodile nicht kennen, sondern nur Nummern zur Grössenangabe. Zudem bildet diese Herstellung Falten auf den Achseln, hat auch nicht die korrekte Anzahl Knöpfe. Für die echten unechten Replikas mit dem perfekten Sitz und erstklassigem Stoff gilt es, gegen 40 Euro auf die Theke zu legen, was noch immer ein Mehrfaches günstiger als das Original ist ...» Moser schwenkte danach auf die Uhren.

«Ich hatte mal Lust – habe es aber *nicht* getan! –, für 25 Euro eine Strand-Rolex zu kaufen und sie danach der Uhrenmanufaktur in Biel einzusenden. Ich hätte denen geschrieben, dass mir der dunkelhäutige Rolex-Aussendienstrepräsentant am Strand von Side versprochen habe, dass die Funktionstätigkeit der Rolex bis 20 Meter unter Wasser als Taucheruhr garantiert sei, dass sie aber nach einer einfachen Dusche im Hotel den Geist aufgegeben habe. Ob das denn die viel gerühmte Made-in-Switzerland-Qualität sei?», was alle in schallendes Lachen ausbrechen liess.

«Und weshalb hast du es nicht getan?»
«J. R. … allein die Vorstellung hat mich amüsiert, ich wollte meine Fantasie nicht mit einem Kauf zerstören.»

«Allerdings war diese Markenpiraterie alles andere als erheiternd oder erstrebenswert. Im Gegenteil: Viele dieser Fake-Produkte wurden in Hinterhöfen hergestellt, vor allem Uhren und Unterhaltungselektronik, von deren Verkauf nicht die schlecht bezahlten Arbeiter profitierten, sondern Grosshändler und Hintermänner, die zum Teil der organisierten Kriminalität zuzuordnen waren.» Leidtragende, aber das wollte natürlich niemand öffentlich zugeben, schon gar nicht die Markenartikelhersteller selber, waren auch Käufer von Originalprodukten, denen man sofort mit einem Augenzwinkern unterstellte, sie würden auch Fake-Produkte tragen oder benutzen. Dem galt es, einen Riegel zu schieben.

Es ist eigentlich unglaublich: Jedes Jahr werden mindestens gleich viele gefälschte wie echte Schweizer Uhren hergestellt. Immer mehr Fälschungen erreichen die Schweiz per Post, nachdem sie im Internet gekauft wurden, wobei der Käufer natürlich immer mit der Unsicherheit leben muss, tatsächlich jene Uhr zu erhalten, die er auch bestellt und … bereits bezahlt hat.

Im Kampf gegen die Fälschungen – das Tragen einer Fake Watch ist in der Schweiz nicht strafbar – arbeitet die Fédération Horlogère (FH) Hand in Hand mit der Eidgenössischen Zollverwaltung zusammen, mit der EZV. Einmal im Jahr gibt es in den Medien den grossen Zerstörungsakt gefälschter Uhren zu sehen. Mehrere Tausend Zeitmesser – von Swatch über Omega bis hin zu Breguet oder Chopard – kommen jeweils unter das Rad einer Dampfwalze, der daraus entstehende Schrott gelangt danach ins Recycling. Um Nachhaltigkeit scheint man also besorgt.

Übrigens: An der Spitze von dubiosen Internetbestellungen im Ausland stehen, für die Schweiz bestimmt, Medikamente, allen voran Potenzpillen und anabole Steroide. Was auch immer an gefälschten Waren ansteht, die vom Zoll entdeckt werden: Der Empfänger hat für die illegalen Produkte sogenannte Verwaltungsgebühren zu bezahlen, welche die Kontrolle, das Konfiszieren, Lagern und anschliessende Zerstören der beschlagnahmten Produkte decken. Wer beispielsweise eine gefälschte Uhr aus den Ferien mitbringt und bei der Zollschranke ‹Nichts zu deklarieren› erwischt wird, muss 60 Franken bezahlen, die Uhr bleibt zurück. Wer eine gefälschte Tasche einer Luxusmarke per Post importiert, muss bis zu 1000 Franken blechen, wenn die betroffene Marke mit einem Anwalt interveniert. Und das tun Markenartikelhersteller im Sinne der Abschreckung vermehrt. In gewissen Ländern, in denen der Verkauf von Fake-Produkten gesetzlich schlicht verboten ist, geht das noch weiter: Wer Gefälschtes kauft, also auch Touristen, der wird anständig zur Kasse gebeten, in Frankreich beispielsweise für eine Handtasche mit bis zu 7000 Franken. Louis Vuitton & Co. lassen grüssen. Je nach Deliktsumme kommen auch Haftstrafen im Bussenkatalog vor.

In der Schweiz ist hingegen keine Verschärfung des Gesetzes zu erwarten: Das Eidgenössische Institut für Geistiges Eigentum (IGE) erklärt, dass die Schweiz vor allem verhindern wolle, dass Fälschungen ins Land eingeführt werden. Um etwas zu bewegen, arbeitet die FH zusammen mit anderen Branchen, die von Fälschungen ebenfalls betroffen sind. Daneben bündelt der Verein Stop Piracy sämtliche Institutionen und Unternehmen, die unter Fälschungen leiden. Bei der Änderung der entsprechenden Gesetzgebung 2008 habe der Bundesrat festgehalten, «dass die neue Gesetzgebung nicht zum Ziel hat, Privatpersonen zu bestrafen, die vielleicht gar nicht wissen, dass sie illegale Produkte im Ausland gekauft haben», gab sich Stephan Moser als selbsterklärter Jurist.

«Moment, lieber Stephan, Moooment … Jemand, der eine Omega Speedmaster, die Monduhr, für 300 Franken kauft, muss doch wissen, dass …»
«Ja, Ursula, müsste er. Tut er auch ganz gewiss. Aber wie ist das zu beweisen? In dubio pro reo gilt auch in diesem Fall. Immerhin: Erwischt man ihn, ist er seine Speedmaster los, die normalerweise über 4000 Franken kostet.» Moser liess ein weiteres Kapitel seines Wissens folgen.

In den letzten Jahren sei zu beobachten, dass sich der Verkauf von Replika-Uhren von Internetseiten in die sozialen Medien wie Facebook, Youtube oder Instagram verlagert. So werde es immer schwieriger, den Fälschern auf die Schliche zu kommen.

«Ich habe mich in Belek einmal bei einem Uhrenhändler erkundigt, wie er an die Tausenden von Fake-Uhren kommt, die er in seinem Laden feilbietet.»

Gefälschte Uhren sind ein lukratives Geschäft.

«Soso, Belek liegt doch in der Südtürkei … Und, ehrlich, nichts gekauft?», fragte Ritter spöttisch.

«Nichts gekauft, grosses Pfadi-Ehrenwort.»

«Pfadi-Ehrenwort, sagst du? Hast du damals mit Pfadi-Namen nicht … Louche geheissen?»

«Woher weisst du das, J. R.?»

«Hallo? Ich bin schliesslich Dezernatsleiter und habe Freunde, die wie du bei der Pfadi Schwyzerstärn waren. Aber ich will dich nicht in die Defensive drängen. Wir hören …»

«Also, der Mann, der Uhren zwischen 100 und 200 Euro auf 15 Laufmetern verkaufte – die teuren im Séparée kosten 1000 Franken und mehr, perfekte Fälschungen, wie jene bei Dimitriu –, sagte mir, dass ‹seine› Uhren aus China kommen, Saphirglas, gute Kopien. Der Grosshandel findet dann in Moskau statt, womit wir einen Bezug zur Russenmafia hätten. Der Händler reist jeweils in einem Kombi mit einem Koffer voller Bargeld nach Russland, kauft dort im grossen Stil Uhren – nur gegen bar – und fährt, die Karre voll bis unters Dach geladen, via Ukraine, Georgien und Aserbaidschan retour. Die Zöllner wüssten Bescheid, seien bestechlich. Eine Rolex hier, eine Hublot dort. Übrigens: Um sie schwerer und dadurch wertvoller erscheinen zu lassen, werden gewisse Quarzuhren innen mit einer kleinen Bleiplatte bestückt … Und, abgesehen davon: Nicht alle für gefälschte Uhren verwendeten Metalle sind auch harmlos, das merkt man schnell, wenn man beim Tragen unter der Uhr plötzlich einen Hautausschlag bekommt.»

«Und du hast wirklich nicht …?»

«Schöre, nein! Aber ich habe mir die Dinger genau angeschaut. Potz … Jemand, der auf den Enkel-Trick oder auf eine Heiratsschwindlerin reinfällt, ist einfach zu überzeugen, dass die Uhren echt sind und angeblich so billig, weil Ausschussware mit nur kleinen optischen Fehlern, ohne Zollgebühren. So einfach ist das.»

«Und im Séparée, was ist dort zu sehen?»

«Schöre, die ganz hohe Kunst des Fälschens, scheints mit echten ETA-Uhrwerken, unglaublich.»

In der Tat: Es gibt Fake-Uhren, die von aussen kaum von den Originalen zu unterscheiden sind, denn zum Teil benutzen die Fälscher die gleichen Maschinen wie die Schweizer Hersteller. Der Händler habe Moser eine Hublot gezeigt, eine chinesische Hublot mit einem Tourbillon ausgestattet. Diese

Bauart eines Uhrwerks ist die Königsklasse der Uhrmacherkunst, aber auch in der gefälschten Version funktioniert sie. Im Original kosten Uhren mit Tourbillons 100 000 Franken und mehr, die Fake nur 4000. «Erst unter der Lupe erkennt man den Unterschied», sagte Moser, «die Fälschungen laufen auch weniger genau.»

2019 hatte die Wettbewerbskommission (WEKO) der Swatch-Tochter ETA SA Manufacture Horlogère Suisse verboten, ihre mechanischen Uhrwerke an bisherige Kunden auszuliefern. Die ETA hatte bei mechanischen Uhrwerken zumindest in früheren Jahren eine marktbeherrschende Stellung. Deshalb ist sie dazu verpflichtet, nebst den Marken der Swatch-Gruppe auch andere Uhrenhersteller mit Werken zu beliefern. Die WEKO versucht seit Jahren, die dominante Stellung der ETA in der Produktion und im Verkauf mechanischer Uhrwerke einzugrenzen. Im Jahr 2013 unterzeichneten die Kommission und Swatch eine Liefervereinbarung, in der die kontrollierte Reduktion der Liefermengen geregelt wurde. Die Konkurrenz sollte die Chance haben, sich im Markt zu entfalten. Diesen Schritt hatte die Swatch selber angeregt. Denn bei Swatch ist man ebenfalls daran interessiert, dass es im Markt für mechanische Uhrwerke Platz für Konkurrenten gibt. Die Gruppe will sich nämlich dem Lieferzwang entledigen und frei entscheiden, wem man künftig wie viele Uhrwerke aus dem Hause ETA liefert. Wie auch immer: 2020 wurde das Verbot aufgehoben, weil die Konkurrenz die Zeit genutzt hatte, um eigene mechanische Uhrwerke herzustellen.

«Und wie kommen diese Uhrwerke nach China?»
«J. R., diese wirklichen Luxuszeitmesser werden in Europa gefertigt, von Spezialisten, die über ihre Kanäle an Original-Teile von Uhren jeder Marke herankommen: You name it, you get it. Aber nicht vergessen: Fake watches are for fake people. Deren Uhren passen zu den getragenen Imitationen von Hugo Boss oder Giorgio Armani, mehr Schein als Sein.»
«Stephan, säg einisch, worauf muss man achten, wenn man eine Fake-Uhr via Internet kaufen und nicht deswegen in die Türkei reisen will. Du weisst ja, Flugscham und Corona und so.»
«Aber gefälschte Uhren kaufen, Ursula? Aber, aber …»
«Säg itz!»

Nachdem Ursula Meister – zum Schmunzeln ihrer Kollegin Gabriela Künzi – «hoch und heilig» versichert hatte, es gehe um *legale* Uhrenkäufe und sie einzig wissen wolle, wie man eben nicht mit Fake Watches übers Ohr gehauen werde, erklärte sich Moser. Als Erstes gelte es, sich nicht vom eigenen Impuls mitreissen zu lassen. Eine bekannte Markenuhr zu einem sensationell günstigen Preis gelte es sorgfältig zu hinterfragen.

«Wenn es sich beim Verkäufer nicht um einen anerkannten Fachmann handelt, ist besondere Vorsicht geboten. Weil der Preis meistens zu schön ist, um wahr zu sein, sollte man die Finger von der Uhr lassen. Und selbst dann: Neben den wirklichen Fälschungen gibt es die sogenannten Franken-Uhren, deren Einzelbestandteile alles Originalteile sind, die aber zum Zeitpunkt der Zusammensetzung nicht aufeinander abgestimmt sind.»

Beispiel Rolex: Eine Submariner aus dem Jahr 1965 wird mit einem später produzierten Rolex-Uhrwerk ausgestattet, das nicht zur Submariner passt. Fügt der «Uhrenmacher» noch ein nicht dem Original zugehöriges Armband, eine Lünette von einem späteren Modell und ein Ersatz-Saphirglas hinzu, ergibt das eine Franken-Uhr. Von der ursprünglichen – und teuren – Submariner bleibt nur noch das Gehäuse und vielleicht das Ziffernblatt übrig. Und genau dieser Mix macht es oft so schwer, eine echte Vintage Watch von einer Frankenuhr zu unterscheiden.

In jedem Fall ist Wissen der Schlüssel zur richtigen Kaufentscheidung. Um den unbeabsichtigten Kauf einer Replika zu vermeiden, sollte man sich ausreichend über die in Frage kommenden Modelle und deren Historie informieren. Die einfachste Methode ist aber der Gang zu einem autorisierten Fachhändler und der Kauf einer neuen Uhr. Nur eben – da wartet man bei Prestige-Uhrenmanufakturen unter Umständen bis zu drei Jahren, weshalb das Ausweichen ins Internet reizvoll erscheint.

«Wer sich auf den neuesten Stand bringen will», so Moser, «der geht auf www.fratellowatches.com oder auf watchtime.net. Der Holländer Robert-Jan Broer, der diese Informationsseiten betreibt, ist leidenschaftlicher Uhrensammler, er weiss, worauf es beim Uhrenkauf ankommt.»

«Was ist eigentlich mit jenen Uhren im Teleshopping, die ursprünglich einmal 3828 Franken gekostet haben sollen, wie die Hera der Uhrenmanufaktur André Belfort, die auf einmal für sagenhafte 455 Franken angeboten wird?» «Elias, das sind keine Kopien, das sind Originale, im Ausland hergestellt, die mit flotten Sprüchen Exklusivität vorgaukeln. Sie tragen hochtrabende Namen wie Rhodenwald & Söhne, Hindenberg oder Adelsberger und lehnen sich an Namen berühmter Uhrenmanufakturen an. Einige sind sich nicht zu schade, um ihre Modelle möglichst nahe am Originalnamen zu benennen, Lindberg statt Lindbergh, ein Modell von Longines.»

Um bei der Hera zu bleiben, die das Konsumentenmagazin Der Beobachter genau unter die Lupe genommen hat: Die Damenuhr versucht Kundinnen mit einem goldglänzenden Gehäuse, enorm viel Bling-Bling und dem ursprünglich stolzen Preis von 3828 Franken zu überzeugen, um die Uhr bei einem TV-Anbieter für die besagten 455 Franken zu kaufen. Ein Blick auf die Spezifikationen zeigt: Das Edelstahlgehäuse ist lediglich vergoldet. Nur vier winzige Steinchen auf dem Zifferblatt sind laut dem Beschrieb Diamanten, die restlichen 244 Glanzelemente sind synthetisch hergestellte Schmucksteine. Verbaut ist ein günstiges japanisches Uhrwerk der Marke Miyota. Kostenpunkt: keine 100 Franken. Ein Uhrenhändler stellte auf den ersten Blick fest, dass die Verarbeitung derart schlecht ist, dass das Produkt auch bei 455 Franken in keinem Verhältnis zum geforderten Preis steht. Und dass beim Online-Reparaturformular eine Fehleroption «Datum bis 39» lautete, trägt auch nicht zum Vertrauen in die Marke André Belfort bei. Dass das Datum schliesslich durch zwei Scheiben angezeigt wird, eine mit den Zahlen 0 bis 3, die andere 0 bis 9, ist ein klarer Hinweis auf eine Billiguhr. Recherchen des Konsumentenmagazins hatten ergeben, dass die Uhr im nicht näher definierten «Ausland» zusammengebastelt wurde. Der Firmensitz der Uhrenmarke befindet sich in Zug, hergestellt wird dort aber nichts, der Uhrenproduzent handelt lediglich mit Uhren und Schmuck.

«Also, liebe Leute, das war ein kurzer Exkurs in die Welt der Fälscher und Täuscher.» Mit diesen Worten beendete Stephan Moser seine Ausführungen.

Die konfiszierten Uhren im Metallkoffer – eine schöner als die andere – zeigte Moser den Anwesenden, wobei Berühren verboten war, wegen möglicher Fingerprints, die es im KTD zuerst auszuwerten galt. Ritter seinerseits informierte Ion Dimitriu über die gewonnenen Erkenntnisse. Der Vater glaubte jedoch nicht an eine Komplizenschaft seiner Tochter, «doch nicht Manuela!».

Bluff oder starke Reaktion?
(Noch immer Donnerstag,
4. Oktober)

«Herr Binggeli, wie hat Schaller auf diese Entdeckung reagiert?», wollte der Polizeikommandant wissen.

«Sehr erstaunt, mit grossen Augen. Er wisse nichts von diesen Uhren, gar nichts. Unschuldslamm.»

«Und das glauben Sie ihm?»

«Nein, natürlich nicht. Ein Blick auf das linke Handgelenk und eine passende Bemerkung meinerseits brachte Schaller ins Stottern, in Erklärungsnotstand. Dort war nämlich eine schöne Uhr von Ulysse-Nardin zu sehen, eine echte, wie er beteuerte, die er von seiner Freundin zu Weihnachten geschenkt erhalten habe. Unser Fake-Watch-Spezialist Moser konnte ihm aber rassig beweisen, dass es sich um eine Fälschung handelt. Aber er bleibt bei seiner Version, von diesem Handel nichts gewusst zu haben. Und wie viele Verdächtige legte auch er den bekannten Eid auf das Leben seiner Grossmutter ab.»

Der Besuch in Salavaux, vor allem die Entdeckung der 84 gelagerten Uhren in einem Gesamtwert von fast einer Million Franken, würde es sich um echte handeln, führte zu einer neuen, bisher nicht gekannten Perspektive: Manuela Dimitriu sprach am Geburtstag von David Schaller mit dem Unbekannten von «Ware». War damit nicht wie angenommen von Drogen die Rede, sondern von Fake Watches? Claudia Lüthi und Stephan Moser erhielten den Auftrag, während ihres Berlin-Aufenthaltes auch dieses Thema zu sondieren, wobei die Priorität bei den Drogen lag.

Überhaupt schien Berlin eine zentrale Rolle im vorliegenden Fall zu spielen, sicher auch die ehemalige Fly4sure, mit der man locker Drogen, Uhren und andere Produkte ins Ausland schmuggeln konnte, Dopingpräparate, anabole Steroide, zum Beispiel. Mit was auch immer: Der grosse Reibach lag auf der Hand, der Skrupel schlicht verbot.

«Ursula, wie steht es um die Medien? Sind wir in Zugzwang?», fragte Ritter.

«Nicht, wenn Claudia und Stephan am Montag mit neuen Erkenntnissen zurückkehren. Die neuerliche Corona-Welle, dieses Desaster, hat uns von den Titelseiten verdrängt. Wenn du einverstanden bist, überbrücken wir die nächsten Tage mit ganz normalen Auskünften, falls sich jemand erkundigt. Kommt hinzu, dass wir ja mit Ausnahme der Uhren keine News haben, aber die Fake Watches halten wir zurück.»

«Geht okay. Weitere Anliegen bis Dienstagmorgen, wenn wir uns um 8 Uhr wieder treffen, hoffentlich mit Aktuellem aus Berlin. Ohne Aufgebot meinerseits», sagte Ritter mit Blick zu Schläpfer und Grossenbacher, «können Staatsanwaltschaft und Polizeidirektion ihren Dienstag ohne uns planen, wir halten Sie auf dem Laufenden.»

Weil sich niemand mehr meldete, wurde die GroKo knapp vor dem Zmittag beendet. Den Nachmittag und den Freitag benutzten alle dazu, nach weiteren Erkenntnissen zu suchen, in der Hoffnung, Näheres zu den Herren Amanovic und Krutow in Erfahrung bringen zu können.

Im Restaurant Landhaus Liebefeld trafen sich an diesem Nachmittag jene Herren, die sich zwei Tage zuvor bereits im Hotel Croix Blanche gesehen hatten: Jean-Louis de Châtenier, Claude Bannel und Julius Sommerhalder, dessen Pläne für das Belpmoos angesichts des wirtschaftlichen Schwergewichts von Konstantin Kaiser zu bröckeln begannen, denn die Herren Sommerhalder und Kaiser spielten nicht in der gleichen Liga, nicht einmal in der gleichen Sportart.

Diese Vermutung lag deshalb nahe, weil Sommerhalder von einem Kollegen seines Vertrauens in der Wirtschafts-, Energie- und Umweltdirektion des Kantons Bern einige Infos zum Projekt des Österreichers erhalten hatte, die im Sinne eines Berneleaks nicht für Sommerhalder bestimmt waren. Sommerhalder hatte nicht vor, dieses Wissen mit seinen Gesprächspartnern zu teilen.

Worauf Sommerhalder aufgrund der Gesprächsführung in Payerne eigentlich vorbereitet hätte sein müssen: Claude Bannel und Jean-Louis de Châtenier waren durch und durch Profis, die seit vorgestern inzwischen alles an Informationen rund ums Belpmoos und Sommerhalder abgegrast hatten, was es abzugrasen gab. Sie wussten, dass er in der direkten Auseinandersetzung mit der KKI aus Wien keine Chance hatte, also war Payerne eine Art Notnagel, den es für sie schamlos auszunützen galt. Nur an einem war das Duo interessiert: an der privaten Clientèle von Sommerhalder, die es vom Belpmoos nach Payerne umzuleiten galt, am besten noch vor dem Kollaps des Flugplatzes. Bannel und de Châtenier hatten sich wegen der Gesprächsführung logischerweise erneut abgesprochen – und eigentlich war es von Sommerhalder unverantwortlich, allein zu erscheinen, im 2:1-Verhältnis hatte er von vornherein keine Chance. Umso grösser die Überraschung der beiden, als Sommerhalder nicht allein zum Treffen erschien.

«Guten Tag, meine Herren. Bonjour, Messieurs. Darf ich Ihnen Simon Gfeller vorstellen? Er wird im Verwaltungsrat meiner Flughafen-Aktiengesellschaft Einsitz nehmen, deshalb habe ich mir erlaubt, ihn zur Besprechung mitzunehmen», worauf man sich begrüsste, die Herren Bannel und de Châtenier mit einem gegenseitigen fragenden Blick. Ging es heute nicht darum, Pflöcke in Payerne einzuschlagen? Was sollte das mit «meiner Flughafen-AG»? Hatte man Jules Sommerhalder unterschätzt? Oder war das eine unerwartete Poker-Runde?

Einig schien man sich über die längerfristige Zukunft des Flughafens Belpmoos zu sein, sein Ende in der heutigen Form absehbar. Zwei Pläne standen zur Diskussion. Auf der einen Seite ein komplett neues, aufgrund bisheriger Erfahrungen allerdings wagemutiges Konzept: mit geleasten Flugzeugen einer neu zu gründenden Online-Airline, mit integriertem Seminarhotel und einer zusätzlichen Seniorenresidenz. In groben Zügen also wie an der Sitzung vom 24. September besprochen, wobei Sommerhalder inzwischen – in grösster Eile – gegenüber den damals hochtrabenden Plänen einiges zusammengestrichen hatte. Und das hiess im Klartext: keine Versetzung und markante Modernisierung des Kontrollturms, keine Pistenverlängerung, nur noch eine virtuelle Airline – und Verzicht auf ein Einkaufszentrum. Diese «schlanke Version» stellte Sommerhalder zu Beginn vor. Andererseits gab es das bekannte Projekt von Konstantin Kaiser mit einer radikalen Neuausrichtung.

«Herr Sommerhalder, eine Investition im Belpmoos kommt für uns nicht in Frage», sagte Bannel, «wir sind hier, um über den Ausbau von Payerne zu sprechen. Haben wir uns missverstanden?»
«Überhaupt nicht. Ich wollte Ihnen mit meinen Ausführungen bloss auf-

zeigen, dass wir beide Möglichkeiten – Belpmoos *oder* Payerne – im Sinne einer strategischen Unternehmensentwicklung gegenüberstellen wollen.»

«Und bevor Sie fragen», sagte Simon Gfeller mit einem Blick zu Sommerhalder, der erahnen liess, dass auch sie sich abgesprochen hatten, «ja, wir haben für diese abgespeckte Version zwei mögliche Geldgeber, einer davon sogar mit bereits bestätigter Bankgarantie.»

«Darf ich fragen, Herr Gfeller: von Schweizer Investoren?»

«Nein, Monsieur de Châtenier, aus dem Ausland. So viel dürfen wir Ihnen verraten: Beide Unternehmen sind bereits in der Schweiz aktiv.»

Diese Äusserung kam einem Lucky Punch im Boxsport gleich, die selbstsicheren Herren Bannel und de Châtenier schienen angezählt. Was beiden in diesem Moment durch den Kopf ging: Handelte es sich hier um einen Bluff, um die VIP-Flüge zu einem möglichst hohen Preis nach Payerne zu verschieben, oder hatte Sommerhalder wirklich das scheinbar Unmögliche geschafft? Item: Ohne die Übernahme seiner privaten Kundschaft kam ein Ausbau von Payerne nicht in Frage. So oder so plötzlich eine unerwartete Ausgangslage für Bannel/de Châtenier, die sich in den folgenden Minuten mit Plattitüden über die Runden zu retten versuchten, bis sie ihren ursprünglichen Fil rouge wieder gefunden hatten.

«Herr Sommerhalder, Chapeau zu dieser für Sie erfreulichen Ausgangslage. Gestatten Sie uns dazu dennoch eine Bemerkung.» Der Investor vermied dabei den Ausdruck eines Coups.

«Bitte, Monsieur de Châtenier.»

«Ich will nicht unhöflich sein, aber wenn Sie nun beide Möglichkeiten in Betracht ziehen: Welcher Variante geben Sie aus Ihrer Erfahrung auf lange Frist den Vorzug?»

«Das kommt ganz auf Ihre Offerte an. Wie gesagt, wir tragen im Belpmoos kein finanzielles Risiko, was nun überhaupt nicht heisst, dass wir uns den Investoren nicht zu 100 Prozent verpflichtet fühlen. Herr Gfeller und ich werden beide Geschäftsmodelle analysieren und in aller Ruhe entscheiden. Wir verspüren keinen Zeitdruck. Wie steht das mit Payerne, können Sie sich allenfalls bis zum nächsten Frühjahr mit unserem Entscheid gedulden?»

«Kein Problem. Wir sind überzeugt, dass wir Ihnen langfristig bessere Perspektiven bieten können. Zum Beispiel mit einer attraktiven Beteiligung am Aeropole Payerne.»

«Perfekt. Dann schlage ich doch vor, dass Sie uns in den nächsten Wochen eine Offerte zur Entscheidungsfindung zukommen lassen. Wir haben Ihnen deshalb die Flugbewegungen unserer heutigen Privatkundschaft notiert und ausgedruckt.» Mit diesen Worten überreichte Sommerhalder seinen Vis-à-Vis das Dokument. Wenige Minuten später verabschiedete man sich.

Während die beiden Payerne-Verantwortlichen sich im Auto fragend anschauten, klatschten sich die Belpmoos-Initianten mit einem Give-me-Five! ab.

Die Reise in die Berliner Unterwelt (Freitag, 5. Oktober, bis Montag, 8. Oktober)

«Wie kannst du bloss Zeitung lesen, wenn es so rumpelt …», wollte Claudia Lüthi von Stephan Moser wissen, kurz nachdem der Airbus den Flughafen Kloten in Richtung Berlin-Brandenburg (BER) verlassen hatte und bereits in der Wolkendecke steckte, wo Turbulenzen nicht unüblich sind, worauf die Ermittlerin ihre linke Hand aufs rechte Knie ihres Partners legte.
«Kein Grund, Angst zu haben, Lovelove, das ist normal. Sobald wir über den Wolken sind, ist das vorbei», beruhigte Stephan Moser. «Ach, die Zeitung? Das ist ein Artikel aus der NZZ, weil da ein Profax, der in Berlin lebt, über die Stadt schreibt. Heisst mit Vornamen übrigens ebenfalls Stephan», was Claudia Lüthi mit einem eher gequälten Lächeln zur Kenntnis nahm.
«Und was schreibt er über Berlin, dieser andere Stephan?»
«Wie absurd man in Berlin zum Teil regiert und Prioritäten setzt. Ich will noch schnell zu Ende lesen.»

Mit «Bizarres aus Absurdistan» wurde der Artikel betitelt, und der Ergänzung «Vom ‹Anything goes› zum ‹Nichts geht mehr›». Der Autor lebte nach seiner Emeritierung als Professor an der Università della Svizzera Italiana wieder in Berlin. «Schmeichelhaft» wäre der falsche Begriff für das, was er über die deutsche Hauptstadt zu berichten wusste.

Seine Berichterstattung begann mit der Feststellung, dass in der Stadt zigtausende Plätze für schulpflichtige Kinder fehlen. Kinder werden deshalb – vor allem in sozialen Brennpunkten – in zunehmender Zahl von Lehrkräften betreut, die selber nicht zum Unterrichten ausgebildet wurden. Oder: Die Notrufzentrale lässt einen neun Minuten in der Warteschleife hängen – und dann wird man nicht etwa durchgestellt, sondern die Verbindung reisst ab. Weiter: Ein Verkehrsberuhigungskonzept in Berlin-Kreuzberg wird rückgängig gemacht, das unter anderem aus riesigen, die Strasse blockierenden Felsbrocken, sogenannten Parklets, bestand, unwirklichen Sitzecken, die im Fall von Berlin mitten auf der Fahrbahn die Kommunikation unter den Nachbarn stimulieren sollte. Und noch diese Schnapsidee:

Die Reinigung der vermüllten Parks soll – frei nach Mark Twains «Tom Sawyer», der seine Freunde den Zaun seiner Tante streichen liess – zu Events hochstilisiert werden, bei denen, so der gendergerechte O-Ton einer Bezirksverwaltung, «eine stärkere Verbindung zwischen Tourist*innen und Anwohner*innen» entsteht. Weiter sollten preussische Generäle, nach denen viele Strassen in Berlin benannt sind, afrikanischen Freiheitskämpfern weichen. Auch den Hohenzollerndamm soll es nicht mehr geben, seitdem die Erben des Kaisers Restitutionsansprüche geltend machen und im neu erbauten Stadtschloss Wohnrecht reklamieren.

Die Sache mit den Tourist*innen erinnerte an einen Sketch von Satiriker Dieter Nuhr, der diese verordnete Geschlechtslosigkeit am Beispiel von Hannover erklärte, wo die Angestellten der Stadtverwaltung angehalten wurden, mit Gendersternchen* und mit ebensolchen Unterstrichen_ zu korrespondieren. Folgerichtig gab es in Hannover auch keine Ansprechpartner auf der Verwaltung mehr, sondern nur noch Auskunftgebende. Apropos Hannover: Da gebe es doch, so Nuhr, auch eine gleichnamige Pferderasse. «Der Hannoveraner geht aber gar nicht, es müsste jetzt Hannoverander heissen, oder im Schriftverkehr *Pferd/Esel*_Maultier/in.*»

«Nicht gerade erheiternd, was der andere Stephan schreibt», stellte sein Namensvetter fest, «ich bin gespannt, wie der ÖV ab Brandenburg funktionieren wird.»
«Wie meinst du das?»
«Kurz vor der Inbetriebnahme des BER war ein Schulfreund von mir in Berlin, landete aber noch in Tegel, wo schon längst ein Technologiezentrum mit vielen Start-ups hätte stehen müssen …»
«… das aber wegen des Flops beim neuen Flughafen nicht gebaut werden kann.»
«Genau. Der neue BER wurde übrigens von einer Zeitung einmal sarkastisch als ökologischster Flughafen weltweit bezeichnet, weil keine Flüge stattfanden … Item. Nach der Landung in Tegel musste mein Kollege vor dem Terminal fast eine halbe Stunde auf den Bus in die Stadt warten, mit dem Resultat, dass dann nur ungefähr ein Viertel der Wartenden zusteigen konnte. Chaos pur, böse Worte, es huere Gmoscht. Man darf gespannt sein …»

Wie auch immer: Claudia Moser und Stephan Moser landeten pünktlich im BER mit dem klingenden Namen Willy Brandt, der dann doch noch im

Oktober 2020 eröffnet wurde und zu Beginn davon profitierte, dass aufgrund der Pandemie nur ein Bruchteil der berechneten Maschinen an- und abflogen, was grosse Pannen während der Eröffnungszeit verhinderte.

Nach der Landung ging alles sehr zügig, auch die Gepäckausgabe, bis zum Moment, an dem Stephan Moser an einem der Automaten zwei Mehrtagestickets für den ÖV lösen wollte, weil sich hinter zwei Automaten längere Schlangen mit meist ausländischen Besuchern gebildet hatten. Es gab auch für die beiden Schweizer kein Entrinnen, weil die übrigen Kisten «ausser Betrieb» waren. Und so ergab es sich, dass beide – Claudia Lüthi und Stephan Moser – den fremdländischen Touris ohne eigene Kenntnisse in Japanisch, Russisch oder Chinesisch eine Art Erste Hilfe leisten konnten/mussten, bis sie selber an der Reihe waren, um mit gültigen Tickets den Zug in Richtung Alexanderplatz zu besteigen.

Einmal am «Alex» angekommen, ging *keine* Suche nach dem gebuchten Hotel los, weil Moser – «Stephan immer viel schlau» – bereits wusste, wo sich das H4-Hotel befindet, das ehemalige Ramada, nämlich nur einige Fussminuten entfernt, an der Karl-Liebknecht-Strasse. Das Einchecken erwies sich als problemlos, im Gegensatz zum Vortag, als die IT des Hotels die Telefonnummer des Berners umsverworgen nicht akzeptieren mochte, sodass ein elektronisches Check-in verunmöglicht wurde.

Nach dem schnellen Zimmerbezug beschlossen die Berner, erste Attraktionen zu besichtigen, weil beide zum ersten Mal in Berlin waren. Und das hiess: Alexanderplatz, von aussen das Stadtschloss, wo einst der Palast der Republik stand, der Dom, danach Spaziergang entlang der Strasse Unter den Linden zum Brandenburger Tor, wo in unmittelbarer Nähe das Hotel Adlon steht. Unterwegs wunderten sich die Schweizer, dass die Polen ihre neue Botschaft ausgerechnet gegenüber jener der Russen erstellt hatten. Das war deshalb erstaunlich, weil die polnische Bevölkerung nach dem Zweiten Weltkrieg unter dem Einfluss der Sowjets schwer zu leiden hatte.

«Komm, wir machen was Verrücktes …»
«Stephan, Stephan … Was kommt jetzt wohl?»
«Lass uns ein Glas Sekt im Adlon trinken, zum Start unseres Berlin-Aufenthalts.»

Gesagt, getan, in einem Ambiente, das seinesgleichen sucht. Kein Wunder, durfte man bei dieser Clientèle auch keine Fotos des Eingangsbereichs machen – schliesslich gilt: noblesse oblige. Entsprechend dafür die Rechnung für diesen Apéro. Aber eben: Man gönnt sich ja sonst nichts. Anschliessend ging es unter dem Brandenburger Tor hindurch rechts zum Reichstag, wo sich in unmittelbarer Nähe die Schweizer Botschaft und das Bundeskanzleramt befindet.

Noch immer nicht müde, liefen die beiden Hand in Hand auf der Seite des Grossen Tiergartens in Richtung Potsdamer Platz. Eine Überraschung für Claudia: Stephan Moser wusste um den Ort, wo früher die Neue Reichskanzlei stand, heute ein öder Parkplatz, aber von geschichtlicher Bedeutung.

«Und hier hat sich Hitler das Leben genommen, zusammen mit Eva Braun, die er tags zuvor geheiratet hatte?»
«Nein, das war im Führerbunker bei der Alten Reichskanzlei, nicht weit von hier, kurz nachdem Reichspropagandaminister Joseph Goebbels mit seiner Frau Magda ebenfalls Suizid begangen hatte. Zuvor wurden ihre 6 Kinder vergiftet.»
«Das ist mir unheimlich, lass uns weitergehen.»

Weil es bereits einzudunkeln begann, begab man sich via Potsdamer Platz zurück zum Alexanderplatz, wo ihnen im Restaurant Block House zwei hervorragende Steaks serviert wurden. Da der nächste Tag weniger den touristischen Attraktionen gewidmet war, spazierte man danach schnurstracks zurück ins Hotel.

Aufgrund der bisherigen Ermittlungsergebnisse ging es am Samstag darum, bei der Polizeidirektion 5 vorbeizugehen, wo sich Claudia Lüthi und Stephan Moser zuvor via Polizeipräsidium angemeldet hatten. Die Wache befindet sich an der Friedrichstrasse 219 in Berlin-Kreuzberg und zeichnet unter anderem auch für den Görlitzer Park zuständig, einen der Hauptumschlagplätze für Drogen, wo sowohl schwarzafrikanische Dealer, Kleinkriminelle als auch Junkies anzutreffen sind. Es ging den Bernern um zwei Recherchen: erstens allgemeiner Art im Görlitzer Park und zweitens um die Big Deals, mit denen offenbar auch die Szene in Bern und Umgebung von Berlin-Schönefeld aus quasi mit einer privaten Rauschgift-Luftbrücke ins Belpmoos bedient wurde. Die Behörden in Berlin hatten den Kantonspolizisten zugesagt, ihnen weiterzuhelfen. Den Weg nahmen Lüthi und Moser mit gemieteten Velos unter die Räder.

Der Empfang auf der Polizeidirektion 5 war kollegial, weil die Berliner über den Besuch Bescheid wussten. Sofort kam man zur Sache. Polizeihauptkommissarin Miray Özdemir – es stellte sich später heraus, dass sie mit dem gleichnamigen Politiker nicht verwandt war – erklärte den «Problempark» in Görlitz.

Wer den Görlitzer Park, «Görli» genannt, in Berlin-Kreuzberg betritt, kapiert sofort, wer hier das Sagen hat, wessen Gesetze gelten, nämlich nicht die rechtsstaatlichen. Die knapp 15 Hektaren sind fest in der Hand von afrikanischen Dealern. Während die Politik sich lieber mit weniger Brisantem beschäftigt, leiden die Anwohner, die von den Dealern direkt angesprochen werden, ob sie vielleicht Interesse hätten. Notabene: Gehandelt wird im Park zwischen Kinderspielplätzen und unmittelbar neben einer angrenzenden Grundschule. Selbst Kita-Kinder finden beim Spielen Spritzen und Drogen. Und wie der Zufall so spielt: Gerade, als Lüthi und Moser zusammen mit Miray Özdemir den Park verlassen wollten, kam ihnen Pauline Schwarz entgegen, eine junge, in Berlin bekannte Psychologiestudentin, die ihre eigene «Görli»-Geschichte zu erzählen hatte. Man stellte sich gegenseitig vor. In einem Artikel mit dem Titel «Mein Leben und Leiden am Görlitzer Park» hatte Pauline Schwarz die Situation folgendermassen umschrieben:

«[…] Als Kind habe ich sehr viel und sehr gerne Zeit im Görlitzer Park verbracht. Im Sommer planschte ich mit meinen Freunden im Wasser, das die Treppenstufen an einem der Haupteingänge runterlief, danach ging es auf den Spielplatz und als Highlight zum Kinderbauernhof, um die Kaninchen zu streicheln und die lustigen dicken Schweine zu beobachten. Im Winter gab es für mich nichts Besseres, als mit dem Schlitten immer wieder die Abhänge der grossen Kuhle runter zu rodeln.

Damals wirkte alles noch friedlich, und ich fühlte mich sicher, doch mit der Zeit bemerkte ich die Veränderung: Es standen immer mehr afrikanische Männer im Park rum – was sie da machten, wusste ich nicht, aber immer liefen sie der Polizei davon. Als Kind fand ich die Verfolgungsjagden noch

Der «Görli», ein bekannter Drogenumschlagplatz in Berlin-Kreuzberg.

spannend und witzig, als ich älter wurde, begriff ich jedoch immer mehr, dass die Situation überhaupt nicht lustig war – im Gegenteil, es war gefährlich und wird seitdem immer schlimmer.

[…] Die ständige Angst, in der man in Kreuzberg und besonders am Görli leben muss, ist für mich weder hinnehmbar noch erträglich. Ich will nicht länger jede Sekunde damit rechnen müssen, angefallen oder ausgeraubt zu werden, wenn ich abends nach Hause gehe. Und ich will nicht in einer Gegend wohnen, in der jeder weiss, dass nur wenige Meter entfernt mit Drogen und Schusswaffen gedealt wird. In der es No-go-Areas gibt, in denen Diebstahl, Körperverletzung und Übergriffe an der Tagesordnung sind und uns selbst Morde kaum noch überraschen.[…]»

«Heavy, Pauline, was du uns da erzählst.» Stephan Moser fand als Erster wieder zu Worten. «Weshalb bleibst du aber in der Gegend, weshalb zügelst du nicht einfach in einen anderen Stadtteil?»
«Stephan, wo kämen wir auch hin, wenn wir vor der Kriminalität kapitulieren und ständig umziehen würden? Nein, es ist an der Politik, dieses Problem in den Griff zu bekommen und eine Null-Toleranz-Politik durchzusetzen, alles andere kommt einer Bankrotterklärung der Gesellschaft gleich. Sorry, wenn ich mich jetzt gleich verabschiede, ich hetze einem Termin hinterher.»

Als sie sich von Pauline Schwarz verabschiedet hatten, machte man sich ans Eingemachte heran, nämlich an die eigentliche Aufgabe ihres als private Kurzreise geplanten Berlin-Aufenthaltes: Was konnte Miray Özdemir den beiden Berner Ermittlern zum vermuteten Drogenschmuggel ab dem Flughafen Berlin-Schönefeld sagen, der unmittelbar neben BER liegt?

«Miray, mit an Sicherheit grenzender Wahrscheinlichkeit hatte die inzwischen pleitegegangene Fluggesellschaft Fly4sure von Berlin, Leipzig und Dresden aus mehr als nur Passagiere und harmlose Fracht geladen, welche in Bern jeweils zu Unzeiten abgeholt wurde, meistens nachts.»
«Das deckt sich mit unseren Erkenntnissen. Und wir waren wirklich nahe an der Sache dran, bis dieses Grounding der Airline uns einen Strich durch die Rechnung gemacht hat. So ziemlich alles für die Katze, oder für die Füchse, je nach Betrachtungsweise.»
Auf dem Weg zu Fuss zurück zur Polizeidirektion 5 wurde Miray Özdemir im Detail über die Ermittlungen in Bern und auf dem Belpmoos informiert,

über den Dreifachmord, über die Beobachtungen am Rande des Flugfeldes und auch über die gefundenen Fake Watches ins Bild gesetzt. Darüber würde sie gerne mehr erfahren, sagte Özdemir, weil die illegalen Importe von gefälschten Uhren aus Russland ein beunruhigendes Ausmass angenommen hätten. Die Schweizer Botschaft habe beim Innensenator bereits mehrfach interveniert. Aber das Thema könne man, falls einverstanden, gerne zum Schluss besprechen, zuerst stünden die Drogen im Vordergrund, womit die beiden Schweizer einverstanden waren.

«Und nun, Frau Kollega, was schlägst du vor?», fragte Stephan Moser die Berlinerin.

«Ich denke, es wäre sinnvoll, den Ball dort aufzunehmen, wo wir ihn zum Schluss verloren haben und ihn nun vermuten.»

«Und das heisst? Du sprichst in Rätseln, Miray …»

«Ich erkläre euch das gleich. Zuvor aber eine wichtige Frage für Berlin-Besucher: Habt ihr schon eine echte Currywurst gehabt?», schmunzelte die 34-Jährige zurück.

«Nein, wir haben aber gestern Abend hervorragende Steaks gegessen», sagte Claudia Lüthi.

«Vermutlich in einem der Block-House-Restaurants, die sind bekannt dafür. Wenn auch nicht billig.»

«Kannst du Gedanken lesen? Ja, wir waren beim Alexanderplatz tatsächlich in einem Block House. Und, weisst du, wenn man sich Schweizer Preise gewohnt ist, kommt einem im Ausland alles als eher günstig vor.»

«Schaut, dort drüben ist meine Lieblings-Currywurst-Bude, ich spendiere euch eine Runde, obwohl erst 11 Uhr», führte Miray Özdemir das gastronomische Gespräch weiter.

Die Berlinerin erklärte bei ihrer Verpflegung den Bernern den Unterschied zwischen echter Currywurst und Pseudo-Currywurst, samt einer geschichtlichen Aufarbeitung der Wurst, die im Sommer 1949 von Herta Heuwer an ihrem Imbissstand erstmals angeboten worden war. Selbstverständlich in Berlin.

Nach diesem Intermezzo – und der Verdankung an die Polizeihauptkommissarin für den Imbiss – machte sich das Trio in einem Dienstwagen der Berliner Polizei auf den Weg zu jenem Ort, wo sich Drogenschieber zumindest zu Zeiten der Fly4sure-Flüge konspirativ zu treffen pflegten, ohne aber jemals Stoff an Ort und Stelle mitzunehmen, nicht einmal kleinste Mengen zur Qualitätskontrolle, sodass die Polizei von vornherein in Bezug auf Festnahmen auf verlorenem Posten stand.

«Wohin fahren wir jetzt, Miray?»
«Claudia, in Richtung Teufelsberg, das dauert bei diesem Werktagsverkehr ungefähr 45 Minuten.»
«Blaulicht, Martinshorn?»
«Stephaaaaaan ...», kam es von seiner Partnerin, «Miray, du musst entschuldigen, manchmal, da ... Uhhh!» Damit beliess sie es. Mit Erklärungen zum Teufelsberg gelang es der Fahrerin, die Spannung zu minimieren.

Nachdem ein Drittel der Gebäude Berlins im Zweiten Weltkrieg zerstört worden war, häufte sich in der Stadt 1945 eine Trümmermenge von rund 100 Millionen Kubikmeter. Nachdem diese Haufen zunächst planlos abgekippt wurden, entschloss sich die Stadt, mit der fortschreitenden Entstehung des langsam erkennbar werdenden Berges, eine detaillierte Landschaftsplanung zu erstellen. So fügt sich der entstandene Schuttberg als Berliner Teufelsberg heute passgerecht in die Silhouette der Berliner Stadtlandschaft.

Obwohl der Bezirk Grunewald eigentlich zur britischen Besatzungszone gehörte, installierten zunächst Amerikaner, erst anschliessend die Briten verschiedene Antennen zu Spionagezwecken auf dem Berliner Teufelsberg. Als dieser mit der letzten Schuttabladung fertiggestellt war, stand fest, dass die Kuppe des Berges ausschliesslich für Abhör- und Spionagetätigkeiten reserviert sein soll. Bis zum Ende des Kalten Krieges 1989 diente der Berliner Teufelsberg mit seiner Field-Station der Spionage. Mit vier bovistähnlichen Radoms, in denen sich Satellitenschüsseln drehten und von denen Funksignale ausgesendet wurden, versuchten die westlichen Alliierten, den Funkverkehr des Warschauer Paktes, der DDR-Behörden und Armeen der UdSSR sowie ihrer Soldaten abzuhören. Ein Gegenstück dazu gab es mit der gigantischen Abhörinstallation Duga in der Nähe von Tschernobyl, die heute als solches noch steht, wobei der Kontrollraum vollständig geplündert wurde, als die Sowjets die Ukraine verlassen mussten.

Der Teufelsberg ist heute eine einzige Ruine, ein Lost Place, einzig mit vielen professionellen Graffitis als eigentliche Attraktion von Street-Art. Behördliche Vorgaben machen es gegenwärtig unmöglich, das Gebäude mit der Aussichtsplattform der Radom Unit mit den markanten Radoms und der Kuppel der Öffentlichkeit zugänglich zu machen. Das fast 50 000 Quadratmeter grosse Areal kann allerdings weiterhin begangen und erkundet werden.

«Und auf dem Teufelsberg haben sich die Drogenhändler getroffen?», fragte Moser.

«Nein, nicht genau.»

«Sondern?»

«In Untergeschossen, die von der britischen Einheit benutzt wurden, jedoch für die Öffentlichkeit nie zugänglich waren.»

«Wie hatten die Herren denn Zugang zu den UGs?»

«Profis, auch in dieser Beziehung, sie konnten sich ihrer Sache sicher sein.»

«Und wie seid ihr den Drogenbaronen auf die Schliche gekommen?» Die Frage von Stephan Moser liess Claudia Lüthi ihren Kopf schütteln.

«Stephan, wir sind Polizei, haben ein eigenes Drogendezernat. Einmal nur haben unsere Spezialisten die Herrschaften im UG sozusagen besucht, weil aber alle ausser ihren Ausweispapieren nichts dabei hatten – und auch keine Haftbefehle vorlagen –, musste man es nach der Registrierung ihrer Personalien mit einer Anzeige wegen Hausfriedensbruchs bewenden lassen. Ganz schön frustrierend …»

«Könnten wir diese Daten einsehen, Miray? Ich meine die Namen der anwesenden Herren.»

«Das lässt sich machen, Claudia, sobald wir zurück auf der Revierwache sind.»

Damit war dieses Kapitel vorläufig kein Thema mehr. Noch immer unterwegs zum Teufelsberg unterhielt man sich über den Alltag in Berlin, nicht bloss aus polizeilicher Sicht.

Ziemlich genau um 12 Uhr erreichte man den Teufelsberg, mit dem Polizeifahrzeug hatte Miray Özdemir die Möglichkeit, ziemlich nahe an den erwähnten Eingang zur «Unterwelt» heranzufahren. Und selbstverständlich hatte sie passende Schlüssel dabei, um die Räume betreten zu können. Mit behördlicher Genehmigung.

Wie die Schweizer feststellen konnten, wurde die massive, ungefähr 60 Zentimeter dicke Haupttüre nicht mit einfachen Veloschlössern gegen unbefugte und ungebetene Besucher gesichert. Was sich dahinter verborgen hielt, war vermutlich nicht dafür gedacht, gleich mit einer Revival-Party durchstarten zu können. Ähnlich anderen Orten wie beispielsweise der Duga bei Tschernobyl wurde entfernt, was entfernt werden konnte, um es einmal diplomatisch auszudrücken. Nein, es handelte sich wirklich um einen Ort, an dem man sich unbeobachtet fühlen durfte. Miray Özdemir erklärte die Umstände der verschwundenen Apparaturen: Einerseits wurden sie aus Gründen der nationalen Sicherheit entfernt, um sie der Spionage zu entziehen, andererseits für den persönlichen Gebrauch – und seien es auch nur Tischlampen gewesen. Dass dabei nach dem Ausräumen keine Raumpfleger an die Arbeit geschickt wurde, verstand sich fast von selber.

Miray Özdemir zeigte den beiden Besuchern jene zwei Räume, in denen das Treffen der Drogendealer stattgefunden hatte. Claudia Lüthi erkundigte sich, ob die Polizei Hinweise auf den Transport der Drogen gefunden hätte, was jedoch nicht der Fall war. Ob sie sich dennoch in der Ruine umschauen könne, fragte sie zur allgemeinen Verwunderung. Klar dürfe sie das, antwortete Özdemir, sie selber und Stephan Moser würden in der Zwischenzeit draussen warten, schon der stickigen Luft wegen. Im Freien erfuhr die Berlinerin, dass Claudia Lüthi eine «ganz Genaue» sei, sie hinterfrage immer, was auch schon dazu geführt habe, dass sie «jenseits der offiziellen Ermittlungen» fündig geworden sei. Man erinnere sich nur an die inoffizielle Sicherstellung von DNA-Material bei den Morden in Wengen. Nach ungefähr einer Viertelstunde – und weil Özdemir fast demonstrativ auf ihre Uhr geschaut hatte – erkundigte sich Moser auf Höhe der Zugangstüre nach seiner Partnerin.

«Claudia, läbsch no?»
«Jaja, ig chume gred.»
«Hoffentlich, o süsch beleg ig ir Zwüschezyt e Frömdsprachekurs.»
«Sie kommt gleich», verhochdeutschte Moser. Und tatsächlich, nur wenige Augenblicke später stand Claudia Lüthi vor ihnen, einen kleinen Zettel in ihrer Hand haltend – genauer gesagt: ein verbleichtes, dreckiges Stück Papier, vielleicht 10 Quadratzentimeter gross.
«Hast du etwas gefunden?»
«Möglicherweise einen Hinweis, Miray.»

Symbolbild des Inneren des Teufelsbergs in Berlin, wo sich die Drogenmafia traf (Bild: Berliner Unterwelten).

«Sag jetzt schon!», drängte Moser.

«Hier lässt sich – ich gebe zu, mit sehr viel Fantasie – SAG oder 5AG sowie MATD601 entziffern.»

«Und?», fragten sie zweistimmig.

«Was du nicht wissen kannst, Miray, einer unserer Toten in Belp heisst Majkl Amanovic, was das MA erklären würde, er flog mit Fly4sure vom Belpmoos aus regelmässig nach Schönefeld und zurück.»

«Die anderen Buchstaben und Zahlen?»

«Schatz, aktiviere mal deine Hirnzellen …», bemerkte Lüthi mit einem Augenzwinkern.

«Bahnhof.»

«Bahnhof?», erkundigte sich die Deutsche.

«Ist so ein Ausdruck bei uns, wenn mann – und ich buchstabiere ‹mann› jetzt absichtlich mit zwei ‹n› – den Faden verloren hat. Also, Steff, was war die Abkürzung für Fly4sure?»

«‹TD. Und 601 ist der Kurs, vermutlich von Berlin nach Belpmoos.»

«Bravo! Du brauchst nicht einmal einen Telefonjoker.»

«Was hat das zu bedeuten?»

«Nicht viel, Miray. Ich bin jetzt gespannt, was für Namen auf eurer Liste stehen von den Herren, die sich hier trafen.»

«Und was hätte das zu bedeuten?», hakte Miray nach.

«Es wäre ein starker Hinweis, dass Fly4sure in den Schmuggel von Drogen und Uhren involviert war. Auch nach deren Pleite wurde Amanovic nachgesagt, dass er die Finger davon nicht lassen konnte. Miray, weisst du per Zufall, wann genau dieses konspirative Treffen stattgefunden hat? Wobei wir dann noch immer nicht wissen, von wann genau der Zettel datiert.»

«In einer Stunde weiss ich es. Ihr auch. Let's go.»

Während der Fahrt zurück in die Stadt wurde – wen wunderts? – darüber spekuliert, ob die besagte Versammlung im UG des Teufelsbergs *vor* oder *nach* dem Grounding von Fly4sure stattgefunden hatte. Wären die Herren danach zusammengekommen, läge die Vermutung nahe, dass Amanovic tatsächlich mit dem Drogenschmuggel weitergemacht hätte. Ein bisschen sehr viel Konjunktiv. Nur: Wozu denn Flugnummern für Strecken, die nicht mehr in Betrieb waren? TD 601, so hatte Stephan Moser inzwischen festgestellt, führte tatsächlich von Berlin-Schönefeld SXF nach Belpmoos BRN.

«Wim», bat Miray Özdemir ihren Kollegen Snijder nach dem Eintreffen auf der Wache, «kannst du mir bitte die Namensliste jener Männer heraussuchen, welche die Kollegen von der Drogenfahndung seinerzeit auf dem Teufelsberg überprüft haben?»

«Ich checke das direkt mit der Drogenfahndung, die Kollegen finden das schneller, als wenn ich im System rumsuche.»

«Gute Idee, könnte von mir sein», lachte sie, «inzwischen, liebe Berner: Lust auf Currywurst oder Kaffee?»

«Gerne Kaffee», erwiderte Claudia Lüthi, noch bevor ihr Partner «piep» oder «papp» sagen konnte und darauf eher widerwillig mit dem Kopf nickte. Dr Schnäller isch halt dr Gschwinder.

In der Zeit, als das Trio auf die Namensliste von Wim Snijder wartete, erkundigte sich Miray Özdemir nach den Plänen der Besucher, die ihrerseits erklärten, dass die Berlin-Kurzreise ursprünglich einen rein privaten Charakter hatte. Erst aufgrund der neuesten Erkenntnisse ihrer Recherchen hätten sich das Angenehme mit dem durchaus Nützlichen vermischt.

Özdemir erkundigte sich, ob sie für den nächsten Tag schon Pläne hätten, was nicht der Fall zu sein schien, jedenfalls nichts Konkretes. Sie empfahl ihnen die Fahrt mit einem Hop-on/Hop-off-Bus, wo man an interessierenden Stellen aus- und später wieder einsteigen könne. Ob es denn möglich sei, den Bundestag zu besuchen, wollte die Bernerin wissen, was sich von heute auf morgen so kurzfristig als schwierig ankündigte, zumal dann Sonntag, aber Miray Özdemir wollte das möglich machen (was ihr schliesslich auch gelang). Das Jüdische Museum des Architekten Daniel Libeskind sei sehr zu empfehlen, was Lüthi zur Bemerkung veranlasste, dass der Stararchitekt auch das Einkaufs- und Freizeitzentrum Westside realisiert habe und am Bau des Ground Zero in New York beteiligt gewesen sei. Und falls am Montagmorgen Shopping auf der To-do-Liste stehe: Friedrichstrasse, auch Standort des legendären Checkpoint Charlie.

Bevor sie weitere Tipps geben konnte – Schloss Sanssouci in Potsdam oder der Berliner Dom –, meldete sich Snijder mit der Liste, die auf den 8. September datiert war. Und tatsächlich: Der Name von Majkl Amanovic war da zu lesen. Andere galt es im Detail auszuwerten. Der Name «Klopfenstein» wies möglicherweise auf einen Mann mit Schweizer Wurzeln hin. Über 5AG oder SAG stand indes nichts zu lesen. Stephan Moser bat um eine Kopie und dankte für die Arbeit, die in Bern von «grossem Nutzen sein wird», wie er sich ausdrückte. Er ging auch detailliert auf die Fake Watches ein, Özdemir wies bei dieser Gelegenheit darauf hin, dass der Zweig der Russenmafia, die Samarowskaja, für diese «Branche» in Frage komme. Einige Minuten später verabschiedete man sich mit dem Versprechen, in Kontakt zu bleiben.

Bereits am Nachmittag sassen die beiden Noch-immer-Turteltauben im roten Bus, der sie quer durch Berlin führte, zum Znacht suchten sie auf Empfehlung von Miray Özdemir das Restaurant Nussbaum auf, ein kleines Lokal im altehrwürdigen Nikolai-Quartier.

Der Aufenthalt wurde am Montagmorgen mit Eindrücken und Einkäufen – unter anderen in den Galeries Lafayette an der Friedrichstrasse – zusätzlich vollgepackt. In besonderer Erinnerung blieb der Besuch des Bundestages, samt Plenarsaal.

«Schön isch es gsy», meinte Stephan Moser zu seiner Freundin, als sie am späteren Montagnachmittag vor dem Check-in-Schalter am Flughafen BER standen.
«Sehr schön sogar», antwortete sie und liess sich zu einem Bärner Müntschi verleiten.

Jetzt aber hiess es, die Maschine für den Rückflug zu besteigen, mit neuen Erkenntnissen, die sie gestern noch von Frau Özdemir erhalten hatten. Es wurde abgemacht, dass jeder in seiner eigenen Wohnung übernachten würde, nächster Treff am folgenden Morgen im Büro.

Drei Herren in einem schwarzen Mercedes (Dienstag, 9. Oktober)

«Schau, schau, unser Berliner ist auch wieder da, Stephan, habt ihr uns einige mitgebracht?»

«Was denn, Elias? Ich bin offenbar noch nicht ganz wach …»

«Berliner, dänk. Sozusagen als Abwechslung zu den Berner Gipfeli», was zu einem eher fragenden Blick von Joseph Ritter führte, mit der nicht gestellten Frage, ob die von ihm bei «Eichenberger» oder «Reinhard» im Hauptbahnhof gekauften Gipfel denn nicht mehr gut genug seien.

«Ja, Elias, haben wir, gestern am Flughafen gekauft. Dummerweise hatten Claudia und ich aber Hunger, sodass wir sie vor Ort gegessen haben. Waren ganz schön klebrig.»

«Stephan, wo bleibt Claudia?»

«J. R., sie wird bestimmt jeden Moment eintreffen, vermutlich hat sie verschlafen …»

«Das wäre allerdings ganz etwas Neues. Nun, wir können ja trotzdem mit der Arbeit beginnen, erzähl uns mal, was ihr in Berlin erfahren habt. Wenn Claudia da ist, datiere ich euch über unsere neuen Erkenntnisse auf. Da gibt es einiges zu erfahren, vor allem aus der Rechtsmedizin.»

Stephan Moser erzählte im Detail vom, wie er sagte, «beruflichen Teil» seiner Reise mit Claudia Lüthi. Und er hatte noch von Berlin aus jene Namen, die von Wim Snijder genannt wurden, zu googeln begonnen, selbstverständlich hatte er auch das internationale Polizeiregister durchsucht. Beim ermordeten Majkl Amanovic war der Fall klar, alle anderen Personen – samt und sonders männlich – hatten eine mehr oder weniger lange Liste mit Delikten und Aufenthalten in ausländischen Justizvollzugsanstalten, meist begangen im Bereich des Drogenhandels. Stephan Moser nannte die schweren Jungs beim Namen und ergänzte die Aufzählung mit der Bemerkung, dass er bereits mit den Kollegen der Drogenfahndung Kontakt aufgenommen habe. Zwei der Herren wiesen nämlich auch einen Bezug zur Schweiz auf, beide mit verbüssten Gefängnisstrafen auf dem Berner Thorberg und in der Zuger Strafanstalt Bostadel. Ihre Namen: Willi Klopfenstein und Oleksander Petrenko, Letzterer ursprünglich aus der Ukraine stammend. Wollte heissen: Die beiden Herren kannten Majkl

Amanovic. Worum ging es aber beim Treffen in Berlin? Und weshalb hatten die Berliner Kollegen nicht in Bern nachgefragt?

«Stephan, Claudia soll sich im Anschluss an unsere Sitzung nach den heutigen Aufenthaltsorten von Klopfenstein und Petrenko erkundigen. Wo bleibt sie denn?»
«Keine Ahnung, J. R., ich rufe sie mal an.»

Mit dieser Feststellung wurde um 09.16 Uhr das Handy von Stephan Moser aktiviert: Der Name seiner Freundin stand auf dem Display zu lesen, samt einem Foto.

«Wenn man vom Teufel spricht …», was zu einem Schmunzeln der Anwesenden führte. «Soso, du Schlafmütze, auch schon wach …? Was? Claudia, du kannst mit dem Schabernack aufhören, wir warten auf dich …»
«Frau bei uns, melden uns», hiess es kurz und knapp mit einer hörbar veränderten Stimme.
«Hallo! Wer ist da? Hallo! Claudia!», rief Stephan Moser, bekam aber keine Antwort mehr.
«Stephan, was ist los?», sprach Ritter aus, was Brunner ebenfalls auf der Zunge lag.
«Ich weiss es nicht. Eine Stimme behauptet, Claudia wäre bei ihnen, sie würden sich wieder melden.»
«Es war aber das Handy von Claudia?»
«Ja, J. R., ich muss sofort nach Köniz!»
«Ich fahre dich, Stephan, in deinem Zustand wäre das unverantwortlich!», sagte Elias Brunner, während Ritter bereits Eugen Binggeli vom KTD am Handy hatte, mit der Aufforderung, sofort an den Adlerweg zu fahren, möglicherweise sei Claudia Lüthi entführt worden.

Plötzlich war alles anders, Joseph Ritter setzte sich umgehend mit dem Polizeikommandanten in Verbindung, um Verstärkung anzufordern. Christian Grossenbacher sagte diese zu, in der Person von Peter Kläy, mit dem die Ritter-Leute bei früheren Fällen bereits zusammengearbeitet hatten. Die 23-jährige Aarti Sivilaringam hingegen hatte soeben erst die Polizeischule abgeschlossen, war im Bereich der Fahndung oder des Dezernats Leib und Leben noch ein Greenhorn. Weil mit den Ermittlungen im aktuellen Fall nicht vertraut, beorderte Ritter diese beiden ebenfalls nach Kö-

Der Adlerweg in Köniz, Wohnort von Claudia Lüthi.

niz, um die Kollegen zu unterstützen. Es ging auch darum, dass sich Elias Brunner so schnell wie möglich freispielen konnte, um sich mit Amanovic und Konsorten zu beschäftigen. Kläy und Aarti – wie man die Seconda mit Wurzeln in Sri Lanka einfachheitshalber nannte – sollten sich ganz auf die vermutete Entführung von Claudia Lüthi konzentrieren. Es war eine Situation, welche Ritter in seiner ganzen Laufbahn noch nie erlebt hatte. Unbekanntes Terrain, wobei seine Erfahrung und die Weiterbildungskurse, die er im Laufe der Zeit besucht hatte, jetzt zum Tragen kommen sollten.

Alle Fahrer hatten unterwegs das Blaulicht und die Sirenen eingeschaltet, jede Sekunde zählte. Die Kriminalisten erreichten den Adlerweg einige Augenblicke vor Eugen Binggeli. Vor dem Haus deutete nichts auf einen aussergewöhnlichen Vorfall, lediglich ein schwarzer Ford Fiesta stand mit nicht ganz geschlossener Fahrertüre am Strassenrand, korrekt geparkt, mit gut sichtbarer Anwohnerparkkarte der Gemeinde Köniz.

«Das ist Claudias Wagen!», schrie Moser, als wäre Brunner 50 Meter weit weg. Das Polizeifahrzeug – Blaulicht und Sirene wurden kurz zuvor ausgeschaltet – hielt auf Höhe des Kleinwagens. Sofort gesellten sich einige Neugierige rund um die beiden Wagen, die Brunner freundlich und bestimmt in die Schranken wies, nämlich hinter die Absperrbänder, die er auf Hüfthöhe rund um die Fahrzeuge ausrollte, derweil Stephan Moser zur Wohnung von Claudia Lüthi hinauf stürmte, immer zwei Treppenstufen auf einmal nehmend. Er hatte einen Schlüssel und betrat die Wohnung, wo sich alles wie immer präsentierte. Seine Partnerin – im Beruflichen und im Privaten – wurde also erst auf der Strasse entführt, sodass er zu den Kollegen zurückkehrte, inzwischen war der KTD ebenfalls eingetroffen.

«Bitte unterlassen Sie Handy-Fotos!», bat Brunner die Herumstehenden. Erfolglos. Wie er richtig vermutete, hatten die ersten Aufnahmen des Polizeieinsatzes bereits die Handys in Richtung verschiedener Online-Portale verlassen.
«Wer hat Beobachtungen in Zusammenhang mit dem schwarzen Ford Fiesta gemacht?», fragte Moser, dessen Puls sich in einem ungesunden Rhythmus befand.
«Ich kann Ihnen vielleicht helfen», bekam er von einem ungefähr 80-Jährigen zu hören, derweil Brunner den abgesperrten Radius erweiterte und nur einen schmalen Durchgang auf dem Trottoir offen liess. Mit der Bitte

«weitergehen, sofern Sie keine sachdienlichen Aussagen machen können» wandte er sich an die Herumstehenden. Er wiederholte diese Bitte einige Sekunden später in einem strengeren Tonfall, sodass fast alle Leute sich vom Ort des Geschehens entfernten.

Es dauerte nur wenige Minuten – in denen Eugen Binggeli, Peter Kläy und Aarti Sivilaringam den Wagen von Claudia Lüthi auf mögliche vorhandene Spuren untersuchten –, bis der Anruf von Gabriela Künzi einging, weil sie von zwei sogenannten Fast-Food-Redaktionen befragt wurde, wie man im Kommunikationsjargon einzelne Online-Redaktionen nennt, weil die Geschwindigkeit einer verbreiteten Meldung manchmal wichtiger zu sein scheint als deren Wahrheitsgehalt. Zum Glück hatte Gabriela Künzi Minuten zuvor bereits mit Joseph Ritter gesprochen, der sie nach seinem Anruf beim Polizeikommandanten über den Vorfall der Spur nach informieren konnte. Die Mediensprecherin bestätigte lediglich einen «Polizeieinsatz in Köniz», Details würden zu gegebener Zeit «auf den üblichen Kanälen» folgen.

Stephan Moser bat jenen Rentner zur Seite, der eine Aussage machen wollte. Der Mann stellte sich als Roman Glücki vor. Nach eigenen Angaben hatte er die Entführung von einem Fenster aus beobachtet, einige Sekunden vor 8 Uhr, «das ganz sicher, weil ich die Nachrichten auf SRF 1 hören wollte». Dazu kam er jedoch nicht.

«Herr Glücki, Sie werden sich vorstellen können, *wie sehr* Ihre Beobachtungen für unsere Ermittlungen wichtig sein werden. Ich hoffe, Ihr Familienname bringe uns wirklich Glück», versuchte Moser seine eigene Anspannung zu überspielen. «Und entschuldigen Sie bitte, ich habe mich noch gar nicht korrekt vorgestellt. Stephan Moser von der Kantonspolizei Bern, das dort drüben», sagte er mit einer entsprechenden Handbewegung, «das ist mein Kollege Elias Brunner. Eugen Binggeli vom Kriminaltechnischen Dienst der Kantonspolizei, vom KTD, untersucht das Auto auf Spuren, er wird von den Kollegen Kläy und Aarti unterstützt.»

Roman Glücki, der Claudia Lüthi vom Sehen her kannte, weil er in einer Nachbarliegenschaft wohnte, hatte nach eigenen Aussagen beobachtet, wie die Kriminalbeamtin in ihren Wagen stieg und kurz über etwas nachzudenken schien, als ob ihr in den Sinn gekommen wäre, dass sie etwas vergessen hatte. Im Moment, als sie aussteigen wollte, hielt ein «grosser schwarzer Wagen» direkt neben ihr. Zwei Männer seien blitzartig ausgestiegen und hätten «Frau Lüthi» ein Tuch aufs Gesicht gedrückt und sie in den Wagen gezerrt. Das Auto sei darauf mit quietschenden Reifen in Richtung Stapfenstrasse davongefahren.

«Herr Glücki, wissen Sie, was das für ein Wagen war, welcher Marke?»
«Nein, alles ging so schnell, ich war darauf nicht vorbereitet, ich kann Ihnen auch keine Angaben zum Kennzeichen machen, ausser dass ich BE gesehen habe.»
«Herr Glücki, das ist auch kein Vorwurf, mir ginge es ebenso», sagte Moser in ruhigem Ton. Er vermied es, «in Ihrem Alter» hinzuzufügen.
«Herr Moser, sagen Sie, habe ich Sie nicht schon gesehen, hier am Adlerweg?» Moser hatte absichtlich nicht erwähnt, dass er mit Claudia Lüthi liiert war.
«Das ist sehr gut möglich, Herr Glücki, Claudia Lüthi und ich kennen uns auch privat.»
«Eine sehr nette Frau, sie grüsst immer freundlich.»
«Ja, das ist sie. Herr Glücki. Wenn wir Ihnen Fotos verschiedener Automodelle zeigen, könnten Sie sich dann festlegen oder den Kreis möglicher Fahrzeuge einengen?»
«Nein, mich interessieren Autos nicht, ich habe auch keines mehr. Was ich sagen kann, glaub ich jedenfalls, ist, dass es sich um einen sogenannten SUF handelte.»
«Also ein Sport Utility Vehicle», stellte Moser kurz und knapp fest, ohne auf die falsche Abkürzung hinzuweisen.
«Ja. Und schwarz war er.»
«Wie ist es mit den Männern, können Sie ein Signalement abgeben?»

Damit war Roman Glücki jedoch überfordert, nicht zuletzt deshalb, weil er noch nie eine ähnliche Situation erlebt hatte und entsprechend aufgeregt war. Er hatte die Täter nur «ganz kurz gesehen, sie trugen Masken» und vor allem die Situation im Allgemeinen beobachtet, sodass Moser das Gespräch mit der Frage beendete, ob Herr Glücki «heute oder morgen» in den Ringhof kommen könne, um seine Aussagen zu protokollieren. «Herr Brunner kann Sie in einer halben Stunde aber auch mitnehmen und Sie dann zurückbringen, wenn Ihnen das besser passt.» Der Rentner bedankte sich, verwies aber auf den Umstand, dass seine Frau bettlägerig sei und er deshalb zuerst eine Vertrauensperson «von der Spitex Köniz» aufbieten müsse. Jemand, der seine Frau nicht kenne, würde die 74-Jährige nur unnötig aufregen. Bis morgen liesse sich das aber problemlos machen, die Spitex Köniz sei sehr zuverlässig.

Als Roman Glücki den Ermittler in Richtung seiner Wohnung verliess, gesellte sich Elias Brunner zu Stephan Moser, zusammen mit drei Frauen, die eigenen und voneinander unabhängigen Aussagen zufolge ebenfalls Beobachtungen gemacht hatten. Diese Beobachtungen deckten sich im Grossen und Ganzen mit jenen von Herrn Glücki. Mit einer Ausnahme: Emma Fivian war «erst gestern Morgen» beim Spaziergang mit ihrem Golden Retriever ein grosser schwarzer Mercedes mit drei Männern aufgefallen, «die den Eindruck machten, etwas zu beobachten». Und ja, sie könne die Gesichter der Männer beschreiben, sie habe sie genau beobachtet. Und das Kennzeichen habe sie sich auch notiert, «man weiss ja nie».

«Iutschiin, kannst du mal zu uns kommen?», erging an Binggeli, der Augenblicke später bei seinen Kollegen und Emma Fivian stand.

«Iutschiin, irgendwelche Erkenntnisse im Auto?», erkundigte sich Moser fast im Flüsterton, der sich einige Meter von Frau Fivian entfernt hatte.

«Nein, bisher nicht. Claudias kleiner Rucksack liegt auf dem Nebensitz, der Zündschlüssel steckt noch.»

«Ja, der Augenzeuge vorhin meinte, es hätte den Anschein gemacht, dass Claudia wieder aussteigen wollte, als habe sie etwas vergessen.»

«Dem kann ich nicht widersprechen», sagte Binggeli, «Fingerabdrücke werden wir analysieren, ich fürchte jedoch, dass sie uns nicht weiterhelfen werden, falls die Täter Handschuhe getragen haben, was anzunehmen ist. Etwas anderes ist mir hingegen aufgefallen. In den ersten Sekunden glaubte ich, im Inneren des Wagens Chloroform zu riechen, der Duft hat sich jedoch schnell verflüchtigt.»

«Das kann ich dir bestätigen, Iutschiin, es passt zu den Aussagen von Herrn Glücki. Jetzt aber etwas anderes: Frau Fivian …», die beiden Beamten näherten sich wieder der Frau, «Frau Fivian hat beobachtet, wie gestern drei Männer in einem SUV-Mercedes den Eindruck machten, etwas auskundschaften zu wollen. Sie kann sich an ihre Gesichter erinnern. Kannst du Phantomzeichnungen veranlassen?»

«Das mache ich gerne. Danke für Ihren Hinweis, Frau Fivian. Können Sie mich ins Büro begleiten? Dort wird unser Spezialist Ihre Beobachtungen umsetzen. Ihren Hund können Sie ohne Weiteres mitnehmen. Wie heisst er denn?», fragte Binggeli mit Blick auf den Golden Retriever.

«Er ist eine Sie und heisst Sissi. Wie lange wird das dauern?»

«Höchstens eine Stunde.»

«Dann können Sie mich und Sissi mitnehmen, vorausgesetzt, sie behalten uns nicht ein, verhaften uns nicht.»

«Sicher nicht, Frau Fivian», gab sich Binggeli amüsiert, über den Fachausdruck «einbehalten» erstaunt, den Emma Fivian bestimmt von TV-Krimis her kannte.

Eine Stunde nach ihrem Eintreffen am Adlerweg fuhren die Ermittler wieder retour in den Ringhof, der KTD mit einem Vierbeiner, der es sich hinter einer Absperrung im Auto gemütlich gemacht hatte, unter strenger Aufsicht seines Frauchens. Stephan Moser fuhr den Wagen von Claudia Lüthi, damit der Fiesta – sicher ist sicher – für mögliche weitere Untersuchungen zur Verfügung stand.

Die Uhren zeigten noch nicht die volle Stunde an, als die Adlerweg-Equipe vor 11 Uhr im Ringhof zusammensass, auf eine Nachricht der Entführer wartend, auf ihre Forderung, denn daran gab es keinen Zweifel. Und alle waren sich einig, dass dieser kriminelle Akt mit den Recherchen im aktuellen Fall zu tun hatte. Als letzter traf Eugen Binggeli im Büro ein, weil er zuerst Frau Fivian und Sissi zum Spezialisten des KTD für Phantomzeichnungen hatte führen müssen.

Joseph Ritter schaute verunsichert in die ausdruckslosen Gesichter von Elias Brunner, Stephan Moser, Peter Kläy, Aarti Sivilaringam, Eugen Binggeli, Georges Kellerhals sowie Gabriela Künzi, die auch zur Sitzung aufgeboten worden war. Im Grossraum Bern gab es massive Polizeikontrollen mit Strassensperren, nicht bloss im Hinblick auf einen schwarzen SUV-Mercedes, denn dieser hatte sich als vor zwei Tagen gestohlen herausgestellt, ähnlich wie der blaue BMW in Muri, wobei beim Mercedes die Kontrollschilder sofort ausgetauscht worden waren. Parallelen? Auch ausserkantonale Korps hatten den Fahndungsaufruf erhalten, ebenso die Grenzkontrollbehörden und die Bundespolizei.

Nicht an der Sitzung, aber über den Vorfall informiert: Staatsanwalt Martin Schläpfer, dieser wiederum in Kontakt mit Generalstaatsanwalt Max

Knüsel sowie Polizeikommandant Christian Grossenbacher. Stephan Moser hatte sein Handy an die elektronische Stimmenaufzeichnung angeschlossen.

«J. R., ich hätte da eine Frage, nur damit sie gestellt worden ist.»
«Bitte, Gabriela.»
«Konnte man das Handy von Claudia nicht orten, als die Entführer anriefen?»
«Die Swisscom untersucht im Moment, ob sie für uns herausfinden kann, wo das Handy eingeloggt war.»
«Die Medien belagern Ursula und mich, was können wir zur Sache sagen?»
«Gabriela, gar nichts, womit wir das Leben von Claudia gefährden könnten. Du hast hiermit die Erlaubnis, grobes Geschütz aufzufahren.»
«Inwiefern?»
«Du darfst für einmal drohen. Sollte ein Journalist Mutmassungen oder Gerüchte verbreiten, die aus der Luft gegriffen sind, werden wir ihn strafrechtlich verfolgen. Du kannst direkt nach dem Chefredaktor verlangen, um ihm die Sachlage zu erklären. Wir werden alles kommunizieren, was nur irgendwie möglich ist, aus offizieller Quelle. Verstösst jemand dagegen, gibts Konsequenzen. Und da gibt es keinen Interpretationsspielraum. Ich allein übernehme für diese Massnahme die volle Verantwortung.»
«Danke, J. R.», sagte Moser, stellvertretend für alle Anwesenden.

Es war ein ungewohntes Bild, diese Spezialisten so am Tisch zu sehen, unfähig, eine Aktion auszulösen, sie waren zur Passivität verdammt, immer in der Hoffnung eines Anrufs von Claudia Lüthis Handy. Oder von einem Polizeiteam mit der Meldung, sie hätten Fahrzeug und Insassen sichergestellt, Claudia Lüthi sei unverletzt, sie werde aber direkt ins nächste Spital zur Kontrolle gefahren.

Nichts dergleichen.

Inzwischen hatte das Tracking des Handys ergeben, dass der Anruf aus dem Berner Jura kam, Grossraum Courtelary. Knapp vor 12 Uhr klopfte es an der Türe, worauf der Spezialist des KTD mit drei Zeichnungen in jeweils zehnfacher Ausführung eintrat und die Blätter verteilte. Keine zehn Sekunden später verliess Stephan Moser wortlos den Raum, nur um zwei Minuten danach selber einige Fotos zu verteilen: Aufnahmen von Willi

Klopfenstein und Oleksander Petrenko, die er mit Namen nannte. Alle Anwesenden waren sich einig: Die Ähnlichkeit mit zwei der drei Phantomzeichnungen war verblüffend und sprach für die Beobachtungsgabe von Emma Fivian. Der dritte Mann blieb hingegen ein Rätsel.

«Wenn dem so ist, wie wir alle vermuten, so wissen wir, dass die Entführung in direktem Zusammenhang mit unseren Ermittlungen in Berlin und im Belpmoos steht», resümierte Ritter. Es folgte eine längere Diskussion, ob man die Entführer bei einem nächsten Anruf direkt mit Namen ansprechen sollte, um ihnen aufzuzeigen, dass man Bescheid wusste. Auf der einen Seite konnte das ein geschickter Schachzug sein, andererseits war danach eine Kurzschlusshandlung der Täter nicht auszuschliessen. Zum Schluss entschied man sich, die Karten nicht offen auf den Tisch zu legen, nicht zuletzt deshalb, weil die Identität nicht zweifelsfrei feststand. Zudem hatten die Ermittler keine Ahnung, wer der dritte Mann war, laut Frau Fivian der Fahrer.

Gerade als man sich mit dem Gedanken befasste, Sandwichs und Getränke beim Leiter des Personalrestaurants zu bestellen, läutete das Handy von Stephan Moser, was zu einer unheimlichen, einer geradezu bedrückenden Stille im Raum führte, die erst mit der Bemerkung von Moser, es sei nicht das Handy von Claudia, aufgelöst wurde. Dennoch handelte es sich um die Entführer, die sich jetzt einer Prepaidkarte bedienten, wie sich später herausstellen sollte.

«Moser.»
«Frau bei uns. Luca Babic Thorberg sofort freilassen und ausreisen. Sonst Frau tot.»
«Das ist nicht so einfach.»
«Sehr einfach, sonst Frau morgen tot.»
«Ich will mit Claudia Lüthi sprechen, als Zeichen, dass sie lebt.»
«Luca Babic freilassen. Morgen.»
«Wie stellen Sie sich das vor?» Auf diese Frage bekam er keine Antwort mehr.

Bei Luca Babic handelte es sich um einen erst kürzlich wegen Drogenschmuggels zu einer langjährigen Freiheitsstrafe verurteilten Serben, der in der Strafanstalt Thorberg einsass. In welchem direkten oder indirekten Zusammenhang die geforderte Freilassung stand, galt es umgehend abzuklären.

Weil Moser wie versteinert auf seinem Stuhl sass und Tränen in den Augen hatte, wagte niemand zu sprechen. Die Ratlosigkeit war total und lähmend. Erst das Läuten von Binggelis Handy zerriss die Stille. Es war die Spezialabteilung der Swisscom mit der Mitteilung, dass der Anruf soeben vom Bahnhof Biel/Bienne aus getätigt wurde.

«Iutschiin, lass dir von den Bieler Kollegen sofort die Videoaufzeichnungen überspielen, die soeben um 12.33 Uhr aufgenommen wurden, vielleicht haben wir Glück. Nein, noch besser: Fahrt sofort hin, der Polizeiposten ist an der Spitalstrasse, ich informiere die Leute, ebenso die SBB.» Ritter hatte noch nicht fertig gesprochen, da verabschiedeten sich Binggeli und Kellerhals bereits.
«Elias, fahr du Frau Fivian nach Hause, mit dem besten Dank für ihre Hilfe.»
«Herr Ritter, wie können wir helfen?»
«Herr Ritter, Herr Ritter ... Aarti, von mir aus J. R., wie alle anderen auch, oder Joseph oder Joe, aber nicht Herr, der ist im Himmel. Aber um deine Frage zu beantworten: Ich bin gerade ein bisschen überfragt. Am besten, ihr kommt mit mir ins Büro, dann sehen wir weiter.»
«Und ich?»
«Stephan, geh du nach Hause, lass dein Handy hier, falls ein Anruf kommt. Nimm dieses Ersatzhandy hier, wir informieren dich, wenn wir Neuigkeiten haben.»
«J. R., das ist nun das Letzte, was ich im Moment brauchen kann: Ruhe. Ich muss wirken können, brauche Ablenkung.»
«Also, in diesem Fall: Hör den Anruf von heute Morgen ab, vorwärts und rückwärts. Die Stimme ist ja verfremdet, aber achte darauf, ob du irgendwelche Hintergrundgeräusche hörst, immerhin liegt zwischen Entführung und Anruf mehr als eine Stunde, möglicherweise haben die Typen von dort aus telefoniert, wo Claudia gefangen gehalten wird. Und wenn, dann ist ihr Aufenthaltsort innert eines 1-Stunden-Rayons ab Bahnhof Biel. Ich weiss: Spekulation. Trotzdem. Und noch etwas, Stephan ...»
«Was?»
«Wir müssen und werden Claudia bis morgen Abend finden.»
«Können wir das?»
«*Wir* allein vermutlich nicht, aber alle, die uns helfen werden, interkantonal, mit allem, was uns an Menschen und Maschinen zur Verfügung steht.»

Robinson. 85 Sophie, 32 Willi. (Dienstag, 9. Oktober)

Angesichts der Ereignisse konnte es nicht überraschen, dass die Ermittlungen sich für die nächsten 36 Stunden einzig auf die Befreiung von Claudia Lüthi konzentrieren würden. Christian Grossenbacher und Martin Schläpfer hatten Joseph Ritter «jede nur mögliche Unterstützung» zugesagt, auch personell. Dafür wurden mehrere Mitarbeitende aus anderen Dezernaten abgezogen und temporär dem Leiter des Dezernats Leib und Leben unterstellt. Ein Konferenzraum im Ringhof wurde geräumt und als Einsatzzentrale eingerichtet. Um 13 Uhr fand eine erste Informationssitzung der Sonderkommission Soko-Lü mit 12 Mitarbeitenden statt. Dabei ging es darum, alle Anwesenden über den bisherigen Stand der Ermittlungen zu orientieren. Stephan Moser bat nach den Ausführungen von Ritter um «Verstärkung», um die Tonaufnahmen optimal analysieren zu können. Zusammen mit zwei Kolleginnen der Fahndung verliess er den Raum.

Der schwarze Mercedes war bekanntlich in Richtung Stapfenstrasse davongefahren. Ritter hatte deshalb längst veranlasst, dass alle vorhandenen Aufnahmen öffentlicher Videokameras ab 8 Uhr kontrolliert werden, in der Hoffnung, damit die Richtung des Wagens verfolgen und bestimmte Regionen bei den Sucharbeiten ausschliessen zu können. Ritter war sich bewusst, dass dieses Vorhaben einem Ritt auf dem Vulkan gleichkam, aber die Zeit reichte nicht aus, um jeden Quadratmeter Schweizer Boden zu überprüfen. Ihm war auch klar, dass die Entführer das gestohlene Fahrzeug unterwegs möglicherweise getauscht hatten. Dennoch: Die Zeit drängte, zumal für Joseph Ritter feststand, dass die Staatsanwaltschaft Luca Babic unter keinen Umständen freilassen würde, obwohl Generalstaatsanwalt Max Knüsel die Entführte persönlich kannte. Der Staat durfte sich nicht erpressen lassen, aber dieser Umstand wurde nicht kommuniziert, um die Arbeit der Soko nicht zusätzlich zu belasten.

Einen ersten Fahndungserfolg gab es kurz danach: Die Polizei in Biel meldete den Fund des gesuchten Mercedes nahe dem Gelände der Tissot Arena in Biel. Aber nicht nur das: Eine Videokamera hatte um 8.41 Uhr aufgenommen, wie Claudia Lüthi, sich wehrend, in einen weissen Kastenwagen ohne Aufschriften gezwungen wurde, der direkt neben dem Mercedes parkiert war. Die Entführer hatten ihren Coup minutiös vorbereitet; denn im weissen Wagen sass kein Chauffeur, der Kastenwagen war also vor der Entführung auf dem Areal abgestellt worden.

Leider liess sich das Kontrollschild nicht entziffern, die Szenerie spielte sich sowieso nur am linken Bildrand der Aufnahme ab, man musste schon genau wissen, worum es da ging. Mit an Sicherheit grenzender Wahrscheinlichkeit handelte es sich bei zwei der drei Entführer um Oleksander Petrenko und um Willi Klopfenstein. Da sie im Gegensatz zum Fahrer keine Masken mehr trugen, waren sie gut zu erkennen. Die beiden stiegen – zusammen mit Claudia Lüthi – hinten in den Transporter ein, der unbekannte Dritte fuhr den Wagen weg, der gestohlene Mercedes blieb zurück. Vermutete Fahrtrichtung des Kastenwagens: Die A16, die sogenannte Transjurane, auf der man in relativ kurzer Zeit und ohne Kontrollen, den Doubs überquerend, nach Frankreich gelangen kann. Die Ortschaft Goumois nahe von Saignelégier – wo viele Schweizer sich im Restaurant Taillard gastronomisch verwöhnen lassen – ist mit ihrer Brücke über den Fluss ein klassisches Beispiel dafür, das wusste Ritter. Ritter informierte Stephan Moser und die beiden Kolleginnen, die daran waren, das Telefongespräch vom Vormittag zum x-ten Mal abzuhören.

«Stephan, könnt ihr mit der Aufnahme etwas anfangen?»
«Schwierig, J. R., es sind – fast nicht wahrnehmbar – Geräusche zu hören, die uns aber eher an das Comedy-Duo Flügzüg erinnern, mit ihren grossen Luftballons und dem ‹Wusch … wusch …› Keine Ahnung, was das ist.»
«Lass mal hören», was sofort der Fall war, aber auch Ritter konnte sich keinen Reim darauf machen. Er rief einen Spezialisten des KTD an mit der Bitte, einige Geräusche aus dem Gespräch herauszufiltern.

Ritter kehrte ins Sitzungszimmer zurück, noch immer das «Wusch … wusch …» im Kopf. In der Zwischenzeit wurde auch öffentlich nach Willi Klopfenstein und Oleksander Petrenko gefahndet, die Medienstelle hatte ein entsprechendes Communiqué gemailt. Anhand der Phantomzeichnung suchte man auch nach dem unbekannten Dritten, quasi dem «dritten Mann» in Anlehnung an den berühmten Schwarz-Weiss-Film. Zudem gab es ja noch diesen zweiten, in Belp ermordeten, unbekannten Dritten.

Die Polizeikorps der Nordwestschweiz standen in Alarmbereitschaft, weil wahrscheinlich, dass der weisse Kastenwagen in jener Gegend unterwegs war. Strassensperren hatten jedoch zu keinem Erfolg geführt.

«J. R. …»

«Ja, Aarti?»

«Wird die Gegend auch mit Helikoptern abgeflogen, mit Drohnen?»

«Ja, wir werden sogar von der Rega unterstützt, der Luftraum Biel-Doubs-Basel wird mit einigen Helis abgeflogen und überwacht. Auch mit Drohnen.»

In der Tat und auf der Homepage zu lesen: Die Suche nach vermissten, verletzten oder erkrankten Personen gehört seit jeher zu den Kernkompetenzen der Rega. Mit dem 2018 in Betrieb genommenen Multisensor-Suchsystem IR/EOS verfügt die Rega über ein zusätzliches Mittel für die Suche nach Menschen in Not. Vor einem Suchflug wird das System am und im Rega-Helikopter montiert und dann von einem speziell ausgebildeten Operator in der Kabine bedient. Das Hightech-System besteht aus einer hochsensitiven Wärmebildkamera, optischen Sensoren, einer Computer-Konsole in der Kabine sowie einem gekoppelten Suchscheinwerfer. Es ermöglicht sowohl bei Tag als auch in der Nacht grossflächige und effiziente Suchaktionen und damit eine möglichst rasche Rettung von Menschen in Not.

«*Wusch, wusch, wusch …*»

«Ja, Aarti, *wusch, wusch, wusch.*»

«J. R., ich war kürzlich mit Bekannten auf einem Hügel, mit vielen grossen Windrädern. Dort tönt es wie …» Sivilaringam konnte den Satz nicht fertigsprechen.

«Aarti! Das ist Mont Crosin, diese Windräder machen so einen Sound! Du bist genial!!»

Es dauerte keine Minute, bis die Einsatzzentrale das Suchgebiet der Drohnen und Helikopter auf die Umgebung von Cortébert eingrenzte, das am nächsten gelegene Dorf mit seinen Weilern. Alle Mitglieder der Soko glaubten jedoch nicht daran, dass die Entführer das Fahrzeug einer Einladung gleich gut sichtbar vor einem Gebäude abgestellt hatten.

Claudia Lüthi, die in einem dunklen Raum gefesselt gefangen gehalten wurde, hörte kurz danach Helikoptergeräusche, die im Laufe des Nachmittags nicht verstummen sollten. Wesentlich unwohler wurde ihr kurz danach, als sie drei Männerstimmen hörte, durch die Helis merklich nervös geworden. Teilweise wurde schlechtes Deutsch mit slawischem Akzent gesprochen, und vermutlich Russisch. Einer hatte eindeutig eine schweizerdeutsche Sprachbasis: Klopfenstein.

Der Vorschlag, mit «ihr» über Nacht wegzufahren und sie «jenseits der Grenze» an einen sicheren Ort zu bringen, wurde verworfen. Also einigte man sich, die Polizei mit einem neuerlichen Anruf zusätzlich unter Druck zu setzen. Weil das Gespräch unerklärlicherweise in einem Nebenraum geführt wurde, konnte Claudia Lüthi mithören. Und aus merkwürdigen Gründen liess der Anrufer, der sich eines elektronischen Stimmenverzerrers bediente – Stephan Moser bekam nur diese Blechversion zu hören –, den Lautsprecher eingeschaltet.

«Moser. Geben Sie mir Claudia Lüthi ans Telefon.»
«Plan geändert. Morgen 12 Uhr Babic frei oder Frau tot.»
«Wir können so schnell nicht handeln. Geben Sie uns einen Tag mehr Zeit.»
«Morgen 12 Uhr. Vorher wir Frau noch benutzen», worauf ein dreckiges, unmissverständliches Lachen folgte. Der Anrufer beendete den Dialog und schaltete das Handy aus, für eine sofortige Rückverfolgung war das Gespräch leider zu kurz.

Alle anwesenden Mitglieder der Soko hatten mitgehört und die Geräusche von Helikoptern im Hintergrund wahrgenommen, ein Beweis, dass die Polizei in der richtigen Region suchen liess. Nur drängte die Zeit mehr als je zuvor, über den Grund mochte niemand sprechen. Einzig ein leises «Die Type bring ig um …» von Stephan Moser glaubte der eine oder die andere zu hören. Auch darauf gab es keine Replik.

«In welcher Entfernung kann man Windkrafträder noch hören?», wollte Ritter wissen.
«400 Meter? Je nach Wind?», fragte jemand.
«Gibt es gegen diese Zahl etwas einzuwenden?», fragte Ritter, worauf kein Einspruch folgte.
«Dann versuchen wir etwas: Um die Entführer in Sicherheit zu wiegen, lassen wir die Helikopter in grosser Entfernung bis zum Eindunkeln fliegen, fast nicht mehr hörbar. Unmittelbar vor ihrem Rückflug zu ihren Aus-

Der BKW-Windpark beim Mont Crosin (Bild: BKW).

gangsbasen steigen einige Drohnen mit leisem Elektroantrieb und Nacht-sichtgeräten sowie Wärmebildkameras in die Luft, damit sich ihre Motorengeräusche mit jenen der Windkrafträder mischen. Nach einigen Minuten operieren wir nur noch mit den Drohnen. Ihre Geräusche werden im ‹Wusch, wusch, wusch› der Windräder kaum mehr zu hören sein. Wir lassen sie in einem Umkreis von 400 Metern um die Windräder kreisen.»

«Und dann suchen wir mit den Wärmebildkameras jene Gebäude oder Höfe ab, die nicht in Frage kommen, im Ausschlussverfahren?»

«Ja, Elias, übrig bleiben werden trotzdem verschiedene Möglichkeiten, wir müssen uns jedoch für ein Ziel entscheiden, weil wir sonst womöglich die Entführer auf uns aufmerksam machen. Ich lasse die Leute von Enzian* in einen Bereitstellungsraum aufbieten.»

«In Absprache mit den Kollegen aus dem Kanton Jura.»

«Nein, der Mont Crosin liegt im Kanton Bern», bekam Kläy leicht gereizt zu hören, sodass er keine Wortmeldung mehr hatte.

Die nächsten Stunden hatten sie nur ein Ziel, nämlich die Dämmerung ab-zuwarten. Gleichzeitig wuchs in einem leer stehenden, baufälligen Haus – wo auch der Transporter versteckt stand – die Gewissheit, dass man für die Nacht nichts mehr zu befürchten hatte, weil die Helikopter fast nicht mehr zu hören waren, wenn überhaupt. Claudia Lüthi konnte Gesprächsfetzen verfolgen, obwohl nicht im Nebenraum geführt, aus denen unschwer her-auszuhören war, dass die drei Verbrecher nicht immer gleicher Meinung waren. Auf einmal war nur noch die Stimme eines Einzelnen zu hören, der offenbar mit jemandem telefonierte. Claudia Lüthi war beinahe sicher, in russischer Sprache, weil sie einige Worte zu verstehen glaubte, «da», zum Beispiel, aber auch «Narkotiki» und «Politsija», einmal glaubte sie «Wlas-sow» zu hören. Sie begann zu überlegen, in welchem Zusammenhang ihre Entführung stand. Klar, es musste mit dem aktuellen Fall zu tun haben.

Mit einsetzender Dämmerung verstummten die Rotoren. Claudia Lüthi konnte das nicht nachvollziehen, schliesslich waren die Helis mit moderns-ten Geräten ausgerüstet, die Suchflüge auch in der Dunkelheit möglich machten. Und sie wusste: Würde die Staatsanwaltschaft Luca Babic nicht morgen früh freilassen, so … Aber darüber mochte sie gar nicht erst nach-denken, schon gar nicht über diese Bemerkung, die zum Schluss gemacht wurde. Nach einigen Minuten drang nur noch das «Wusch, wusch, wusch»

---

* Die Spezialeinheit Enzian ist eine auf besondere Einsätze spezialisierte Truppe der Kantonspolizei Bern.

in jene vier Wände, die möglicherweise ihren Tod bedeuten konnten. Die Stille führte zur Beruhigung der Täter. Einer von ihnen, maskiert, vermutlich der Russe, öffnete die Türe und brachte Claudia Lüthi Mineralwasser.

«Ich muss auf die Toilette.»
«Ist Zimmer gross genug!», sagte er unwirsch und schloss die Türe wieder hinter sich.
«Und meine Fesseln?» verhallte ungehört.

In Bern: Die Aufnahmen am Bahnhof Biel hatten am Nachmittag keine neuen Erkenntnisse ergeben, nicht zuletzt deshalb, «weil es sich beim Anrufer höchstwahrscheinlich um den unbekannten dritten Mann gehandelt haben dürfte, den wir bisher noch nicht identifizieren konnten», wie Binggeli sagte. Eugen Binggeli und Georges Kellerhals wurden nach ihrer Rückkehr von der Soko auf den neuesten Stand gebracht und halfen mit, die Drohneneinsätze zu koordinieren, von denen sechs Maschinen im Einsatz standen, welche die Bilder auf ebenso sechs Bildschirme auch nach Bern übermittelten, wo sechs Mitarbeitende sassen. Ritter sowie das Duo Binggeli/Kellerhals standen hinter diesen Kollegen. Georges Kellerhals hatte in den letzten Jahren einige Ausbildungskurse in Zusammenhang mit Nacht- und Wärmebildkameras absolviert, er wusste, wie es Bilder zu interpretieren galt. Die kleinen Fluggeräte wurden beim Aerodrome Courtelary von Enzian-Spezialisten gestartet und gesteuert. Die Soko stand in Kontakt mit dem Kommandanten, um ihm sofort die Koordinaten eines unmittelbar bevorstehenden Zugriffs mitzuteilen. Die erste Frage kam von Joseph Ritter:

«Schöre, wie lange können die Drohnen in der Luft bleiben?»
«Etwas mehr als eine halbe Stunde, wir haben also nicht viel Zeit.»

Die Entscheidungsgrundlage konnte man getrost als *lehrbuchmässig* bezeichnen. Die sechs Sitzenden beschrieben in knappen Worten die Übertragungen, damit Georges Kellerhals die grauschwarzen Aufnahmen in Worte für Joseph Ritter formulieren konnte. Ziemlich rasch wurden mehrere Bauernhöfe innerhalb des Perimeters als Unterschlupf ausgeschlossen. Nach ungefähr einer Viertelstunde blieben drei mögliche Verstecke übrig. Es folgte eine kurze Diskussion und die sorgfältige Analyse der Wärmebildaufnahmen. Einstimmig entschied man sich für ein Haus, dessen Zufahrt besser ausgebaut schien als bei den beiden anderen Objekten. Ritter rief darauf den Kommandanten von Enzian an.

«Bilbao cinque uno von Valencia cinque uno.»

«Valencia cinque uno von Bilbao cinque uno. Verstanden. Antworten.»

«Verstanden. Robinson. 85 Sophie, 32 Willi. Antworten.»

«Verstanden. Robinson. 85 Sophie, 32 Willi. Antworten.»

«Richtig. Terminator. Antworten.»

«Verstanden. Terminator. Antworten.»

«Richtig. Schluss.»

Aussenstehenden mochte dieser verschlüsselte Dialog spanisch vorkommen, im wahrsten Sinne des Wortes wegen der beiden Ortschaften … Des Rätsels Lösung: Joseph Ritter (Valencia 51) kontaktierte den Kommandanten von Enzian (Bilbao 51). Sie hatten zuvor mehrere Koordinationspunkte fix abgemacht (Robinson, Koala, Muratori und andere). Beim Anruf ging es also darum, dass es ab Fixpunkt Robinson galt, das Objekt 85 Meter südlich und 32 Meter westlich einzunehmen. Kennwort: Terminator.

Was in den Minuten danach passierte, erinnerte an die Kommandoaktion der US Navy SEALs beim Erstürmen des Hauses von Osama bin Laden: Alle Anwesenden der Soko standen vor drei Bildschirmen, auf denen dank Helmkameras der Zugriff zu sehen war, immer in der Hoffnung, man habe sich für das richtige Objekt entschieden. Niemand wagte es, etwas zu sagen. Sekunden wurden zu Minuten, Minuten zu Stunden.

Mit Blendgranaten wurde im Zielobjekt versucht, die Männer kampfunfähig zu machen, was anscheinend auch gelang, zwei lagen am Boden. Beim Öffnen einer Türe sah man Claudia Lüthi, gefesselt zwar, aber offenbar unverletzt.

Der Jubel in der Einsatzzentrale war grenzenlos, als der Enzian-Kommandant die Aktion Terminator für «beendet» erklärte. Erst Sekunden später erkannte man, dass die beiden am Boden Liegenden tot waren, nicht von der Polizei erschossen. Sie sollten sich als Willi Klopfenstein und Oleksander Petrenko herausstellen. Der weisse Kastenwagen wurde sichergestellt.

Joseph Ritter gratulierte der Enzian-Truppe im Namen der ganzen Soko. Es wurde abgemacht, dass einige Enzian-Leute Claudia Lüthi nach Bern bringen und andere die Liegenschaft bewachen würden, bis zum Eintreffen der Spezialisten vom KTD, auf der Suche nach DNA-Spuren, um primär den verschwundenen dritten Mann identifizieren zu können. Von ihm fehlte jede Spur, vermutlich war er bei der Erstürmung des Hauses gar nicht mehr anwesend. Der weisse Kastenwagen stand in der Scheune.

«Stephan, du bist ab sofort freigestellt.»

«J. R., weshalb denn das, was habe ich falsch gemacht?»

«Gar nichts, ich möchte, dass du dir jetzt Zeit für Claudia nimmst, zusammen mit dem Care-Team und unseren Psychologen. Zeit spielt dabei keine Rolle. Peter und Aarti werden einspringen, der Polizeikommandant hat bereits sein Einverständnis gegeben.»

«Danke, Chef.»

Nach einer kurzen Ansprache von Joseph Ritter mit dem Dank an alle Anwesenden löste sich die Soko auf und alle Verantwortlichen, die nicht anwesend waren – vom Generalstaatsanwalt bis zur Rechtsmedizin –, wurden über den Status quo informiert. Anschliessend besprachen die beiden Medienverantwortlichen mit dem Dezernatsleiter die anstehende Medienkonferenz vom nächsten Vormittag. Wollte heissen: Zumindest für diese drei Leute stand Nachtarbeit an.

Etwas mehr als eine Stunde später lagen sich Claudia Lüthi und Stephan Moser wortlos in den Armen, nur vom Applaus einiger Kollegen begleitet.

Es war Stephan Moser vor seiner Freistellung ein Anliegen, zumindest für seinen Chef die Ereignisse aus Berlin zu rekapitulieren, damit Ritter das weitere Vorgehen in Angriff nehmen konnte, zusammen mit Elias Brunner sowie den beiden vom Polizeikommandanten zur Verstärkung aufgebotenen Peter Kläy und Aarti Sivilaringam.

Claudia Lüthi und Stephan Moser hatten noch in Berlin Einzelheiten zum vermuteten Uhrenschmuggel erfahren. Wiederum betraf es die Fly4sure und wiederum fiel der Name Majkl Amanovic. Also lag es auf der Hand, dass Manuela Dimitriu und Majkl Amanovic nicht per Zufall im BMW in der Nähe des Tierheims in Belp sassen – und ermordet worden waren, zusammen mit dem noch immer nicht identifizierten Krutow.

Wim Snijder hatte sich schlaugemacht bei einem Kollegen im Bereich der

Wirtschaftskriminalität, auf diese Uhrenschiebereien spezialisiert. Seinen Ausführungen hatte auch Miray Özdemir aufmerksam zugehört. Die Uhren, die bei Manuela Dimitriu gefunden wurden, stammten ausnahmslos aus erstklassigen Fälscherwerkstätten, keine einzige hätte für unter 1000 Euro den Weg an ein helvetisches Handgelenk gefunden. Gute Rolex-Replikas waren in der Rapper-Szene gesucht, denn Sänger wie Kollegah oder Killer Mike trugen echte Rolex, goldene, die für Fans finanziell natürlich ausser Reichweite lagen. Also war man zumindest auf erstklassige Replikas aus, um nicht mit einer kläglichen 100-Franken-Imitation auf- und abzufallen.

Und es war wie zu vermuten: Made in China, anschliessend Lieferung nach Moskau, von dort via Russenmafia nach Berlin und Versand in die weite Welt, wobei das Belpmoos ein beliebter Umschlagplatz war, da dort die Einfuhrkontrollen eher grosszügig gehandhabt wurden.

Alle mit einer Schicht Silikon getäuscht (Mittwoch, 10. Oktober)

«Ich habe einen Vorschlag», sagte Stephan Moser am frühen Morgen des folgenden Tages nach einer schlaflosen Nacht in seiner Wohnung in Hinterkappelen zu seiner Partnerin, nachdem beide noch am Abend Besuch von einer Polizeipsychologin gehabt hatten, «praktisch niemand in der Öffentlichkeit ausser den Nachbarn kennt deine Identität. Um das weiterhin so zu halten – und weil ich freibekommen habe –, sollten wir für ein paar Tage verschwinden, inkognito.»

«Von mir aus, ich möchte einfach nicht in meine Wohnung zurück, für die nächsten Tage jedenfalls nicht. Kannst du mir ein paar Sachen holen?», antwortete Claudia Lüthi, «die Psychotante kommt ja um 10 Uhr wieder, dann geht es am besten», um sofort ein paar entschuldigende Worte nachzuschieben: «... Sorry, das mit der Psychotante war nicht nett, ich bin ja froh, kann ich auch mit ihr reden, obwohl wir beide selber einiges zum Thema Traumabewältigung gelernt haben.»

«Und das ist gut so. Wichtig ist, und das wissen wir beide, dass diese Gespräche sofort stattfinden, nicht erst in einer Woche.»

«Steff, du meinst, bevor sich das alles auf meiner geistigen Festplatte einbrennt?»

«Ganz genau. Und klar hole ich dir nachher ein paar Sachen. Soll ich jemandem sagen, dass er oder sie den Briefkasten leert?»

«Nein, das soll jemand vom Ringhof machen. Ich brauche kein Hausgeschwätz.»

Beide befanden sich noch auf jener Sitzgruppe im Wohnzimmer, auf der sie sich gestern Abend niedergelassen hatten, das Schlafzimmer blieb unbenutzt. Zwischendurch war Stephan aufgestanden, hatte Claudia in den Arm genommen, bevor sie weiter über das Geschehene sprachen.

«Und wohin soll es gehen?», erkundigte sich Claudia Lüthi.

«Elias hat doch kürzlich von einem Hotel im Tessin erzählt, wo er mit Regula war. Muss toll gewesen sein. Ich rufe ihn schnell an.»

«Nicht nötig. Hotel DellaValle in Brione sopra Minusio.»

«Hoppla ...»

«Ich habe nach seinen Schilderungen gegoogelt, sieht auch auf den Bildern sehr gut aus. Familienbetrieb.»

«Woran ich mich erinnere: Dieses Brione muss offenbar eine Art Enklave von Ostschweizern sein, die sich dort niedergelassen haben und die Ristoranti und Grotti führen. Tolle Lage des Ortes, man kann gut zu Fuss nach Locarno. Ich schaue subito, ob noch was frei ist. Siete d'accordo?»

«Certo, caro … subito», was ihr sogar ein Lächeln aufs Gesicht zauberte.

Auch andernorts war an Schlafen kaum zu denken: Zusammen mit Gabriela Künzi und Ursula Meister hatte Joseph Ritter die Medienkonferenz bis tief in die Nacht vorbereitet. Aufgrund des zu erwartenden Interesses musste und konnte kurzfristig der Konferenzsaal im nahe gelegenen Hotel Kreuz reserviert werden, der Beginn der Information wurde auf 10 Uhr angesetzt. Der Saal wurde erst wieder am frühen Nachmittag benötigt. Vermutlich hätte es in den Räumlichkeiten der Polizeikaserne am Waisenhausplatz sogar genügend Platz gehabt, die Kommunikatorinnen wollten jedoch auf Nummer sicher gehen, ja keis Gmoscht.

In Absprache mit allen am Fall beteiligten Personen und Stellen verzichtete man in gegenseitiger Übereinstimmung auf einen Grossaufmarsch für das Podium. Lediglich der Leiter von Enzian, Markus Tanner, Ursula Meister und Joseph Ritter standen als Auskunftspersonen zur Verfügung, andere Verantwortliche sassen mit wohlwollender Zurückhaltung im Publikum.

Pünktlich mit dem zehnfachen Schlag der Zytglogge, den man aus der Ferne natürlich nicht hören konnte, begrüsste Ursula Meister die Anwesenden und stellte die Herren Tanner sowie Ritter vor. Sie umriss danach den Verlauf der Medieninformation, samt Fragerunde zum Schluss.

Beide, Markus Tanner – der Kommandant Enzian ausgerüstet mit Drohnenaufnahmen, ohne das Zielobjekt jedoch genau zu definieren, weil man keinen Medientourismus in Gang setzen wollte – und Joseph Ritter, wechselten sich gegenseitig ab, beschrieben im Detail den Tagesablauf vom Vortag, Stunde für Stunde, bis zum bekannten Ende. Eine besondere Bedeutung wurde den Herren Klopfenstein und Petrenko als Mittätern und späteren Opfern beigemessen. Luca Babic, den man freizupressen versucht hatte, wurde ebenfalls erwähnt, jedoch nicht mit vollem Namen, im Ge-

Das Hotel DellaValle in Brione, Zufluchtsort von Claudia Lüthi und Stephan Moser.

gensatz zu Pjotr Wlassow. Auch die nach ihm eingeleitete internationale Fahndung wurde angesprochen, «weil wir in alle Richtungen ermitteln und wir uns gerne mit Herrn Wlassow unterhalten möchten, dessen kriminelle Vergangenheit enorm ist», wie sich Joseph Ritter ausdrückte. Einzig eine Entdeckung wurde den Medien vorenthalten. Es entwickelte sich nach den offiziellen Verlautbarungen eine lebhafte Fragerunde, abwechslungsweise von Markus Tanner und Joseph Ritter beantwortet.

«Matthias Berger, 20 Minuten. Aus wasserdichter Quelle weiss ich, dass im Team von Herrn Ritter ein Mitarbeiter freigestellt wurde. Was hat er sich im Fall der entführten Polizistin zu Schulden kommen lassen?»
«Herr Berger, Ihre berufliche Quelle stimmt, weniger jedoch Ihre persönlichen Folgerungen daraus. Der Beamte ist der Lebenspartner meiner Mitarbeiterin, die psychologisch betreut wird. Er wird ihr ebenfalls einige Tage zur Seite stehen, ich habe ihm *frei* gegeben, er ist nicht freigestellt.»
Darauf bekam der junge Mann umgehend die Lebensweisheit «Wer den Schaden hat, braucht für den Spott nicht zu sorgen» von seinen Berufskollegen zu hören, nicht unbedingt im Flüsterton.

«Viktor Remund, Regionaljournal SRF. Besteht zwischen der Causa Belp mit den drei Toten und der Entführung von gestern ein Zusammenhang?»
«Wir gehen davon aus, ja.»
«Anschlussfrage: Gibt es eine Verbindung zwischen dem verurteilten Straftäter in der Justizvollzugsanstalt Thorberg, diesem L. B., und dem Dreifachmord?»
«Nicht in diesem Sinn, nein. Wir sind jedoch überzeugt, dass ein Zusammenhang zwischen der Entführung und der Täterschaft in Belp besteht. L. B. wird nachgesagt, dass er vom Thorberg aus noch immer die eine oder andere Aktion ausserhalb der Gefängnismauern zu lenken vermag.»

Caroline Dusset, Der Bund. Wie geht es der entführten Beamtin?»
«Sie wird – wie vorhin kurz erklärt – psychologisch betreut. Sie wird deshalb die nächsten Tage nicht in der Region Bern verbringen.» Diese Information hatte Ritter kurz vor der Veranstaltung von Stephan Moser erhalten.

Matthias Berger: «Wo wird sie sich aufhalten?»
«Nächste Frage! Ja, bitte, Herr Haller vom Blick?»

«Wie ist es Ihnen schliesslich gelungen, die Beamtin ausfindig zu machen, Herr Tanner?»

«Diesen Blumenstrauss überlasse ich gerne dem Team Ritter, bitte J. R.»

«Herr Haller, ich denke, das darf ich in dieser Runde verraten: Wir haben zur Verstärkung des Teams, der Soko, gestern unter anderem eine junge Polizeibeamtin sozusagen frisch ab Polizeischule zur Unterstützung bekommen. Sie *allein* war es, die bei den Aufzeichnungen der Gespräche mit den Entführern die Geräusche der Windräder im Hintergrund korrekt zu deuten vermochte.»

«Ist sie hier?»

«Nein, und sie steht auch nicht zur Verfügung, das ist bereits mit ihr abgesprochen, der Medienrummel würde sie nach eigenen Angaben nur zunderobsi* bringen. Bitte unterlassen Sie also Recherchen. Danke für Ihr Verständnis», sagte Ritter, mit direktem Blick zu … Matthias Berger.

«Konrad Keller, Berner Zeitung. Ist der dritte Tote aus Belp inzwischen identifiziert? Die Medienstelle hat ja ein Foto veröffentlicht.»

«Wir haben einige vielversprechende Hinweise erhalten, denen wir zurzeit nachgehen», flunkerte Ritter ohne schlechtes Gewissen, «aber nein, wir haben bis jetzt noch kein Resultat.»

«Priska Ingold, ‹Schweiz aktuell›, Fernsehen SRF. Wurde der Vertriebsweg der Uhren, die bei Frau Dimitriu gefunden wurden, untersucht?»

«Wir wissen, über welche Kanäle sie in die Schweiz gekommen sind, aber noch nicht, wie sie hierzulande – oder wo auch immer – hätten abgesetzt werden sollen. Um die Ermittlungen nicht zu beeinträchtigen, möchte ich es bei dieser Auskunft bewenden lassen.»

«Robert Koch, Tages-Anzeiger. Sie sagten, die Kriminaltechnik habe die Liegenschaft, in der Ihre Kollegin gefangen gehalten wurde, auf Spuren untersucht. Haben Sie bereits Ergebnisse? Was ist mit dem dritten Mann?»

«Unsere Leute sind noch immer dort im Einsatz, über Nacht wurde das Gelände gesichert, seit heute 7 Uhr sind sie wieder am Werk. Dort steht auch der weisse Kastenwagen in einer Scheune. Um Ihre Frage zu beantworten: Bis jetzt nicht. In diesem Zusammenhang ist eine Anhaltung von Pjotr Wlassow deshalb zwingend.» Die Frage nach dem dritten Mann liess Ritter unter den Tisch fallen.

* Berndeutsch für «verwirren».

Mit dieser Feststellung beendete Ursula Meister mit auffälligem Blick auf ihre Uhr – nicht aus dem Hause Dimitriu – die Medienkonferenz, anschliessend standen die beiden Hauptprotagonisten für individuelle Auskünfte zur Verfügung.

Für 13 Uhr bat der Leiter des Dezernats Leib und Leben Elias Brunner, Peter Kläy, Aarti Sivilaringam, Veronika Schuler, Ursula Meister sowie Georges Kellerhals in sein Büro. Währenddessen standen Gabriela Künzi für die Medien und Eugen Binggeli vom KTD mit Kollegen im Berner Jura im Einsatz. Staatsanwalt Martin Schläpfer hatte sich abgemeldet. Ritter erklärte vorab, dass es überraschende Neuigkeiten gebe.

«J. R., das Allerwichtigste vorab», bemerkte Elias Brunner, «was hörst du von Claudia und von Stephan?»
«Beide lassen Euch alle herzlich grüssen. Und zu deiner Frage: Claudia geht es den Umständen entsprechend einigermassen, ‹gut› zu sagen wäre wohl übertrieben. Sie verreisen heute – sofern nicht bereits unterwegs – für einige Tage ins Tessin, nach Brione», worauf die Replik von Elias Brunner auf dem Fuss folgte.
«Darf ich raten?»
«Nein, darfst du nicht, Elias. Aber du kannst den Kollegen ruhig einige Infos geben …»

Elias Brunner und Regula Wälchli hatten – die Kiddies in Obhut von Regulas Eltern – vor einigen Wochen ein verlängertes Wochenende im Hotel DellaValle verbracht. Und geschwärmt. Weil offiziell ein Dreisternehotel, kam das Ehepaar Brunner-Wälchli nicht aus dem Staunen heraus. Auch der Swimmingpool mit grossartiger Aussicht auf den Lago Maggiore gehört zu den Superlativen. Das Zmorgebuffet gab es auf der Terrasse mit ebensolchem Blick in die Ferne. So konnte es nicht erstaunen, dass auf dem Parkplatz Autos mit Kennzeichen aus der ganzen Schweiz zu sehen waren.

Ritter komplettierte dieses Thema abschliessend, dass der verantwortliche Regierungsrat, der Sicherheitsdirektor des Kantons Bern, für eine Polizeipsychologin bereits einen mehrtägigen Aufenthalt im selben Hotel bewilligt habe, für anwesende Hotelgäste nicht als «konstruiert» nachvollziehbar. Er stehe mit Stephan in Kontakt und bitte die Anwesenden, selber nicht zu telefonieren, das sei der ausdrückliche Wunsch des Partners von Claudia Lüthi, die jetzt «das Erlebte zusammen mit der Psychologin aufarbeiten muss». Für diesen Wunsch gab es volles Verständnis, niemand dachte daran, dagegen zu verstossen. Joseph Ritter erhielt einzig den Auftrag, «unsere allerbesten Wünsche» zu übermitteln, «samt der Freude auf ein Wiedersehen».

Was Ritter an der Medienkonferenz bewusst nicht angesprochen hatte und worüber nicht alle im Büro bereits Bescheid wussten: Im weissen Transporter der Entführer hatte der KTD unter dem Fahrersitz eine täuschend echte Gesichtsmaske aus Gummi gefunden, als wäre sie in Eile ausgezogen und vergessen worden. Man erinnerte sich dabei unwillkürlich an den Film «Mission: Impossible», in dem eine zweifelhafte Claire sich mit ihrem ebenso dubiosen Ehemann Jim Phelps bespricht, als der vermeintliche Phelps sich eine verblüffend echt aussehende Gummimaske vom Kopf reisst. Darunter steckt Ethan Hunt, der Held des Films. Dank dieser List kommt er Claire auf die Schliche.

Früher waren diese Gesichtsmasken Filmprofis vorbehalten, heute sind sie für unter 1000 Franken zu haben. Diese Masken werden über den ganzen Kopf gezogen und reichen knapp bis zu den Schultern. Psychologen der Universität York haben nachgewiesen, dass die Silikonhüllen als solche heute fast nicht mehr auszumachen sind und daher für Sicherheitskräfte zum Problem werden könnten.

«In einem Fachmagazin haben Wissenschaftler bewiesen, wie leicht falsche Gesichter als echte durchgehen. Keiner von 60 Probanden erkannte auf Fotos, dass einige Bilder keine echten Gesichter zeigten», sagte Ritter.

Georges Kellerhals setzte noch einen obendrauf: 2015 hatte sich ein Unbekannter als den damaligen französischen Verteidigungsminister Jean-Yves Le Drian ausgegeben und sich mit Komplizen einen zweistelligen Millionenbetrag erschwindelt. Über Skype kontaktierte der falsche Minister rund 150 meist wohlhabende Zielpersonen und behauptete etwa, Lösegeld für entführte französische Staatsbürger zu sammeln. Drei glaubten den Schwindel und überwiesen über 60 Millionen Euro. Unglaublich, aber wahr.

«Und was hat das zu bedeuten?»

«Aarti, ich weiss das nicht. Klopfenstein und Petrenko waren deutlich zu sehen, der Fahrer maskiert. Gab es einen vierten Täter, den wir nicht bemerkt haben? Keine Ahnung. Ein Rätsel mehr. Visionieren wir also nochmals dieses Video vom parkierten Kastenwagen nahe der Tissot-Arena. Die Maske ist bereits beim DNA-Abgleich.»

«J. R., weshalb hast du bei der MK nichts davon gesagt?»

«Ursula, und das gilt jetzt auch für uns: Wir dürfen unsere Fälle nicht vom Hundertsten ins Tausendste ausufern lassen. Wir müssen fokussiert bleiben, das heisst auf den Dreifachmord fixiert. Ich sage es bewusst deplatziert, verzeiht mir das bitte, weil ich keinen passenden Ausdruck finde: Die Entführung von Claudia war ein Nebenschauplatz. Zuerst müssen wir in der Causa Belp weiterkommen. Vermutlich verzieht sich dann auch der Rauch rund um die Entführung. Einwände?»

Es gab keine.

Minuten später konzentrierte man sich auf die ursprüngliche Aufgabe, wenn auch in einem ungewohnten Rahmen, ohne Claudia Lüthi und Stephan Moser, die Bedrückung darüber spürbar, obwohl sich alle Mühe gaben, diese zu überspielen. Dass Peter Kläy und Aarti Sivilaringam beigezogen werden konnten, entpuppte sich nicht als Nachteil. Zwar wussten sie rund um den Dreifachmord mit den vielen Beteiligten nicht in jeder Einzelheit Bescheid, was jedoch dazu führte, dass sie Fragen stellten, die zum Teil bisher nicht zur Diskussion standen. Kläy beispielsweise wollte wissen, wie sehr der Flugplatz oder besser gesagt die Pläne «dieses Sommerhalders und vom Österreicher» bei den Ermittlungen eine Rolle spielten. Nach kurzer Diskussion kam man zur Einsicht: nicht wirklich zielführend. Spannend zwar, das Duell zwischen Kaiser und Sommerhalder, mehr aber nicht. Ihre Pläne hatten wohl nichts mit dem vermuteten Drogenschmuggel und mit der Uhrenschieberei zu tun, weshalb man diese Angaben von der Infowand entfernte, um sie dafür mit anderen zu ergänzen.

«Elias, Stephan und du haben doch diesen ehemaligen CEO getroffen, diesen …»

«Guggisberg. Aarti, Rolf Guggisberg.»

«Danke. Was hat der für eine Vorgeschichte, ausser dass er zum Weissen neigt, wie ich mitbekommen habe?»

«Weisst du Cleverle mehr als ich?», lachte Brunner, der nicht vergessen hatte, wer das «Wusch, wusch, wusch» identifiziert hatte.

«Nichts Griffiges, nein. Aber in der Polizeischule hatten wir einen Typen – einen der ganz Selbstsicheren-Truppe! –, der uns jeweils unüberhörbar erzählen musste, über was alles er Bescheid zu wissen glaubte.»

«Und wie das?», fragte Brunner.

«Vater ein bekannter Grossrat, der vor allem durch Wortmeldungen und Interpellationen auffällt. Der Apfel fällt bekannt nicht weit vom Stamm.»

Als Aarti den Namen des Grossrats nannte, setzte es ein wohltuendes, für die bedrückte Stimmung beinahe reinigendes Gelächter im Büro ab, das jedoch nur kurz dauerte, weil Ritter sofort wieder zur Infowand zurückfand. Sivilaringam berichtete davon, dass «Mister Big Noise», wie Aarti ihn betitelte, einmal über den «Belpmoos-Boss» samt dessen Namensnennung gelästert hatte, mit Sprüchen wie «Der weiss schon, wie sein Gehalt aufzubessern ist» oder «Angeblich wichtige Aufgaben erledigt er immer selber, ohne Anstandswauwau». Seine Art der wiederholten Handhabung von Persönlichkeitsrecht und übler Nachrede führten schliesslich dazu, dass Sohnemann in der Polizeischule zur Persona non grata erklärt wurde mit der Aufforderung, von sich aus die Ausbildung abzubrechen, was er auch tat, was seinen Vater wiederum ein Zetermordio der Sonderklasse aufführen liess, allerdings nur hinter den Kulissen, nicht via Medien. Er ahnte wohl, weshalb.

«Aarti, du meinst also …»

«J. R., ich meine gar nichts, bin kein Routinier, aber wo Rauch ist, da ist auch Feuer. Oder zumindest Glut, in die sich vielleicht zu blasen lohnt.»

«Bewilligt. Elias kennt Guggisberg schon, hört euch mal in seiner Entourage um, nehmt ihn euch dann zur Brust.»

«Pesche, wir beide verbeissen uns einmal in die letzten Lebenstage von Manuela Dimitriu, versuchen auch, Näheres über die letzte Bleibe von Majkl Amanovic zu erfahren. Leider tappen wir weiter im Dunkeln, was den dritten Mann in Belp und im Berner Jura betrifft», sagte Ritter.

«Und den vierten», ergänzte Kläy.

Diese Bemerkung kam der Aufforderung gleich, das Video aus Biel genauer zu visionieren. Die Ausgangslage: Der gestohlene schwarze Mercedes parkiert um 8.41 Uhr neben dem bereitstehenden, leeren weissen

Kastenwagen, dessen Kontrollschild nicht erkennbar ist. Die drei Entführer zerren eine sich wehrende Claudia Lüthi in den Kastenwagen, Klopfenstein und Petrenko steigen hinten ein, der Maskierte setzt sich ans Steuer, fährt weg. Die Szene spielt sich am Rand der Aufnahme ab, gibt keine genauen Aufschlüsse, weil das Auto sofort aus dem Bild fährt.

So weit, so ungut.

Erste Erkenntnisse: Mercedes mit zwei Insassen und Kastenwagen treffen gemeinsam um 7.03 Uhr am späteren Standort ein, ein maskierter Fahrer steigt vom Kastenwagen in den Mercedes, der nur eine Minute später nach Köniz losfährt. Die Entführung fand bekanntlich um plus/minus 8 Uhr statt, die Fahrstrecke nach Köniz dauert im Normalfall 45 Minuten, an diesem Tag waren keine Staus vermeldet, sodass der Mercedes ungefähr zehn Minuten vor der Tat am Adlerweg eintraf, mit Sicherheit in Sichtweite des Autos von Claudia Lüthi, das auf einem blau markierten Parkplatz stand, mit der amtlichen Bewilligung, dort auch länger parkieren zu können, weil die Fahrerin als Anwohnerin einen entsprechenden Ausweis der Gemeinde auf der Ablagefläche liegen hatte.

Wieso aber wussten die Entführer überhaupt Bescheid, nicht bloss über die vermutete Abfahrtszeit, sondern vor allem über die Person und Tätigkeit von Claudia Lüthi? Keiner hatte eine valable Erklärung. Und der ungeheuerliche Verdacht, den alle hatten, aber keiner auch nur ansatzweise auszusprechen vermochte: Bekamen die Verbrecher gar einen Tipp aus den Reihen der Polizei?

Die Szene, in der die Entführer Claudia Lüthi in den Kastenwagen stossen und zerren, wurde unzählige Male wiederholt, auch in Slow Motion mit besonderem Augenmerk auf den Fahrer und auf den Beifahrersitz. Und tatsächlich: Im Abschnitt bevor der Fahrer seinen Platz einnimmt – zu einem Zeitpunkt also, als sich niemand anderes in der Fahrerkabine befinden kann –, sahen die Ermittler Bewegungen, die den Verdacht nährten, dass sich eben doch jemand Viertes an Bord des Kleinlasters hätte aufhalten können, was auch die Silikonmaske erklären würde. Sinn schien die Sache trotzdem nicht zu ergeben. Gespannt wartete man deshalb auf das Resultat des DNA-Abgleichs.

«J. R., ganz nüchtern betrachtet: Krutow kann es nicht gewesen sein, ebenso Amanovic nicht. Was aber, wenn dieser Wlassow die Nummer drei ist und zusammen mit einer möglichen Nummer vier das Duo Klopfenstein/Petrenko erschiesst, um danach zu verschwinden?»

«Elias, ist mir soeben auch durch den Kopf ...»

«Stephan würde jetzt sagen: ‹great minds think alike›.»

«Jaja, wir ticken eben gleich. Ich werde ihn später anrufen und fragen, ob Claudia möglicherweise eine vierte Stimme ausmachen konnte, bisher sind wir ja nur von drei ausgegangen.»

«Womit wären die beiden denn entkommen? Autobewegungen hätte man doch bemerkt.»

«Aarti, das denke ich auch. Mögliche Erklärung: Wir alle waren auf den Zugriff konzentriert, hatten in den Augenblicken zuvor nicht mehr die Umgebung im Fokus. Heisst: Videoaufnahmen von gestern Abend nachschauen. Eine Fahndung läuft, die Grenzkontrollen nach Frankreich wurden verstärkt, auch entlang der grünen Grenzen, die Franzosen sind informiert. Hoffentlich bringt die DNA der Gesichtsmaske neue Erkenntnisse, ich halte euch auf dem Laufenden. Und jetzt, hopp, an die Arbeit, wie abgemacht!»

Nach dieser Bemerkung von Ritter schien die Verwunderung bei allen Anwesenden total, hatte der Dezernatsleiter eingangs bekanntlich News angekündigt.

«Keine Angst, liebe Leute, ich habe den Überblick nicht verloren. Hoffentlich ... *selbstverständlich* gibt es Neuigkeiten, vor allem aus der Rechtsmedizin und dem KTD. Veronika, du zuerst.»

Die Thurgauerin erklärte, dass sie seit dem letzten Zusammentreffen zwei wesentliche Fortschritte erzielen konnte, vor allem auf die «hervorragende Zusammenarbeit» mit dem KTD zurückzuführen. Als Erstes kam sie auf Manuela Dimitriu zu sprechen, die nur Stunden vor ihrem Tod Geschlechtsverkehr hatte, allerdings nicht mit ihrem Lebenspartner David Schaller, sondern mit Majkl Amanovic. Ihre Liaison ging also über das rein Geschäftliche – vermuteter Drogenschmuggel und Uhrenschieberei – hinaus. Einzig Joseph Ritter wusste um diesen Umstand, sah man vom KTD ab. Die anderen Anwesenden rieben sich die Augen. Noch bevor Ursula Meister eine Frage zum Thema aussprechen konnte, erhielt sie von der

Rechtsmedizinerin bereits Auskunft. Ritter und sie selber hätten darüber diskutiert, ob diese Erkenntnis für die Medienkonferenz wichtig sei, weshalb man schliesslich darüber nichts berichtete. Um weiteren Fragen zuvorzukommen, bat Veronika Schuler, die Kommunikationsspezialistin, vorerst keine weiteren Zwischenfragen zu stellen, weil gleich «einiges zusammenkommen wird», das es zu koordinieren gelte, zusammen mit allen Ermittlern und den Mediensprecherinnen.

«Weiter im Text: Unser dritter Toter, unser Krutow, heisst tatsächlich Krutow, Wassili Krutow aus Estland. Er ist aber praktisch überall unter dem Falschnamen Igor Petrow bekannt und registriert, weshalb man in der internationalen Datenbank nicht sofort fündig geworden ist. Fragt mich nicht, weshalb. Schluss aller Ends hat ein Kieferabgleich zum Erfolg geführt, wenn auch über Umwege. Die Kollegen aus Tallinn haben uns auch einen Lebenslauf von Krutow zukommen lassen. Grosse Überraschung, aber die überlasse ich Schöre Kellerhals», worauf sich der KTD-Spezialist einer ungeteilten Aufmerksamkeit sicher sein konnte.

«In der Tat: Aus seiner Vita geht hervor, dass Krutow alias Petrow sowohl Amanovic kannte, als auch … Pjotr Wlassow. Mit ihm sass er vor einigen Jahren eine Zeit lang in einem Gefängnis ein. Nur: Nicht vergessen! – Krutow wurde in Belp ermordet, ebenso wie Amanovic, er war also gestern weder an der Entführung von Claudia noch an der Ermordung von Petrenko und Klopfenstein beteiligt.»
«Schöre, gibt es einen Zusammenhang zwischen Krutow und Babic?»
«Nein, J. R., bis jetzt nicht. Aber es bleibt zu vermuten, dass Wlassow mit der ganzen Sache zu tun hat, zumal sich jemand erinnerte, seinen Namen gehört zu haben …»
«J. R., das waren Guggisberg, der CEO im Belpmoos, und Claudia.»
«Genau, danke, Elias.»

Manuela Dimitriu, Majkl Amanovic und Wassili Krutow tot in Belp, sie alle kannten sich, Amanovic und Dimitriu darüber hinaus. Täterschaft flüchtig. Willi Klopfenstein und Oleksander Petrenko als Entführer von Claudia Lüthi im Jura erschossen, beide mit Bezug zum vermuteten Drogenschmuggel von Schönefeld aus ins Belpmoos. Täterschaft – eine oder zwei Personen? – flüchtig.

Damit war der KTD mit seinem Latein noch nicht am Ende, denn die Herren hatten den letzten Aufenthaltsort von Majkl Amanovic in der Schweiz herausgefunden: Kloten, in der Nähe des Bahnhofs SBB. Gemeldet war er als «Unternehmer», was das auch immer heissen mochte, wie Krutow ebenfalls unter falscher Identität. Recherchen bei den Zürcher Kollegen hatten ergeben, dass Amanovic zuletzt zwischen Berlin und Zürich pendelte, was vermutlich damit zusammenhing, dass die Fly4sure nicht mehr ins Belpmoos flog.

Schlusspunkt der Enthüllungen um Majkl Amanovic: Im Auftrag der Berner hatten die Zürcher Kollegen des KTD die Wohnung des Ermordeten durchsucht, ein Studio mit gehöriger Unordnung, eher einer Absteige gleich. Was dort zum Vorschein kam, liess Georges Kellerhals schier in Verzückung ausbrechen, so kam es den Anwesenden jedenfalls vor, denn üblicherweise rapportierte Kellerhals ziemlich emotionslos, sehr sachlich.

Und in der Tat: Ein Handy lag herum, mit Prepaidkarte. Es handelte sich genau um jene Nummer, die Manuela Dimitriu regelmässig angerufen hatte. Und nicht nur sie. «Wassili» stand als Gesprächspartner auf dem Display ebenso zu lesen wie «PW», Pjotr Wlassow, «KS» – vermutet für Klopfenstein – und «PET», offensichtlich für Petrenko. Und noch eine Abkürzung sorgte für Aufsehen. Dass «LB» nur gespeichert war, Amanovic aber keinen Kontakt mit der Nummer hatte, liess vermuten, dass Amanovic auch Luca Babic kannte, jenen Straftäter, den man durch die Entführung von Claudia Lüthi freipressen wollte. Weil in einer Strafanstalt einsitzend, lag es auf der Hand, dass Babic nicht telefonieren konnte. Gar keinen Sinn ergab hingegen «SAG». Zwar lebte in Russland ein Serienmörder mit dem Namen Sergei Alexandrowitsch Golowkin, dieser wurde jedoch 1996 hingerichtet. Affaire à suivre.

Eine im Studio gut versteckte kleine Schachtel kündigte schon vom Gewicht her Interessantes an. Nach dem Entfernen des Deckels das grosse Staunen: insgesamt 27 Uhren Swiss made. So jedenfalls der Aufdruck auf dem Zifferblatt. Man musste kein Mathematiker sein, um eins und eins korrekt zusammenzählen zu können. Einen Hinweis auf Drogen gab es hingegen nicht, dafür am nächsten Tag ein allgemeines Staunen in der Runde.

Aufgrund der vielen Eindrücke beendete Ritter die Runde vorzeitig.

Staatsanwälte küsst man nicht (Mittwoch, 10. Oktober)

«Wohin hat sich die abwesende Staatsanwaltschaft eigentlich abgesetzt?»
«Elias, Martin Schläpfer hat sich einer familiären Angelegenheit wegen für heute und morgen entschuldigen lassen, es muss sich um eine Sache handeln, die nicht verschoben werden kann.»
«Hoffentlich nichts Schlimmes.»
«Nein, das denke ich nicht. Er hat mir jedenfalls angeboten, dass ich ihn jederzeit übers Handy erreichen kann, der Generalstaatsanwalt wäre allenfalls bereit, für ihn einzuspringen.»
«Knüsel und derart hilfsbereit?»
«Ja, Max ist seit seiner Beförderung zum Generalstaatsanwalt irgendwie zugänglicher geworden, das höre ich auch von anderer Seite.»

Was Ritter nicht verriet: Er hatte von Max Knüsel einiges mehr zur Person seines Nachfolgers erfahren, zu Martin Schläpfer, dem heutigen Staatsanwalt Bern-Mittelland. Was man allgemein über den 50-Jährigen wusste: wohnhaft seit Kurzem in Bremgarten bei Bern, unverheiratet seit vielen Jahren in einer Beziehung, keine Kinder. Schläpfer war jedoch auch ein begnadeter Gitarrist, spielte – unter einem Pseudonym – in einer Rockband und erwies sich in trauter Runde als glänzender Unterhalter, «der sogar Moser in Sachen Witze und Sprüche», so Knüsel, «etwas vormachen kann». Schläpfer besass zwei Oldtimers, einen Messerschmitt-Kabinenroller aus dem Jahr 1955 und ein Lancia Appia Coupé. Vor allem im Italo-Sportflitzer sah man den Staatsanwalt an schönen Sonntagen im Jura herumkurven, in den meisten Fällen allein. Ein solches Modell war auch auf dem Kinoplakat für den Film «La pazza gioia» zu sehen.

Und just das besagte Coupé stand an diesem Tag für eine bevorstehende Übernachtung auf einem Garagenparkplatz des Park Hotel Vitznau am Ufer des Vierwaldstättersees. Seit vielen Jahren hatte Martin Schläpfer Kontakt zu einer Juristin, mit der er zusammen in Bern studiert hatte. Zwar verlor man sich im Laufe der Jahre aus den Augen, jedoch nicht aus dem Sinn, mailte und telefonierte. Von Zeit zu Zeit flirteten die beiden, Valerie lebte unverheiratet ebenfalls in einer Partnerschaft in der Nähe von Zürich. Zweimal in den vergangenen Jahren wollte man sich für ein Weekend treffen, beide Male kam etwas dazwischen. Heute und morgen sollte es endlich klappen, zumindest der Staatsanwalt schien darüber so aufgeregt, dass er beim Parkieren beinahe Gas- und Bremspedal verwechselt hatte. «Tinu, gaaaaanz ruhig …», ging ihm durch den Kopf. Von Valerie wusste er, dass sie ungefähr eine halbe Stunde später anreisen würde.

Ohne über ein bestimmtes Thema, besser gesagt, ohne über eine gewisse Absicht – vor allem seitens Martin Schläpfer – zu reden, gab es von Valerie im Vorfeld des Treffens keine Opposition, als von einer Junior-Suite die Rede war. Nun ja, schliesslich waren es nicht mehr Teenager unter sich. Valerie hatte seit dem Studium einen Übernamen, «Tatzli». Und das kam so: An einem Nachmittag vor der Uni Bern wussten einige Herren der Schöpfung nichts Besseres zu tun, als den Schlüsselbund eines Kommilitonen einander zuzuwerfen, hoch in der Luft, damit ihn der Studi ja nicht erwischte. Sehr lustig. Es passierte, was passieren musste: Bei einem Fehlzuspiel landete der Schlüsselbund im Spalt eines Senklochs, noch zu sehen zwar, aber von Hand nicht zu erreichen. Hier kam Valerie ins Spiel, die es mit ihrer schlanken Hand schaffte, nach dem Schlüsselbund zu greifen und diesen dem rechtmässigen Eigentümer zurückzugeben, mit einem Kopfschütteln und einem gut wahrnehmbaren «Chindschöpf …» begleitet. Dank ihren schlanken Händen erhielt sie den besagten Übernamen. Martin Schläpfer hatte den Namen nie vergessen, für ihn war er zum Kosenamen mutiert.

«Guten Tag, ich habe reserviert, für Schläpfer, für eine Nacht», bekam die Rezeptionistin wenige Momente später zu hören.
«Ja, genau, Herr Schläpfer, eine Junior-Suite, wenn ich das richtig in Erinnerung habe.»
«Sie haben, Kompliment.»
«Ich habe Ihre Anmeldung bereits ausgefüllt, Sie brauchen nur noch zu unterschreiben, vorausgesetzt, alle Angaben stimmen.» Da dies der Fall war, fuhr die Rezeptionistin fort: «Sind Sie mit dem Auto hier?»
«Ja, ich habe bereits geparkt.»
«Sehr gut, dann überreiche ich Ihnen zwei Ausfahrkarten, auch für Ihre Begleitung, die offenbar später kommt, wie es scheint.»
«Sie könnten sich direkt beim Nachrichtendienst des Bundes bewerben. Oder bei der Kriminalpolizei …»
«Herr Schläpfer, Sie sind hier im Park Hotel Vitznau.»

Mit einem solchen Lancia Appia Coupé traf Staatsanwalt Martin Schläpfer in Vitznau ein.

Mit diesen Worten und einem Lächeln im Gesicht überreichte Madeleine Gammenthaler dem Gast einige Prospekte mit weitergehenden Angaben zum Hotel, verbunden mit der Frage, ob sie einen Zweiertisch in einem der beiden Restaurants – dem «Focus» oder dem «Prisma» – zum Nachtessen reservieren solle, was Schläpfer bejahte, mit dem Wunsch nach «einem schönen Tisch», worauf sich Frau Gammenthaler wiederholte: «Herr Schläpfer, Sie sollen sich im Park Hotel Vitznau wohlfühlen, wir haben ausschliesslich schöne Tische.» Ob dieser Aussage kam Schläpfer ins Stottern, packte wortlos – aber mit einem anerkennenden Nicken – seinen Rollkoffer und marschierte in Richtung Zimmer, als ihm genau in diesem Moment Valerie entgegenkam. Bei ihrem Anblick schaltete Schläpfer in den Teenager-Modus, wusste gar nicht, was sagen. Nicht erstaunlich: Valerie sah schlicht umwerfend aus, dazu noch mit einem strahlenden und beinahe erwartungsvollen Lächeln. Die drei Bisous links und rechts, verbunden mit dem «Endlich klappt es» zogen ihm fast den Boden unter den Füssen weg.

«Ich hoffe, ich bin nicht zu früh …»
«Tatzli», sie hörte ihren Namen aus den Studienzeiten, was sie schmunzeln liess, «sicher nicht. Ich habe bereits eingecheckt», er vermied es, «uns eingecheckt» zu sagen, «chasch grad mitcho.»

Nein. Martin Schläpfer hatte nicht vor, gleich mit der Türe ins Haus zu fallen und das Treffen schon innert weniger Minuten zum Desaster werden zu lassen, sodass er ganz auf Gentleman wechselte und vorschlug, nach dem Bezug des Zimmers zuerst einmal das grossartige Hotel zu besichtigen. Eventuell könnte man vor dem Znacht und einem Apéro noch die Poolanlage samt Eisgrotte oder Whirlpool benutzen.

Hundertjährige Mauern umschliessen ein Innenleben, das einladender nicht sein könnte – so präsentiert sich das Park Hotel Vitznau nach umfangreicher Renovation. Diese erfolgte ganz nach dem Motto «Vergangenheit erhalten, Zukunft gestalten». Im prachtvollen historischen Bau integriert sich modernste Technologie in die elegante, luxuriöse Ausstattung, vereint sich nostalgischer Charme in Perfektion mit Annehmlichkeiten, die einem visionären Konzept entsprungen sind. Geprägt ist das funkelnde Juwel von den drei Themenwelten Wine & Dine, Art & Culture und Health & Wealth.

Einige Stunden später sassen die beiden – durfte man von «Turteltauben» sprechen? – an einem Tisch im Restaurant Prisma. Der Staatsanwalt wusste noch immer nicht, wie ihm mit seinem Vis-à-vis geschah, vor allem das einteilige Badekleid, das Valerie im Pool getragen hatte, ging ihm nicht mehr aus dem Kopf. Dass sie ihm dabei eindeutig neckische Blicke zugeworfen hatte, sorgte für das Übrige. Und fast unglaublich: Irgendwie hatte man es nach dem Benutzen der Poolanlagen fertiggebracht, sich in der Junior-Suite für den Abend zurechtzumachen, ohne dass man sich körperlich nähergekommen war. Was Martin Schläpfer nicht wissen konnte, weil Valerie es ihm verschwieg: Auch ihr war klar, dass keiner von ihnen beiden auf einer Couch übernachten würde, dafür war die Zeit zu kurz.

Der Berner trug ziemlich traditionell einen klassischen Anzug, während Valerie mit knallengen Jeans und einem schwarzen Top zu Tische sass. Ihre blonden Haare hatte die 50-Jährige neckisch zu einem Pferdeschwanz zusammengebunden. Während ihres gesamten Aufenthaltes kamen ihre Partnerschaften nicht zur Sprache.

«Hat lange gedauert, unser Date, umso schöner ist es, jetzt hier zu sein ...», prostete Valerie ihrem Gegenüber zu, ein Glas mit portugiesischem Pera Manca in der Hand. Noblesse oblige, zudem hatten die beiden abgemacht, dass Martin Schläpfer die Hotelkosten, Valerie das Nachtessen übernimmt. Der Mehrgänger kam einem kulinarischen Gedicht gleich, europäische Küche mit fernöstlichen Zutaten und Zubereitungsarten ergänzt.
«Stimmt, aber die Vorfreude auf ein Zusammensein mit dir war immer die grösste Freude für mich», prostete Schläpfer retour.
«Weisst du, was ich mich frage, Tinu?»
«Säg mers.»
«Was aus uns beiden wohl geworden wäre, hätten wir unser Techtelmechtel nach dem Studium weitergeführt.»
«Tatzli, du bist nicht die Einzige, die darüber nachdenkt ...»
«Enfin, c'est comme ça. Vermutlich würden wir unter anderen Umständen auch nicht hier sitzen. Ich geniesse es.»
«Und ich erst ... Machen wir nach dem Znacht noch einen Spaziergang?»
«Und morgen auf die Rigi? Wie Touris? Nein, ich möchte unser Zimmer noch geniessen. Du nicht?»
«Valerie, you make my dreams come true.» Mehr vermochte Schläpfer nicht zu sagen.

Im Zimmer kam es zu einer ersten zärtlichen Berührung, besser gesagt auf dem Balkon der Junior-Suite mit Blick auf den See, auf dessen Oberfläche sich der Vollmond spiegelte. Valerie stand beim Geländer, Schläpfer hinter ihr, mit Körperkontakt. Er berührte ihre Schultern und drehte seine Begleiterin zu sich um, nahm ihren Kopf in seine Hände, streichelte über ihr Gesicht und ihre Haare.

«So schön», sagte sie und legte ihre Arme wortlos um jenen Mann, der in dieser Nacht ihr Liebhaber werden sollte.

«Lass mir einige Minuten Zeit, ich gehe ins Bad mich frisch machen», sagte sie und löste die Umklammerung ihrer Arme, um ins Zimmer zu gehen, mit einem Blick zurück zu Martin Schläpfer und dem Versprechen, «sofort» zurückzukommen.

Der Berner schaute ihr nach, als im Bad kurz das Licht zu sehen war, bis zum Moment, als die Türe wieder geschlossen wurde. Er blieb auf dem Balkon, schaute einfach in die Ferne, bis er bemerkte, dass für einen kurzen Augenblick wieder ein Lichtstrahl das Zimmer erhellte. Er drehte sich um. Im Gegenlicht, welches das Zimmer schwach beleuchtete, sah er eine weibliche Gestalt auf sich zukommen. Valerie hatte ein schwarzes Négligé angezogen ebenso High Heels, ihre blonden Haare trug sie offen. Atemberaubend, in Worten nicht zu beschreiben. Sie näherte sich ihm auf den Balkon, als liefe sie über einen Laufsteg, und umarmte Martin Schläpfer. «Ich habe Lust auf dich», flüsterte sie ihm ins Ohr. Worte, die er seit vielen Jahren nicht mehr gehört und so sehr vermisst hatte.

Anschliessend missachtete Valerie eine Regel, nämlich jene, dass man Staatsanwälte nicht küssen darf.*

---

* Aus dem Film «Legal Eagles» – deutscher Titel: «Staatsanwälte küsst man nicht» – mit Robert Redford, Debra Winger und Daryl Hannah.

Sacha Anatoli Golubew (Donnerstag, 11. Oktober)

«Was hört man denn so aus dem Ringhof?», wollte Claudia Lüthi von ihrem Partner wissen, als die beiden am späten Donnerstagmorgen im Aussenbereich eines Ristorante auf der Piazza Grande bei zwei Espressi sassen.

«Lovelove, sie ermitteln», schmunzelte er zurück, «im Ernst, sie lassen dich grüssen. Der Chef hatte nur eine Frage.»

«Und die wäre?»

«Sie schliessen plötzlich die Möglichkeit nicht aus, dass es vier Männer waren. Wäre dir eine vierte Stimme aufgefallen?», sodass Claudia Lüthi einige Augenblicke überlegen musste.

«Eine vierte Stimme? Nein, das kann ich ausschliessen …»

«Also werde ich das den Kollegen sagen.»

«Moment, ich war noch nicht ganz fertig. Eine vierte Stimme habe ich zwar nicht gehört, aber nach den beiden dumpfen, kaum hörbaren Schüssen, als gleichzeitig offenbar zwei Körper zu Boden fielen, gab es Geräusche, die durchaus auf zwei verbleibende Personen hinweisen könnten. Ja, jetzt, da du mich fragst, werde ich unsicher. Etwas anderes: Es gab keinen Motorenlärm, die beiden verliessen das Haus mit Sicherheit zu Fuss. Hat man Spürhunde eingesetzt?» Darauf wusste Moser keine Antwort.

Minuten später, nach einem Anruf in den Ringhof, herrschte Klarheit. Tatsächlich hatten Hunde die Fährte bis zu einem Feldweg verfolgt, wo sich die Spur jedoch verlor. Aufnahmen einer Drohne vor dem Entscheid zum Zugriff zeigten einen abgestellten Kleinwagen, der gestern Abend in der Nähe des Bahnhofs Biel aufgefunden wurde, bereits im KTD zur näheren Untersuchung. Auch dieses Fahrzeug war gestohlen worden. Mit anderen Worten: Nummer drei und die mögliche Nummer vier hatten es geschafft, sich abzusetzen. Die Polizei suchte nun gezielt – wenn auch noch ohne handfeste Beweise – nach dem vermuteten Pjotr Wlassow und einem bislang unbekannten Mittäter, dies auch mit Überwachungskameras in Bahnhöfen und den drei grossen Schweizer Flughäfen, wobei jener in Basel bekanntlich nicht auf Schweizer Boden liegt. In den nächsten Minuten, so Ritter, erwarte man neue Erkenntnisse zur Gesichtsmaske.

Es gab jedoch nicht bloss über Nullnummern aus Bern zu berichten.

Elias Brunner und Aarti Sivilaringam hatten gestern und heute Morgen sozusagen als Spürhunde ihre eigenen Fährten in Richtung Rolf Guggisberg aufgenommen, mit Recherchen zu seiner Person und zum Schluss mit einem Treffen, das Guggisberg sichtlich unangenehm war, unter Kollegen übrigens «Güggu» genannt. Bei einer früheren Gelegenheit fiel bekanntlich der Name von Christoph Graf, Chef der Mountainflyers mit sieben eigenen Helikoptern im Belpmoos. Die beiden Ermittler suchten ihn als Erstes auf, dieses Mal nach Voranmeldung, weil Graf mehr Zeit in der Luft als am Boden verbrachte. Elias Brunner erklärte ihm, dass es bei diesem Gespräch lediglich darum gehe, Näheres über die Person Rolf Guggisberg in Erfahrung zu bringen, es werde deshalb auch kein Protokoll geben. Christoph Graf erkundigte sich sofort nach dem Stand der Ermittlungen, wobei das Duo Brunner/Sivilaringam keine Auskunft geben konnte respektive durfte, was über die Berichterstattungen in den Medien hinausging.

Christoph Graf war kein Mann der grossen Worte, er bevorzugte Taten, weshalb es eine ganze Weile dauerte, bis er konkret auf den ehemaligen Belpmoos-Chef zu sprechen kam, wobei der Heli-Boss auch jetzt mit Äusserungen sehr zurückhaltend war.

«Logisch, dass wir viel miteinander zu tun hatten, wobei es nie persönlich wurde, das heisst, die Gespräche waren immer auf unsere Betriebe fokussiert. Meistens technische Absprachen.»

«Was ist an Aussagen dran, dass er betuchte Clientèle selber abfertigte?»
«Frau Siv…»
«Sivilaringam, aber Aarti reicht vollkommen, mein Familienname stammt ursprünglich ja nicht aus dem Emmental.»
«Obwohl Sie perfekt Bärndütsch sprechen.»
«Ich bin hier geboren. Zurück zu meiner Frage.»
«Das kann ich nicht abschliessend beurteilen. Auch wenn es zutreffen sollte: Diese bestimmte Clientèle, wie Sie sagen, erwartet meistens den VIP-Service an Ort und Stelle. Will heissen: den Chef persönlich, am liebsten direkt auf dem Flugfeld.»
«Hat er tatsächlich seine Stelle wegen des Groundings der Fly4sure verloren?»

«Herr Brunner, das hat sicher eine grosse Rolle gespielt.»
«Und die weniger grosse Rolle?», hakte Brunner nach.

Graf fühlte sich plötzlich in die Defensive gedrängt, etwas, was ihm überhaupt nicht behagte. Er sprach davon, dass Guggisberg in letzter Zeit zerstreut und ausgebrannt gewirkt habe, als ob er anderes im Kopf habe als die Aufgaben rund um den Flughafen. Die beiden Ermittler schauten sich nach dieser Ansage unauffällig an. Graf erinnerte sich an den einen oder anderen Vorfall. Die Zwischenfälle warfen in der Tat kein gutes Licht auf den ehemaligen CEO: Daten verwechselt, Besprechungstermin vergessen, die eigenen Mitarbeitenden lautstark kritisiert. Mehr könne er nicht sagen, er gab ihnen indes den Namen eines Mitarbeitenden an, der sicher mehr sagen könne, seines Wissens finde man den Mann im Moment im Hauptgebäude. Graf bat darum, dem Flugplatz-Angestellten nicht zu sagen, woher sie seinen Namen hatten, was Elias Brunner ihm versprach. Nach der Verabschiedung marschierten die Kriminalisten die wenigen Meter ins Hauptgebäude, wo ausser einem gelangweilt herumsitzenden Mitarbeiter beim Check-in niemand zu sehen war.

«Guten Tag, wo finden wir Herrn Brülisauer?»
«Wer will das wissen?», kam es schroff retour.
«Entschuldigung, wie unhöflich, uns nicht vorzustellen», sagte Brunner in einem leicht zynischen Ton. «Brunner von der Kantonspolizei Bern, das ist meine Kollegin Aarti.» Brülisauer prüfte darauf die beiden Ausweise genau.
«Und was wollen Sie vom Brülisauer?»
«Das würden wir ihn gerne selber fragen.»
«Fragen Sie.»
«Ich will nicht unhöflich sein, darf ich einen Ausweis sehen?» Sekunden später hielt Brunner den Führerausweis von Sven Brülisauer in der Hand.
«Herr Brülisauer, wir ermitteln in Zusammenhang mit einem bestimmten Ereignis …»
«Dem Dreifachmord in Belp, die Entführung einer Ihrer Beamtinnen.»
«Wie gesagt, im Umfeld eines bestimmten Ereignisses. Was können Sie uns zu Rolf Guggisberg sagen, wie haben Sie ihn erlebt?»

Es folgte ein kleiner Vulkanausbruch, der keine andere Interpretation zuliess, als dass Sven Brülisauer nicht wirklich gut auf den ehemaligen CEO zu sprechen war. Es stellte sich heraus, dass Brülisauer von Guggisberg wenige Tage vor dessen eigener Entlassung fristlos freigestellt worden war. Der Grund: Er hatte gesehen, wie so «ein stinkreicher Russe» nach der Landung seines Privatflugzeuges Guggisberg ein kleines Paket überreicht hatte, das Guggisberg unauffällig unter seinem Mantel zu verstecken versucht habe. Dummerweise sei es aber zu Boden gefallen. Im zweiten Anlauf sass es dann dort, wo von Anfang an vorgesehen. Weil er sowieso zu einer anderen Maschine auf dem Flugfeld musste, sei Brülisauer losmarschiert. Als er den Weg des CEO kreuzte, habe er Guggisberg in die Augen geschaut und «Kleine Geschenke erhalten die Freundschaft, nicht wahr?» gesagt. Am nächsten Tag sei er zu Guggisberg ins Büro zitiert und in einer Art und Weise zusammengestaucht worden, wie sie nicht einmal «in drittklassigen Krimis» vorkommt. Guggisberg habe ihm 30 Minuten Zeit gegeben, um sein Pult im Dispatching-Bereich zu räumen und die Schlüssel abzugeben.

«Spannend, was Bern zu erzählen hat, ohne uns beide», sagte Claudia Lüthi, «und was noch?»
«J. R. und Pesche haben David Schaller auseinandergenommen.»

Stephan Moser hatte von Ritter auch die Erkenntnisse aus der Rechtsmedizin rund um Wassili Krutow, Manuela Dimitriu und Majkl Amanovic erfahren, die er mit seiner Partnerin teilte. David Schaller gab schliesslich zu, von den krummen Geschäften seiner Freundin mit den gefälschten Uhren gewusst zu haben, ein Verhältnis mit Majkl Amanovic schloss er hingegen kategorisch aus. Auch dass Manuela Dimitriu mit Drogen gehandelt haben soll, hatte er vehement bestritten. Ein Alibi für die Tatnacht hatte Schaller nicht, er erzählte, dass er die ganze Zeit auf Manuela gewartet und zur Ablenkung gearbeitet habe, man könne ja seine Mails checken, die er in der Nacht geschrieben habe.

Ritter berichtete weiter davon, dass Schaller die Beherrschung verloren habe, als er ihm den Befund von Veronika Schuler mitteilte, wegen der Intimitäten zwischen Dimitriu und Amanovic.

Als Schaller klar wurde, dass seine Partnerin tatsächlich ein Verhältnis mit dem ebenfalls Ermordeten gehabt hatte, rannte er zu ihrem Kleiderschrank und begann alles von den Bügeln zu reissen und das gemeinsame Schlafzimmer zu demolieren. Nur mit Mühe konnten Kläy und Ritter Schlimmeres verhindern. Schaller, der also kein Alibi für die Tatnacht hatte, wurden die Hände auf dem Rücken festgebunden. Wenig später traf der Notarzt an der Gesellschaftsstrasse ein, um Schaller eine Beruhigungsspritze zu verpassen und ihn danach mit der Sanitätspolizei für eine Nacht zur stationären Beobachtung in die Waldau fahren zu lassen, dem Universitären Psychiatrischen Dienst, wo vor 100 Jahren auch Adolf Wölfli als Langzeitpatient eingesessen hatte, einer der bekanntesten bildenden Künstler und Schriftsteller des Kantons Bern. Somit war das Tessiner Duo bestens aufdatiert.

«Und dann hat J. R. noch von Erkenntnissen in Sachen Amanovic berichtet», sagte Moser und erzählte Claudia Lüthi von den Uhren und dem Handy. Auch davon, dass man mit einer Abkürzung nichts anfangen kann, SAG.»

«Moment, Moment, SAG, sagst du?»

«Ja, was ist damit?»

«Erinnerst du dich an den Zettel, den ich in Berlin gefunden habe?»

«Ja, sicher.»

«Da konnte man mit viel Fantasie 5AG oder SAG entziffern.»

«Und was schliesst du daraus? 5 Aargauer kommen ja kaum in Frage.»

«Dass die Kollegen zu Bern mal in ihren Registern wühlen können, auf der Suche nach diesem SAG, am besten zusammen mit Berlin.»

«Hoppla! Wieder voll im Element, Lovelove.»

«Ablenkung hilft. Und sicher auch diese Zeit im Tessin.»

Als Nächstes stand ein Gespräch mit der Polizeipsychologin auf dem Programm, dies in einem Besprechungszimmer des Hotels DellaValle, das der Besitzer für sie reserviert hatte, ohne einen genaueren Grund des Treffens zu erfahren.

Einige Stunden zuvor in Vitznau.

«Ehrlich gesagt, so wenig wie diese Nacht habe ich in letzter Zeit selten geschlafen», flüsterte Valerie dem Staatsanwalt ins Ohr, «aber schön war es, ich fühle mich so richtig relaxed.»

«Tatzli, ich würde jedes Wort unterschreiben. Wie spät ist es eigentlich?», fragte er, um sich nach einem Blick auf seine Uhr neben dem Bett gleich selber die Antwort zu geben: «halbi Achti».

«Bis wann kann man frühstücken?»

«Bis 10 Uhr …», bekam Valerie zu hören.

Um 9.15 Uhr standen die beiden Anwälte vor dem überwältigenden Buffet, das keine Wünsche offenliess, höchstens Ratlosigkeit, was man denn alles auf den Teller legen sollte. Kaum sassen sie mit ihren Tellern wieder am Platz, meldete sich das Handy des Staatsanwalts, der nur kurz auf das Display schaute, um Valerie mitzuteilen, dass es «Bern», sei, er im Moment jetzt aber Interessanteres zu tun habe, als mit Ritter zu telefonieren, er werde das nach dem Morgenessen nachholen, «nume nid gschprängt*».

«Tinu, logisch, dass ich eure beiden Fälle genau verfolge, die Morde in Belp, die Entführung dieser Polizistin. Kannst du mehr sagen, als aus den Medien zu vernehmen ist?»

«Im Moment nicht, aber ich vermute, dass Ritter mir das eine oder andere mitteilen will. Vielleicht später. Val, und ihr, in eurer Kanzlei, interessante Fälle?»

«Herr Staatsanwalt, jeder Fall ist interessant, weil man bis zum Schluss einiges hinter den Kulissen erfahren hat, was zu Beginn – aus welchen Gründen auch immer – nicht offen auf den Tisch gelegt wurde.»

«Zum Beispiel?»

«Zum Beispiel dieser Fall aus der Region Zürich, du hast bestimmt davon gelesen, dass eine Frau in einem Indizienprozess zu einer lebenslangen Zuchthausstrafe verurteilt worden ist, weil sie angeblich ihren Mann umgebracht habe. Sie hat die Tat immer bestritten, sich nie widersprochen. Sie strebt einen Revisionsprozess an, ich vertrete sie.»

«Valerie, das erinnert mich stark an einen Fall im Kanton Bern, ist allerdings schon lange her …»

«Den Mord in Kehrsatz, nicht wahr?»

«Genau. Du bist gut aufdatiert.»

«Wir streben einen Revisionsprozess an wie im Kanton Bern, weil auch im aktuellen Fall einiges nicht zusammenpasst, bei den Ermittlungen und bei Zeugenaussagen. Wird ein langer Weg.»

Als «Mord in Kehrsatz» wurde einer der aufsehenerregendsten Fälle der Schweizer Strafjustiz-Geschichte bekannt. Dabei ging es um den Mord an einer 24-jährigen Frau, die höchstwahrscheinlich am 26. oder 27. Juli 1985

* Berndeutsch für «Alles schön der Reihe nach».

getötet und in der Tiefkühltruhe ihres Hauses in Kehrsatz im Kanton Bern deponiert wurde. Ihr Mann, der damals 27-jährige B. Z., wurde verhaftet und nach einem von vielen Seiten als einseitig empfundenen Prozess 1987 zu einer lebenslänglichen Zuchthausstrafe verurteilt, aber in einem Revisionsverfahren mit grossem medialen Interesse 1993 freigesprochen. Der Mord ist bis heute ungeklärt. Der Justizfall hatte direkte Auswirkungen auf die Berner Strafprozessordnung.

«Tinu, jetzt eine Frage an dich, wegen deines aktuellen Falls.»

«Ich bitte darum.»

«Irrtum vorbehalten, spielt Berlin eine Rolle?»

«Gut informiert.»

«Gehört dazu», schmunzelte Valerie, während ihre rechte Hand auf dem Tisch nach seiner suchte, derweil er eine feine Berührung an seinem Schienbein verspürte, «ist euch bekannt, dass ein gewisser Sacha Anatoli Golubew eine grosse Nummer ist, wenn es um Illegales geht?»

«Ich glaube nicht, dass ich diesen Namen schon gehört habe, aber ich werde den Dezernatsleiter fragen. Wie kommst du darauf?»

«Bei einem Besuch unserer Kanzlei in Berlin habe ich dort einen bekannten Strafverteidiger kennengelernt, der regelmässig Randgruppen oder dubiose Typen vertritt – und das mit beachtlichem Erfolg, der Name Golubew fiel einige Male.»

«Du meinst, der Anwalt ist eine Art Berliner Valentin Landmann?»

«Du kombinierst aber auch nicht schlecht.»

«Gehört dazu, um dich zu zitieren. Danke für den Tipp, gebe ich gerne weiter.» In diesem Augenblick meldete sich auch das Handy von Valerie. Ähnliche Antwort wie vorhin: «Zuerst das Wichtige, dann erst das Dringende.»

Nach dem Morgenessen galt das Motto «Erstens kommt es anders und zweitens als man denkt», denn beide Lovers sahen sich gezwungen, den Aufenthalt in Vitznau zu verkürzen. Martin Schläpfer verabschiedete sich mit «C'est la vie!» und dem Versprechen, sich «bald einmal» wiederzusehen. Von Valerie gab es keine Opposition, wohl aber einen langen Abschiedskuss.

«Die Frau tut mir gut», sagte Claudia Lüthi zu Stephan Moser nach der Sitzung mit der Polizeipsychologin. Die Kriminalbeamtin wusste um die

Wichtigkeit – und Notwendigkeit – eines schnellen Debriefings mit einer Spezialistin, denn je länger ein Erlebnis verdrängt wird, umso stärker brennt es sich ins Bewusstsein ein, unwiderruflich. Ohne es auszusprechen, kam ihr in den Sinn, dass Stephan von der «geistigen Festplatte» sprechen würde. Interessant war beim Gespräch, dass die Psychologin nicht bloss auf die Umstände der Entführung einging, sondern dieses Ereignis in Zusammenhang mit den drei Morden in Belp in eine Gesamtheit einbrachte. Zusammen besprachen die beiden Frauen die Eckdaten:

Drei Tote in Belp, alle inzwischen identifiziert
Krutow bereits vor seiner Hinrichtung tot
Amanovic und Dimitriu mit privater Beziehung
Gefälschte Uhren Tatsache, Drogen vermutet
Petrenko und Klopfenstein tot
Wlassow – und vierter Mann? – flüchtig

Im Laufe des Nachmittags lüftete sich der Schleier, der über zwei Geheimnissen gelegen hatte: Die DNA auf der Gesichtsmaske ergab in der internationalen Datenbank eine 99,8-prozentige Übereinstimmung mit einem jetzt nicht mehr nur vermuteten vierten Mann bei der Entführung. Sein Profil war auf der international zugänglichen Datenbank hinterlegt: Sacha Anatoli Golubew.

«Stephan, da siehst du selber, SAG, wie auf dem Zettel!»
«Was nichts anderes heisst, als dass mit Golubew tatsächlich ein vierter Mann im Jura dabei war. Und dass er bereits in Berlin mit unseren inzwischen Verstorbenen Kontakt hatte, Dimitriu, Amanovic, Krutow, Petrenko und Klopfenstein.»
«Das ist ja ein regelrechter Friedhof ...»
«Ist es, ja. Und ich würde mich nicht wundern, wenn in den nächsten Tagen ein weiteres Grab hinzukommen würde.»
«Nämlich?»
«Ehrlich gesagt, das ist nur Intuition, Bauchgefühl.»

Was die beiden zu diesem Zeitpunkt noch nicht wissen konnten: Am Morgen hatten Elias Brunner und Aarti Sivilaringam den ehemaligen CEO des Flughafens zu Besuch.

Ein weiterer Todesfall (Donnerstag, 11. Oktober)

Rolf Guggisberg wurde für 9 Uhr in den Ringhof zu einer freiwilligen Befragung gebeten, verspätete sich aber absichtlich um eine Viertelstunde, eine Entschuldigung blieb aus. Wozu auch? Elias Brunner holte den ehemaligen CEO des Flughafens beim Empfang ab und begleitete ihn zur Befragung in den dafür vorgesehenen Raum, wo bereits Aarti Sivilaringam wartete. Mineralwasser und Becher standen auf dem Tisch, die technischen Installationen für die Aufnahme des Gesprächs vorbereitet, Aarti musste nur noch auf den Startknopf drücken. Erstaunlich: Guggisberg hatte keinen Anwalt gefordert. Dagegen hatten die beiden Ermittler nichts einzuwenden. Noch bevor die Befragung begann, schauten sich Aarti Sivilaringam und Elias Brunner wortlos an, angesichts der Alkoholfahne von Guggisberg. Noch vom Vorabend oder bereits vom Morgen? Sie unterliessen Fragen dazu.

«Herr Guggisberg», begann Elias Brunner, «wir wollen allerhand von Ihnen erfahren. Was ich sagen will: Je offener Sie mit uns reden, umso schneller können wir diese Befragung beenden.» Er verzichte darauf, Guggisberg zu sagen, er könne dann umso schneller ins Pyri. «Sie wissen vermutlich, dass die drei Toten in Belp mittlerweile identifiziert wurden. Manuela Dimitriu, Majkl Amanovic, Wassili Krutow. In welcher Verbindung standen Sie mit Ihnen?»

«Ich verstehe Ihre Frage nicht.»

«Herr Guggisberg, spielen Sie bitte nicht den Ahnungslosen, wir haben ermittelt. Ich überspringe deshalb die Ouvertüre und komme gleich zur Sache. Wo waren Sie in der Nacht vom 30. September auf den 1. Oktober, Sonntag auf Montag.»

«Vermutlich im Bett.»

«Vermutlich?»

«Herr Brunner, das ist fast zwei Wochen her. Ich müsste in meiner Agenda nachschauen. Und wissen, was an jenem Abend im TV lief, dann könnte ich mich eventuell erinnern.»

«Tun Sie das, Herr Guggisberg.»

Nein, es eilte dem Besucher nicht. Zuerst suchte er umständlich nach seinem Handy, dann drückte er unmotiviert darauf rum. Seine beiden Gegenüber liessen sich dadurch nicht beeindrucken, Aarti meinte nur sec: «Herr Guggisberg, kein Problem, wenn das Zwänzgi auch nur rappenweise fällt.» Einige Minuten später stellte Guggisberg fest, dass es für den fraglichen Abend keinen Eintrag gebe. Und deshalb auch nicht für die Nacht. Jetzt ging es darum, herauszufinden, was es im Fernsehen zu sehen gab. Wiederum liess er sich Zeit, surfte in den Programmen rum, um schliesslich auf einen «Tatort» aus Münster zu stossen, den er gesehen habe, um anschliessend ins Bett zu gehen. Ja, er erinnere sich gut daran, weil er am nächsten Morgen, also am 1. Oktober, bereits um 8 Uhr einen Termin wahrnehmen musste, weshalb er nicht noch weiter ferngesehen habe. Er brauche seinen Schlaf. Eine echt unnötige Bemerkung in diesem Zusammenhang.

«Soso, der Krimi aus Münster. Ich liebe Thiel, Alberich und Boerne», nahm Aarti Sivilaringam den Ball auf, «ja, habe ich auch gesehen. Unglaublich, wie Thiel dem schwer verletzten Boerne geholfen hat. Aber Ende gut, alles gut.»
«Ja, wer hätte das geglaubt? Hat mir gut gefallen.»
«Zu dumm, war die Handlung völlig anders, Herr Guggisberg», sagte Aarti ohne triumphierenden Blick, «Sie haben am 30. September keinesfalls TV geschaut. Wo waren Sie?»

Elias Brunner schaute seine junge Kollegin an, schweigend, aber sein Blick verriet durchaus eine Spur Bewunderung. Er führte das Gespräch mit einem Frontalangriff fort.
«Herr Guggisberg, ich kürze die Befragung ab. Waren Sie mit im Auto, in dem drei Leute regelrecht hingerichtet wurden?»
«Wie bitte? Sind Sie verrückt geworden? Ich sage jetzt gar nichts mehr. Ich will einen Anwalt!», schrie Guggisberg, den die letzte Minute sichtlich ausser Rand und Band gebracht hatte. Er stand vom Stuhl auf, wollte den Raum verlassen, was Brunner zu verhindern wusste, indem er den Tobenden, wenn auch nur mit Mühe, wieder auf seinen Stuhl setzte. Guggisberg wiederholte sein Anliegen nach einem Anwalt, sodass ihm Brunner gestattete, diesen Rechtsvertreter anzurufen. Der Kriminalist fiel fast vom Stuhl, als Guggisberg in der Kanzlei nach seinem Anwalt fragte, nach einem gewissen «Herrn Casutt», also genau jenem Flurin Casutt, der die Interessen von Konstantin Kaiser rund um das Belpmoos wahrnahm.

«Mein Anwalt wird in einer halben Stunde hier sein, vorher sage ich nichts mehr.»

«Flurin Casutt also, was für ein Zufall. Langsam, aber sicher beginne ich eins und eins und eins zusammenzuzählen.» Guggisberg indes hielt an seiner Aussage fest, sodass Elias Brunner einen Monolog in Richtung Aarti Sivilaringam begann, mit dem schweigenden und vermutlich auch staunenden Guggisberg als einzigem Zuhörer. Natürlich wusste die Ermittlerin Bescheid, die Aussagen galten ausschliesslich Guggisberg, um sein Gedächtnis aufzufrischen.

«Also, es geht um den Flughafen Belpmoos. Herr Guggisberg war dort Herr im Haus, Neudeutsch: CEO. Ist er heute nicht mehr, angeblich ist das Grounding der Fly4sure daran schuld. Nun weisst du selber, dass es mit dem Belpmoos nicht so rund läuft. Es gibt zwei mögliche Retter, die sich gegenwärtig Backstage in Szene zu setzen versuchen. Ein Herr Kaiser aus Österreich, der das ganze Gelände übernehmen will, um dort den grossen Kryptopark BERN*futura* und eine Erholungszone für die Bevölkerung zu realisieren, BERN*natura*. Mit Ausnahme der Privatflieger ohne VIPs, der Rega und der Bundesratsjets soll der übrige Flugverkehr nach Payerne und nach Grenchen ausgelagert werden. Zwei Sachen sind interessant: Rechtsvertreter von Herrn Kaiser ist ein gewisser Flurin Casutt. Merksch öppis? Und: Payerne würde die VIP-Flüge einer solventen Clientèle übernehmen, Grenchen den Rest, Schulungsflüge und so. Ach ja, unser ehrenwerter Herr Guggisberg hat die landenden VIPs im Belpmoos immer selber abgeholt und betreut, an den offiziellen Stellen vorbei. Er wollte bestimmt nur Bern in ein rechtes Licht rücken. Als zweiter möglicher Investor setzt sich ein gewisser Sommerhalder aus Zürich fürs Belpmoos ein, will ihm ohne Red Bull Flügel verleihen und zu neuem Glanz verhelfen. Mit besserer Infrastruktur, neuen Flugis, Restaurant und Seniorenresidenz. Die Herren Kaiser und Sommerhalder stehen also in einem Konkurrenzkampf. Man darf gespannt sein, wie die Sache ausgehen wird. Vor allem aber: Guggisberg kennt respektive *kannte* unsere Hauptprotagonisten: Dimitriu, Amanovic, Krutow, vermutlich auch Wlassow, Petrenko und Klopfenstein.»

«Was war das mit den VIPs? Jede Wette, der absolut unfähige Brülisauer hat Ihnen diesen Stuss erzählt», hörte man plötzlich im Raum, Brunner war es gelungen, Guggisberg aus der Reserve zu locken.

«Wie ich sagte, Sie hatten nur das Image vom Belpmoos und von Bern im Auge.»

«Genau. Die Leute sollten sich bei uns wohlfühlen, keine umständlichen und unnötigen Kontrollen, die an Schikane grenzen, nur weil eine über ihren eigenen Lebensstil frustrierte Grenzwacht-Tussi alle Koffer durchwühlt. Geht gar nicht. Und die meisten von Ihnen aufgezählten Namen sagen mir nichts. Können wir eine Pause machen, bis mein Anwalt eintrifft? Ich möchte eine rauchen gehen.»

«Pause ja, aber hier, Rauchpause draussen, nein.»

Was Brunner nicht wusste: Sommerhalder stand auch mit Payerne in Kontakt. Und Zufall: Genau an diesem Vormittag war das Büro des Gemeindepräsidenten von Belp Treffpunkt von einigen Leuten, denen die Zukunft des Flughafens nicht egal sein konnte. Hauptakteur: Jules Sommerhalder, aus bekannten Gründen nicht mit seiner Marketingmanagerin anwesend. Weiter im Parterre an der Gartenstrasse 2 neben dem Gemeindepräsidenten anwesend: der Bauverwalter und die Leiterin Planung und Umwelt der Gemeinde Belp, der Leiter Standortförderung des Kantons sowie die Immobilienchefin der Stadt Bern. Und eine Protokollführerin.

Es ging Sommerhalder bei diesem Treffen einzig darum, alle Player rund ums Belpmoos ein erstes Mal zusammenzubringen und ihnen seine Pläne für einen Restart des Flughafens vorzustellen – und sie dafür zu begeistern. Mehr noch nicht. Kein Thema zu diesem Zeitpunkt waren eine Umzonung mit Überbauungsordnung oder die Mit-Finanzierung durch Gemeinde, Stadt und Kanton, Letzteres ohnehin illusorisch. Die Protokollführerin sollte am Nachmittag folgendes Fazit der rund einstündigen Sitzung festhalten: «Die Anwesenden kamen überein, das Gespräch an einem noch festzulegenden Datum nach weiteren Abklärungen durch Herrn Julius Sommerhalder fortzusetzen.» Ähnliches stand auch 24 Stunden später in einem Protokoll nach einer Sitzung mit den Herren Kaiser und Casutt, im gleichen Rahmen wie tags zuvor mit Herrn Sommerhalder.

Klopfen an der Türe, ein Ringhof-Mann meldete «Herrn Casutt» an, worauf der Anwalt neben Rolf Guggisberg Platz nahm, den er herzlich begrüsste, nicht so die beiden Ermittler, die sich trotzdem vorstellten, wie das in einer zivilisierten Gesellschaft so üblich ist. Seine erste Frage lehnte sich an die meisten Kriminalfilme im Fernsehen an.

«Was wird meinem Mandanten vorgeworfen, dass Sie ihn einbehalten?»
«Herr Casutt, wir befragen Herrn Guggisberg lediglich, keine Rede von einer Einbehaltung oder Festnahme. Aber je nach Verlauf unserer Unterredung werde ich tatsächlich U-Haft beantragen.»
«Wollen Sie mit meinem Mandanten reden oder sollen wir gleich gehen? Sie haben nichts in der Hand, was für eine Einbehaltung spricht, gar nichts.»
«Das wird sich herausstellen. Herr Guggisberg hat uns vorhin nämlich schon einmal die Unwahrheit in Bezug auf sein Alibi für die Nacht vom 30. September auf den 1. Oktober weiszumachen versucht.»
«Sie bezichtigen ihn der Lüge, weil er sich nicht an etwas Banales erinnern kann?»
«Nicht der Lüge, ich sprach von der Unwahrheit. Und für eine Nacht mit drei Toten, die er als CEO alle kannte, ist der Ausdruck ‹banal› etwas zu sehr … banal. Ich wiederhole deshalb unsere Frage. Herr Guggisberg, wo waren Sie in jener Nacht?»
«Zu Hause.»
«Zeugen?»
«Miau. So heisst meine Katze.»
«Herr Brunner», meldete sich Casutt dazwischen, «Herr Guggisberg hat gesagt, dass er zu Hause war. Weitere Fragen?»
«Herr Guggisberg, ins Belpmoos wurden nachweislich gefälschte Luxusuhren eingeflogen, wir vermuten auch Drogen. Haben Sie auch dort einfach weggeschaut, wie bei wichtigen Kunden?»
«Einsprache! Frau Siva…»
«Aarti.»
«Das ist ungeheuerlich! Herr Guggisberg, der mit seiner freiwilligen Anwesenheit beweist, dass ihm an einer Zusammenarbeit liegt, wird gar nichts mehr sagen. Laden Sie ihn offiziell zu einer Einvernahme vor. Auf Wiedersehen. Herr Guggisberg, gehen wir.»

Gesagt, getan. Die Ermittler mussten die beiden Herren ziehen lassen.

Im Grunde genommen musste man mit diesem Szenario rechnen, die Kriminalisten hatten ausser brisanten, aber nicht belegbaren Aussagen von Brülisauer nichts Konkretes gegen Guggisberg aufzuweisen. Immerhin: Man hatte Guggisberg auf dem Radar. Und ein nächstes Gespräch schien so sicher wie das berühmte Amen in der Kirche. Des Weiteren fragte man sich, wieso Guggisberg ausgerechnet Flurin Casutt als Anwalt hatte. Waren da bereits Absprachen mit Kaiser getroffen worden?

Den Nachmittag verbrachten Elias Brunner und Aarti Sivilaringam zusammen mit Peter Kläy und Joseph Ritter im Büro, untereinander Detailinformationen austauschend. Ritter hatte in der Zwischenzeit Interpol gebeten, nach Pjotr Wlassow und nach Sacha Anatoli Golubew fahnden zu lassen, mit der Bitte um Haftbefehl für Golubew, nachweislich in die Entführung von Claudia Lüthi involviert.

Ihr Informationsaustausch wurde durch einen Anruf unterbrochen. In Berlin war Stunden zuvor Stanislaw Darko erschossen aufgefunden worden.

Stanislaw Darko
(Donnerstag, 11. Oktober)

Der Anruf aus Berlin kam von Polizeihauptkommissarin Miray Özdemir von der Polizeidirektion 5 in Berlin. Sie hatte zuerst Stephan Moser telefoniert, der sie bat, die News direkt auch seinem Chef mitzuteilen. Die Berlinerin erfuhr ihrerseits am Telefon, dass Claudia Lüthi vor drei Tagen entführt worden war. Özdemir erzählte davon, dass sie in den Berliner Medien davon gelesen habe, aber niemals daran gedacht habe, dass es sich um Claudia hätte handeln können. Sie wünschte Stephan Moser und Claudia Lüthi alles Gute, verbunden mit der Aussicht, die beiden vielleicht wieder einmal in Berlin zu sehen, da ihr Sightseeing «etwas sehr kurz» ausgefallen sei, Berlin habe nämlich noch eine Menge interessanter Orte zu bieten. Nebst guten Currywurst-Buden, wie sie lachend sagte.

«Herr Ritter – oder darf auch ich J. R. sagen, weil ich Sie nur unter dieser Abkürzung kenne?»
«Frau Özdemir, gerne doch.»
«Dann wäre ich Miray, in der Du-Form. Also, wir haben in Berlin einen Toten, der dich vermutlich interessieren dürfte, weil er während einer gewissen Zeit für die Fluggesellschaft Fly4sure verantwortlich gezeichnet hatte, wie wir herausgefunden haben. Stanislaw Darko.»
«Du siehst richtig, Miray, das könnte ein Mosaikstein in unseren Ermittlungen sein. Tatumstände?»
«Man fand ihn erschossen im Keller seines Wohnblocks in Kreuzberg, einem Stadtteil, der sich nicht ganz mit der Gegend rund um das Bundeskanzleramt vergleichen lässt. Oder mit Zehlendorf, wo die reichen Berliner wohnen. Übel zugerichtet, er wurde vorher schwer misshandelt.»
«Habt ihr bereits Hinweise auf eine mögliche Täterschaft?»
«Wir haben zwar drei Verdächtige festgenommen, aber sie schweigen, wie das in diesen Kreisen üblich ist.»
«Namen?»
«Günter Petzold, Juri Kapplan, Hachi Benliogliu. Wieso fragst du?»
«Nur so, ich hatte gehofft, den Namen Sacha Anatoli Golubew zu hören.»
«Jetzt wird es spannend, woher kennst du ihn?»

Ritter berichtete über die Erkenntnisse von Claudia Lüthi und die Bemerkungen des Staatsanwalts, die er «von dritter Seite» erhalten hatte. Und davon, dass man ebenfalls nach Pjotr Wlassow fahnde. Die Recherchen aus der deutschen Hauptstadt liessen Ritter aufhorchen. Stanislaw Darko hatte sich nur eine Woche nach dem Zusammenbruch der Fly4sure in Berlin-Kreuzberg angemeldet. Bereits kurz danach wurde sein Name im Dunstkreis von Drogenschmuggel genannt. Eigentlich keine Überraschung, denn auch im Belpmoos liessen seine Aktivitäten vermuten, dass Fly4sure nicht bloss Passagiere und legale Fracht transportierte.

Die Berliner Drogenfahnder setzten darauf einen V-Mann auf ihn an in der Hoffnung, Angaben zu den wirklichen Drahtziehern der Szene zu erhalten. Darko – oder wer auch immer aus seinem Umfeld – muss aber einen Tipp erhalten haben, denn der V-Mann wurde vorgestern Dienstag tot in der Spree aufgefunden, ebenfalls erschossen. Die Obduktion ergab ebenfalls schwere Misshandlungen und eine gewaltige Überdosis Heroin, die sogar ein Pferd nicht überlebt hätte, so jedenfalls die Bemerkung der Rechtsmedizinerin. Auffällig: Dem V-Mann wurde mit einem scharfen Gegenstand «Verräter» in die Haut geritzt, sodass nicht ausgeschlossen werden konnte, dass der Hinweis möglicherweise aus Kreisen der Polizei stammen könnte.

«J. R., viele unserer Leute – vor allem die Streifenpolizisten – sind nicht besonders gut bezahlt, der Senat sieht aber keinen Handlungsbedarf, ihre Löhne nachzubessern.»
«Miray, du meinst, dass …»
«Wir schliessen es nicht einfach aus.»
«Wie verbleiben wir?»
«J. R., ich schlage vor, dass wir Darko durchleuchten. Umfeld, Handy-Tracking, Bankkonten, das ganze Programm, dann rufe ich dich wieder an. Einverstanden?»

«Ich bin nicht bloss einverstanden, wir sind dir dankbar dafür. Es würde mich überhaupt nicht überraschen, würden im Zug eurer Recherchen auch die Namen Wlassow und Golubew auftauchen.»
«Ich teile deine Meinung, aber Golubew scheint immer unter dem Radar durchzufliegen.»
«Mir kommt noch etwas in den Sinn. Darko hat Fly4sure zusammen mit einem Bekannten an die Wand gefahren, mit diesem Oliver Popovic. Nur

für den Fall, dass er euch über den Weg laufen sollte …»
«Danke für den Hinweis, wir bleiben in Kontakt.»

Obwohl seine drei Teammitglieder mitgehört und einiges mitbekommen hatten, ging Ritter ihnen gegenüber nochmals auf das Gespräch ein. *Das konnte seinem Empfinden nach kein Zufall sein, dass im Umfeld der Ereignisse in Belp und im Berner Jura nun plötzlich auch Darko «mit von der Partie» schien. Und wenn SAG auf diesem ominösen Zettel von Claudia Lüthi auftauchte, bewies das doch, dass sich Golubew zumindest damals in Berlin aufhielt. Und heute? Ritter erzählte auch davon, dass der Staatsanwalt sagte, dass seine Quelle – absolut wasserdicht – Golubew als «eine grosse Nummer» bezeichnete.

Ritter telefonierte nach dieser Feststellung und zur Verwunderung des Teams unverzüglich nach Berlin, verlangte nach Miray Özdemir und bat sie, die Resultate der ballistischen Untersuchungen des Projektils nach Bern zu übermitteln. Unschwer zu erraten, weshalb.

Ritter kam in den Sinn, dass es galt, die letzten Tage im Leben von Manuela Dimitriu zu rekonstruieren. Und das hiess: Travelling-Filiale und David Schaller, fast alle anderen möglichen Auskunftspersonen hatte Veronika Schuler auf dem Tisch – oder im Kühlfach. Aarti und Elias wurden beauftragt, Schaller in den Ringhof zu zitieren. Zusammen mit Peter Kläy ging sein eigener Ausflug ins Westside, in den ersten Stock. Auf dem Weg dorthin wurde Peter Kläy von Ritter in ein «noch amtliches Geheimnis» eingeweiht, über das er – Kläy – im Moment nicht sprechen durfte, «noch nicht». Kläy nahm die Information zur Kenntnis und dankte Ritter für das Vertrauen.

Es war unter dem Quartett inzwischen per WhatsApp-Gruppe abgemacht worden, sich spätestens um 19 Uhr wieder im Ringhof zu treffen, nicht zuletzt wegen des Umstands, dass sich David Schaller in Zürich befand, sich jedoch bereit erklärte, sofort in den nächsten IC nach Bern zu steigen, sodass er um 17.15 Uhr in der Lorraine sein würde. Beide Befragungen hatten Erfolg, die letzten drei Tage im Leben von Manuela Dimitriu – Freitag, 28., bis Sonntag, 30. September – nahmen klarere Konturen an. Schallers Aussagen deckten sich plus/minus mit jenen von Carmen Gertsch, der Stellvertreterin von Manuela Dimitriu als Filialleiterin bei Travelling.

Was auffiel: Zwar stimmten die Abwesenheiten von Manuela Dimitriu gemäss Carmen Gertsch und David Schaller überein, die Gründe dafür hingegen schienen sehr unterschiedlich. Den Freitag, 28. September, verbrachte Dimitriu im Reisebüro bis 16 Uhr, danach verliess sie ihren Arbeitsplatz mit der Begründung, sie habe «auswärts» einen Termin im Hinblick auf die Incentive-Reise eines bekannten Unternehmens, das ihre besten Verkäufer mit einem Städtetrip nach London honorieren wolle. Es gehe darum, die vorgesehenen drei Tage in der britischen Stadt optimal auszugestalten mit dem Besuch eines Musicals, einer Führung im Nobel-Warenhaus Harrods und einem Ausflug nach Windsor.

Carmen Gertsch konnte jedoch nicht sagen, um welche Firma es sich handelte, Manuela Dimitriu habe sich nicht konkret geäussert. Sicher war einzig, dass sie am Freitagabend gegen 23 Uhr nach Hause kam, «ziemlich aufgewühlt», wie sich David Schaller gegenüber Aarti Sivilaringam und Elias Brunner ausdrückte. Seine Partnerin mochte sich über den Grund nicht äussern. Die Vermutung lag deshalb nahe, dass sie sich mit Majkl Amanovic getroffen haben dürfte. Nur mit ihm?

Angeblich weil sie viel Arbeit hatte, verliess Dimitriu die Gesellschaftsstrasse 89 in der Berner Länggasse am Samstag, 29. September, um 9 Uhr. Diese Aussage deckte sich mit jener von Carmen Gertsch, die ihrerseits bestätigte, dass «die Chefin» am Samstagmorgen durch Anwesenheit glänzte. Über die angebliche Besprechung vom Vortag sprach sie nicht, Gertsch mochte sie auch nicht danach fragen.

«Gertsch wartete dann doch noch mit einer Überraschung auf», sagte Ritter, «eine Mitarbeiterin erzählte ihr nämlich am Montagmorgen im Reisebüro, sie glaube, Manuela Dimitriu am Samstagabend im Landgasthof Rohrmoos in Pohlern oberhalb von Thun gesehen zu haben.»
«J. R., wieso glaubt die Frau nur? Ich meine: Die Chefin wird man doch wohl noch kennen …»
«Aarti, stimmt im Prinzip. Nur: Die Mitarbeiterin war zu einer Hochzeitsfeier eingeladen, zusammen mit ihrem Mann. Als sie einmal auf die Toilette musste, sei sie an einem Säli vorbeigelaufen, wo die Türe geöffnet war. Dort glaubte sie einen kurzen Augenblick, von hinten ihre Chefin zu sehen, im Gespräch mit zwei Herren, der Beschreibung nach …»
«Amanovic und Krutow!», rutscht es Elias Brunner raus.

«Ich habe die Sache mit dem Chef des Landgasthofs, mit Beat Beyeler, bereits überprüft. Man ist ja bei der Polizei … Dimitriu und Amanovic ja, Krutow nein. Beyeler vermutete Uhrenhändler, weil sie einige Zeitmesser auf dem Tisch liegen hatten.»

«Schon wieder eine Art dritter Mann», bemerkte Brunner, «hast du eine Ahnung, wer das gewesen sein könnte?»

«Nein, Elias, ich habe mir die Beschreibung geben lassen, sie passt zu keinem unserer Toten oder Verdächtigen, auch nicht zu Guggisberg.»

Die Vermutung lag nahe, dass dieser zweite Mann am Tisch in der nächsten Nacht mit im BMW sass. Es war wieder Aarti Sivilaringam, die mit einer intelligenten Aussage aufwartete, nämlich mit der Frage an den Chef, ob dieser Unbekannte anhand der Beschreibung, die Ritter vorher gemacht hatte, nicht mit Sacha Golubew identisch sein könnte, weil seine DNA auf der Gesichtsmaske die Anwesenheit in der Schweiz bewies. Staunen in der Runde. Frisch ab Polizeischule …

«Aarti, du bist eine echte Überraschungstüte, du ‹Wusch, wusch, …› Ja, das wäre möglich. Würde das stimmen, müssten wir nur noch herausfinden, wer der fünfte Mann im BMW war, wobei ich *nur* in Anführungs- und Schlusszeichen setze.»

Übereinstimmend die Aussagen von David Schaller und von Rohrmoos-Chef Beat Beyeler, der aussagte, die vermeintlichen Uhrenhändler hätten seinen Gasthof gegen 22.30 Uhr verlassen, was mit der Information von David Schaller übereinstimmte, Manuela Dimitriu sei am Samstag «kurz vor 23.30 Uhr» zu Hause eingetroffen. Weil seit dem Besuch im Rohrmoos einiges an Zeit vergangen war, erübrigte sich die Suche nach DNA-Material des dritten Gastes. Blieb nur noch ein Tag übrig, der Sonntag. Aus verständlichen Gründen konnte Carmen Gertsch keine Auskunft geben. Sie trug auch keine teure Markenuhr, sodass es keinen Sinn ergab, sie weiter zu befragen. Man musste sich also auf die Darstellung von David Schaller verlassen, wobei keinesfalls feststand, dass er die Wahrheit erzählte. Eine Überprüfung seiner Aussagen? Schwierig, wenn er wider Erwarten keine sonntäglichen Drittpersonen nennen würde, bei denen man nachfragen könnte. Elias Brunner hatte bei Dimitrius Eltern nachgefragt, ob ihre Tochter sie eventuell am Wochenende besucht hatte. Negativ. David Schaller erzählte, dass seine Partnerin und er ausgeschlafen hätten, «wie immer am Sonntag» sei gegen 11 Uhr gebruncht worden. Ritter fragte unverblümt, ob es zwischen den beiden zum Sex kam, was Schaller verneinte. Gegen 14 Uhr sei er zum Match der Young Boys gegangen, ins Wankdorf. Zu jenem Zeitpunkt sei Manuela Dimitriu zu Hause gewesen, jedoch nicht mehr nach seiner Rückkehr gegen 18 Uhr. Er sei den ganzen Abend und die Nacht zu Hause geblieben. Kurz: Schaller hatte kein Alibi. Mit diesen Aussagen beendete Ritter den Informationsaustausch. Am nächsten Tag sollte es um 8 Uhr weitergehen.

«Was ist da bloss los?» (Freitag, 12. Oktober)

Er, Joseph Ritter, hatte sich – wie fast immer während eines Falls – nach dem Znacht gestern Donnerstag die Meinung seiner Partnerin Stephanie Imboden angehört, darauf bedacht, oberflächlich zu bleiben. Das erwies sich insofern als relativ einfach, weil er nur wenige Details nicht ausplaudern durfte. Er erklärte ihr die Gedankengänge von Aarti Sivilaringam, worauf die 55-Jährige lachen musste.

«Schatz, ein klassischer Fall von weiblicher Intuition …»
«Gut möglich, aber Aarti ist erst 23 Jahre alt, sie kombiniert schon wie eine richtige Kriminalistin.»
«Intelligenz hat mit dem Alter nichts gemeinsam.»
«Jaja, okay, du hast dein Statement rübergebracht, die Botschaft ist angekommen. Wo würdest du ansetzen?»
«Sicher nicht bei diesem Österreicher, auch bei seinem Konkurrenten nicht. Kannst du mir im Twitter-Stil zusammenfassen, aber bitte nicht bei Adam & Eva beginnen.»
«Dass ich ein Wasserfall wäre, ist mir neu, sonst heisst es immer, ich sei ein Tröchni*.»

Der Dezernatsleiter setzte damit einem möglichen Konflikt noch vor dessen Ausbruch ein Ende. Früher als Telegramm bekannt, rekapitulierte er im Twitter-Stil: Darko erschossen, ebenso V-Mann. Rückfrage in Berlin nach Oliver Popovic. SAG-Zettel von Claudia Lüthi. Golubew nachweislich im Berner Jura, auch in Belp? Rätsel um Pjotr Wlassow, kein Beweis, dass in der Schweiz. Undurchschaubare Guggisberg und Schaller. «So weit das Neue Testament.»

«Eigentlich müsste ich mich schämen», sagte Stephanie Imboden.
«Vor mir brauchst du dich doch nicht zu schämen …»
«Nicht vor dir, du Eingebildeter», schmunzelte sie, «ich habe dich noch gar nicht gefragt, wie es Claudia geht.»
«Da sitzen wir im gleichen Boot, ich habe ja auch nichts gesagt.»

* Wortkarg.

«Also schämen wir uns gemeinsam. Müssen wir jetzt ins Schäm-di-Eggeli?*»

«Einspruch, Euer Ehren! Abgelehnt. Ich habe heute Abend noch mit Stephan gesprochen, er sagte, es gehe ihr deutlich besser, die Psychologin sei ein Ass.»

«Frau, halt», sagte Stefanie Imboden, was Ritter nicht weiter kommentieren mochte.

«So wie es aussieht, kommen die beiden nächste Woche retour. Mal sehen, wann Claudia wieder ins Büro zurückfindet, sie allein soll das entscheiden. Jetzt aber, Frau Kriminalhauptkommissarin, wo würden Sie ansetzen?»

«Bei diesem Guggisberg. Der erzählt euch doch nur das, was man ihm beweisen kann. Wie wäre es mit einem Trick?»

«Da bin ich jetzt gespannt.»

«Wen aus eurem Team kennt er noch nicht?»

«Iutschiin und Schöre mit Sicherheit nicht. Was hast du im Sinn?»

«Die beiden sollen doch abends einmal ins Pyri, vielleicht gibt er sich redseliger.»

«Geht doch nicht, wenn das bekannt werden würde, hat uns Flurin Casutt am Wickel, samt der Staatsanwaltschaft.»

«Dann halt nicht …»

«Moment … So schlecht ist deine Idee gar nicht. Christian Grütter verkehrt ab und zu dort, kennt Stammgast Guggisberg sicher, wenn auch nur vom Sehen. Es könnte ja Zufall sein, dass …» Weiter sprachen die beiden nicht. Stephanie kannte Grütter, einen ehemaligen Militär-Kollegen von Ritter.

Im Büro schien es an diesem Freitagmorgen wie immer zu sein, die Gipfeli von Röthlisberger im UG des Bahnhofs Bern brachte der Chef, Elias Brunner hatte von Claudia ad interim die Aufgabe übernommen, auf die Kaffeemaschine aufzupassen und für deren finanzielle Alimentierung zu sorgen, Kapseln inklusive. Wenn nur Stephan und Claudia nicht gefehlt hätten. Ritter erzählte von seinem gestrigen Gespräch mit Stephan Moser. Die beiden würden den Ringhof herzlich grüssen lassen und wünschten bereits ein schönes Weekend.

Fokus an diesem Freitag: eine offizielle Einvernahme von Rolf Guggisberg, noch am Vormittag durch Aarti und Ritter. Elias Brunner erhielt den Auftrag, mit Berlin Kontakt aufzunehmen, primär interessierte die Untersuchung des Projektils, mit dem Darko – und der V-Mann? – umgebracht

---

* Früher wurden Schüler nach einer Untat in die Ecke des Schulzimmers gestellt – Gesicht zur Wand – «Schäm di!»

wurde, dies in Zusammenarbeit mit dem KTD. Peter Kläy hatte mit der Rechtsmedizin Kontakt aufzunehmen wegen dieser Hypoglykämie bei Krutow. Hatte Veronika Schuler inzwischen einen Einstich gefunden? Kläy wurde ebenfalls auf die Spur von Wlassow angesetzt. Was hatten Interpol und Europol zu berichten? Wenn überhaupt.

Rolf Guggisberg konnte oder wollte nicht verstehen, weshalb er schon wieder zum Ringhof zitiert wurde, dieses Mal jedoch mit der Aufforderung, sich von seinem Anwalt begleiten zu lassen, was darauf hinwies, dass es nicht mehr nur um eine gewöhnliche Befragung, sondern um eine Einvernahme gehen würde. Aarti Sivilaringam und Joseph Ritter warteten persönlich beim Eingang, um die Wichtigkeit der Begegnung auch optisch zu unterstreichen. Flurin Casutt eröffnete erwartungsgemäss mit einem Molto-Furioso, von wegen Willkür und Beschwerde, sein Mandant schüttelte den Kopf, flüsterte etwas von «Selbstdarsteller», was die beiden Ermittler souverän überhörten. Es ging bei der nachfolgenden Einvernahme nicht um Provokation, sondern um subtile Konfrontation. Ritter war sich bewusst, dass es heute nur um die Causa Guggisberg ging, nicht um Casutt als Anwalt von Konstantin Kaiser. Er würde deshalb auch keine Fragen zu BERN*futura* und BERN*natura* stellen.

Das Team um Joseph Ritter war in den letzten Tagen in Bezug auf Rolf Guggisberg nicht untätig geblieben, man hatte den Radar aktiviert. Das wussten die beiden Herren nicht. Noch nicht.

«Herr Guggisberg», der ehemalige CEO schien heute nüchtern, «als ehemaliger Chef des Flughafens haben Sie viele Leute gekannt, auch ausserhalb Ihrer beruflichen Tätigkeit. Auch Pjotr Wlassow? Was können Sie zu seiner Person sagen?»
«Herr Ritter, Herr Guggisberg braucht diese Frage nicht zu beantworten, da er sich sonst eventuell selber belasten könnte.»
«Danke für diesen Einspruch, Herr Casutt, ich habe das erwartet und danke Ihnen dafür, denn mit Ihrer Feststellung bestätigen Sie indirekt unsere Vermutungen, dass Pjotr Wlassow in illegale Geschäfte verwickelt ist. Ich stelle Ihrem Mandanten eine andere Frage: Wo halten sich die Herren Darko und Popovic heute auf?» Und mit Blick zum Anwalt: «Damit belastet er sich nicht.»
«Wie ich von einem Bekannten gehört habe, lebt Darko in Berlin, ich habe

ihn seit dem Grounding der Airline nicht mehr gesehen und auch nichts mehr von ihm gehört. Von Popovic weiss ich nichts.»
Eine Aussage, die bestätigte, dass Darko in Berlin «lebte», wie Ritter präzisierte. Guggisberg nahm diese Feststellung zur Kenntnis, wollte – zum Erstaunen von Flurin Casutt – von sich aus mehr wissen, durch die Vergangenheitsform von Ritter offensichtlich verunsichert. Er erfuhr vom Tod Darkos, was ihn nachdenklich werden liess. Ritter blickte zu Aarti, ein Zeichen, dass sie die Befragung fortsetzen sollte. Als Erstes wollte sie von Guggisberg wissen, weshalb ihm diese Nachricht so sehr zusetze, schliesslich habe er nach eigener Aussage nichts mehr von Darko gehört. Der Rechtsbeistand blockte eine mögliche Antwort ab, weil Privatsache, nicht zielführend.

Die junge Ermittlerin wechselte das Thema, zumindest was die Person anging, und befragte Guggisberg zu Manuela Dimitriu. Der Berner, der nach seiner zweiten Scheidung allein in einer einfachen 2,5-Zimmer-Wohnung mit seiner Katze in Gümligen lebte, schien keine grosse Lust zu haben, über die Tote zu sprechen. Er gab sogar an, sie nicht wirklich zu kennen, höchstens als Travelling-Angestellte, die manchmal kleine Gruppen des Reisebüros am Airport betreut hatte. Das war schon alles, worauf Aarti das Kaliber wechselte.

«Herr Guggisberg, darf ich Ihr Handy sehen, um etwas nachzuschauen?»
«Das dürfen Sie ohne richterlichen Beschluss sicher nicht. Oder haben Sie einen?», funkte Casutt dazwischen.
«Das ist mir klar, ich wollte nur wissen, ob sich Herr Guggisberg so kooperativ zeigt, wie Sie uns selber gesagt haben. Herr Guggisberg, kommen wir also auf jene verhängnisvolle Nacht vom 30. September auf den 1. Oktober zurück, während welcher Sie angeblich zu Hause waren.»
«Nicht angeblich! Ich war zu Hause.»
«Ich bleibe dennoch bei ‹angeblich›, weil Sie auch Manuela Dimitriu angeblich nicht weiter kennen.»
«Frau Aarti, ich, wir haben genug von Ihren Wortspielereien, das haben wir echt nicht nötig. Wenn Sie keine wirklichen Fakten präsentieren können, möchten Herr Guggisberg und ich jetzt gehen. Fertig lustig.»
«Nur noch eine Frage, Herr Guggisberg. Wenn Sie die Tote nicht weiter gekannt haben: Weshalb haben Sie sie in der Nacht auf den 1. Oktober zwischen 2.48 und 4.11 Uhr insgesamt sechsmal zu erreichen versucht? Das geht aus der Auswertung des Handys von Frau Dimitriu hervor.»

Im Boxsport würde man jetzt nicht von einem «Lucky Punch» sprechen, sondern vom «stehenden K. o.». Casutt blickte mit einem ungläubigen Gesichtsausdruck zu seinem Mandanten, der in die Welt schaute, als habe er soeben einen Geist gesehen. Es vergingen einige Sekunden, bis Flurin Casutt die Stille beendete. Er wolle sich mit seinem Mandanten besprechen, worauf das Duo Ritter/Sivilaringam das Zimmer verliess, mit dem Hinweis auf «fünf Minuten». Sie stellten auch demonstrativ die Aufnahmegeräte ab, sodass sie hinter dem berühmten Spiegelglas einen Stummfilm verfolgen konnten. Aber auch ohne Worte liessen sich die Dialoge erahnen, dazu brauchte man keinen Lippenleser wie vor einem Jahr in Zusammenhang mit den Ereignissen in und oberhalb von Wengen.*

Die beiden Ermittler sprachen kein Wort, ihre Rechnung war voll aufgegangen, weil sie sich vorher im Detail abgesprochen hatten, dieses altersmässig so ungleiche Paar. Nach 7 Minuten – man wollte nicht als pingelig gelten – betraten sie den Raum. Guggisberg schien nach wie vor groggy zu sein, sodass sein Anwalt das Gespräch aufnahm.

«Herr Guggisberg kann sich nicht erinnern, diese Nummer angerufen zu haben. Das ist deshalb auch unwahrscheinlich, weil er sein Handy zwei Tage zuvor vermisst und erst am Dienstag, 2. Oktober, wieder gefunden hat.»
«Was für ein Zufall. Nun, wir werden beim Provider die entsprechenden Daten verlangen.»
«Das können Sie sich ersparen, Herr Ritter, das Handy ist ihm vor dem Haus im Auto aus der Manteltasche gerutscht, es war also immer dort eingeloggt, bis der Akku leer war.»
«Super-Akku, wie es scheint. Und das Handy hat selbstständig die Nummer von Frau Dimitriu gewählt, mehrmals? Für wie blöd halten Sie uns? Glauben Sie, wir dächten, die Tube im Londoner Untergrund sei eine politische Bewegung? Wir werden die Daten per Provider und richterlichen Beschluss im Detail überprüfen, Manipulationen ausgeschlossen. Es wird interessant sein, wen Herr Guggisberg noch alles kennt, beziehungsweise *gekannt hat*. Und jetzt dürfen Sie gehen, wir sehen uns wieder», verkündete Ritter. Das liessen sich die beiden Herren nicht zweimal sagen.

«J. R., du lässt sie gehen, einfach so?»
«Aarti, nicht ganz, wir haben Guggisberg an der Angel, lassen ihn aber

* «Wengen», 2020, vom gleichen Autor im Weber Verlag Thun erschienen.

vorerst an der langen Leine gewähren, dann erst ziehen wir ihn an Land. Wer weiss, vielleicht kommt uns Kommissar Zufall zu Hilfe.»

Aarti verstand die Welt nicht mehr, aber Ritter mochte sie nicht in seinen Plan einweihen, weil es nicht genau dem entsprach, was sie in der Polizeischule gelernt hatte.

Zurück im Büro trafen sie auf Peter Kläy, der inzwischen mit Veronika Schuler gesprochen hatte. Der Rechtsmedizinerin war es tatsächlich gelungen, an der Leiche Krutows die Einstichstelle zu finden, die zur Hyperglykämie geführt hatte. Dazu musste sie allerdings einen Magnetresonanztomografen zu Hilfe nehmen, weil der Einstich von blossem Auge nicht sichtbar war. Die MRT entdeckt Veränderungen, die auch unter einem Spezialmikroskop kaum sichtbar wären. Anhand seiner Kleidung – in Zusammenarbeit mit dem KTD, der die Kleidung Krutows in der Asservatenkammer aufbewahrte – liess sich mit an Sicherheit grenzender Wahrscheinlichkeit sagen, dass Krutow sich das Insulin nicht selber gespritzt hatte, denn an der Hose waren Spuren von Insulin festzustellen, wo die Nadel durch den Stoff gestochen hatte. Kein Mensch würde sich dort in so verdrehter Haltung selber spritzen, sagte Schuler, das müsse von einem Dritten stammen, der nachher auf Nummer sicher gehen wollte, deshalb der zusätzliche Kopfschuss beim Bewusstlosen.

Bevor Kläy sich in Sachen Wlassow zu Wort melden konnte, rief Stephan Moser seinen Chef an.

«Stephan ... Wie geht es im Ticino, vor allem Claudia?»
«Gut, J. R., wirklich. Dass sie aufblühen würde, wäre übertrieben, aber wir beide sind mit ihrem Seelenzustand zufrieden. Die Psychologin auch.»
«Good News, danke! Und sonst?»
«Wir hirnen beide Berlin nach, diesen beiden Morden. Weiss man schon mehr?»
«Nein, noch nicht, aber wir sind in Kontakt mit Miray Özdemir sowie Europol und Interpol. Es geht uns auch um Wlassow, der mir langsam aber sicher als Geist vorkommt. Und wir verfolgen die Spur Golubews. Hast du was gehört?»
«Nein, ich mische mich nicht in eure Arbeit ein», sagte Stephan Moser, wobei er sich ein Lachen wegen «eure Arbeit» nicht verkneifen konnte,

«wir haben ja zwei unbekannte Bekannte: Wlassow und Golubew. Wo sind die Typen?»

«*Das,* mein lieber Stephan, Rätsel löse ich dir, sobald wir Fleisch am Knochen haben. Schon Rückreisepläne?»

«Ich denke schon, am Sonntag. Ich komme am Montag auf alle Fälle ins Büro, Claudia bleibt bei mir zu Hause in Hinterkappelen, sie soll selber entscheiden, wann sie wieder in den Ringhof zurück will. Okay für dich?»

«Ja, ist es. Dann bis Montag, grüss bitte Claudia von der ganzen Meute.»

Peter Kläy stand inzwischen neben dem Pult von Ritter, bekam mit, dass es Claudia Lüthi offenbar besser ging. Und er hatte News für den Boss. Ungewöhnliche, sehr ungewöhnliche.

«J. R., Europol konnte uns in Sachen Wlassow weiterhelfen, wir wissen jetzt, wo er gegenwärtig ist.»

«Endlich einmal Good News. Und wo finden wir ihn?»

«Er sitzt seit sechs Wochen in Untersuchungshaft. In Wien.»

«Wer sagt das?»

«Europol. Und ja, es *ist* unser Pjotr Wlassow, mit seiner ganzen kriminellen Vergangenheit. Verwechslung ausgeschlossen.» Ritter traute seinen Ohren nicht.

«Dann haben wir tatsächlich nach einem Geist gesucht. Von ihm gehört, aber nie gesehen.»

«Anders nicht zu erklären, J. R. Und dennoch: Der Name Wlassow fiel mehrmals, seine Verbindung zu unseren Toten ist eindeutig. Was ist da bloss los? Was haben wir falsch gemacht? Was übersehen? Wer ist unser Wlassow, in Belp, im Jura? Und weshalb gibt es keine Fingerabdrücke oder DNA von ihm?»

Elias Brunner kam in diesem Moment ins Büro, sah den beiden Kollegen und Aarti Sivilaringam an, dass irgendetwas schiefgelaufen sein musste, ihre Konsternation manifestierte sich in den Gesichtern. Ritter informierte ihn über das Gehörte, dass Wlassow für die Verbrechen in der Schweiz nicht in Frage komme. Ausser der DNA von Golubew an der Gesichtsmaske stehe man nur noch vor grossen Fragezeichen. Wer waren die vermuteten zwei Mörder in Belp, wer der vierte Mann im Wagen bei der Entführung von Claudia Lüthi? Wer der unbekannte Mann in Pohlern? Ritter begab sich zur Infowand und begann damit, verschiedene Fotos abzuhängen und Notizen auszuwischen. Zurück auf Startfeld eins?

Als er die verbleibenden Notizen und Fotos betrachtete, merkte Ritter, dass auf der Infowand nirgends die Tatzeit in Belp notiert war. Er erkundigte sich bei Brunner, der vom Montagmorgen, 1. Oktober, zwischen 3 und 5 Uhr sprach. Hatte Veronika Schuler nicht daran gedacht, das zu erwähnen, oder hatte es Ritter schlicht vergessen? Wieder einmal begann er an sich selber zu zweifeln. Hatte er seinen Zenit mit 61 bereits überschritten und es nicht gemerkt? War er der Aufgabe noch gewachsen? Schon letztes Jahr hatte er mit Stephanie darüber geredet. Er hatte im Moment jedoch keine Zeit, in Selbstmitleid zu verfallen, ging doch die Türe zum Büro auf und gab den Blick auf Binggeli vom KTD frei.

«J. R., Bingo!»
«Bingo was, Iutschiin?»
«Ich habe unsere Projektile und Hülsen sowie jene der Ballistik in Berlin miteinander verglichen. J. R., um dich nicht mit Kalibern und Modellen zu verwirren, spreche ich nur von Waffe 1 und Waffe 2.» Ritter hatte gar nichts gegen diese Vereinfachung.

Waffe 1 und Waffe 2 wurden beim Dreifachmord in Belp benutzt, Fingerabdrücke sind jedoch weder auf den Projektilen noch auf den Hülsen vorhanden, die Täter müssen sie vor dem Einsetzen ins Magazin entweder abgewischt haben, oder aber sie trugen Handschuhe. Gleiches gilt für die Ermordung von Petrenko und Klopfenstein im Berner Jura, wo aber nur Waffe 2 zum Einsatz kam, vermutlich mit Schalldämpfer, weil Claudia keine lauten Schüsse gehört hatte.

«Jetzt aber die Götterdämmerung, J. R.»
«Iutschiin, lass hören. Kann ich gebrauchen, ich erzähle dir dann gleich, weshalb.»
«Mit Waffe 2 wurde Darko in Berlin getötet.»
«Iutschiin, jetzt bin ich trotz Waffe 1 und Waffe 2 etwas verwirrt. Kannst du mir zuliebe die Sache in drei Kapitel gliedern?»
«Easy. In Belp haben wir zwei noch unbekannte Täter. Einer hat Waffe 1, der andere Waffe 2 benutzt.»
«Weiter.»
«Im Jura wurden Petrenko und Klopfenstein mit der Waffe 2 hingerichtet, auf ähnliche Weise wie in Belp Krutow, Amanovic und Dimitriu. Einer der Täter im Jura ist mit an Sicherheit grenzender Wahrscheinlichkeit Golu-

bew, anhand seiner DNA in der Gesichtsmaske identifiziert. Nennen wir den zweiten Mann weiterhin Wlassow. Wer geschossen hat, wissen wir nicht.»

«Auf den komme ich gleich zu sprechen. Kapitel 3?»

«In Berlin wurde Stanislaw Darko in einem Keller im Stadtteil Kreuzberg mit Waffe 2 erschossen, ihn hatten wir im Laufe unserer Ermittlungen nie auf dem Radar. Zusammen mit Oliver Popovic hat er die Fly4sure geführt und zum Absturz gebracht. Seither haben wir ja nichts mehr von ihnen gehört. Komisch, dass er plötzlich in unserem Umfeld auftaucht.»

«Jetzt kann ich folgen, danke, Iutschiin.»

«Immer wieder gerne.»

«Und jetzt eine Überraschung für dich: Pjotr Wlassow kommt für die Mordserie nicht in Frage», was bei Binggeli Ratlosigkeit ins Gesicht zeichnete.

Der KTD-Mann wurde daraufhin aufdatiert. Mit anderen Worten: Es verblieben zwei Verbrecher, an die man sich sozusagen zu halten hatte: Golubew, nachweislich im Jura, und ein neuerdings Unbekannter. Die beiden Waffen wiederum konnten keinem der beiden Mörder definitiv zugeordnet werden. Klarheit herrschte zwar darüber, wo sie verwendet worden waren, nicht aber darüber, wer – im wahrsten Sinne des Wortes – am Drücker gewesen war.

Plötzlich schien nicht bloss Ritter ratlos, sondern auch Aarti Sivilaringam – die neuerdings nur noch den Übernamen «Wusch» zu hören bekam –, Elias Brunner und Eugen Binggeli. Wer war dieser unbekannte zweite Täter, der eine Verbindung zu Golubew haben musste?

Ritter schlug vor, gemeinsam zum Zmittag zu gehen, «um unsere Köpfe durchzulüften» und *nicht* über die bisherigen Erkenntnisse zu sprechen. Entsprechend wurde im Restaurant du Nord an der Lorrainestrasse – knapp 400 Meter vom Ringhof entfernt – über Fussball und über Sri Lanka gesprochen. Selbstverständlich kam auch interner Klatsch zur Sprache, mit zum Teil sehr eigenwilligen Rückschlüssen und Interpretationen, die zu Lachern führten und in der aktuellen Situation ausgesprochen guttaten. Man besprach – zur Seriosität zurückgekehrt – auch die Rückkehr von Claudia und Stephan, wobei die Kollegin sich am Montag noch nicht blicken lassen würde. Freude und Einigkeit herrschten: Man werde mit Stephan Moser «ganz normal» umgehen und nicht von sich aus auf den Jura zu sprechen kommen.

Ein Blick auf die Uhren verriet, dass das Quartett die Zeit gar nicht richtig wahrgenommen hatte, sass man inzwischen doch fast allein im Restaurant, weil die anderen Gäste inzwischen vermutlich wieder ihren Arbeiten nachgingen.

Zurück im Ringhof wurden mögliche Wochenendaufgaben verteilt. Ritter berichtete davon, dass er eine Idee habe, wie man eventuell mehr von Guggisberg erfahren könne, in Details ging er nicht. Wusch bekam – gegen ihren Protest, sie hätte gerne recherchiert – das Weekend frei. Gleiches galt auch für Elias Brunner, für zwei gemütliche Tage mit der Familie. Binggeli liess von sich aus offen, ob er am Montag mit neuen Erkenntnissen aufwarten würde.

Sozusagen noch mitten im Nachmittag wünschte Joseph Ritter der Truppe ein schönes Weekend, «die Wetteraussichten kündigen ja zwei aussergewöhnlich schöne und warme Herbsttage an».

Rolf Guggisberg im Pyri und im Ringhof (Montag, 15. Oktober)

Es war genau zwei Wochen her, dass man beim Tierheim in Belp den gestohlenen BMW mit den drei Toten entdeckt hatte. Und mit der Nachricht von Europol zu Pjotr Wlassow hatte man bei den Ermittlungen den bekannten Schritt retour gemacht. Nicht bloss die Medien zeigten sich ob den Nicht-News ungeduldig – hielten sich jedoch mit bissigen Kommentaren ob des offensichtlichen Stillstandes noch zurück, die Pandemie beherrschte die Schlagzeilen –, auch der Polizeikommandant und der Staatsanwalt übten sanften Druck auf das Team Ritter aus, der Justizvertreter vermutlich mit Generalstaatsanwalt Knüsel im Nacken.

Das Team hatte noch am Freitagnachmittag das Pult von Stephan Moser mit einem «Willkommen zurück!»-Plakat und einigen Süssigkeiten dekoriert. Dieser bedankte sich bei seiner Kollegin und den Kollegen – Chef inklusive – und musste erwartungsgemäss vor allem Fragen rund um Claudia Lüthi beantworten. Es gehe ihr den Umständen entsprechend «gut», die Kollegin aus der Psychologie sei optimal auf Claudia eingegangen, einerseits in seinem Beisein, andererseits nur die beiden Frauen unter sich. Claudia werde diese Woche noch nicht ins Büro kommen, sie habe allerdings vor, am nächsten Montag zu erscheinen. Alle Anwesenden liessen Grüsse an sie ausrichten, sie solle ja nichts überstürzen.

Bevor Ritter mit einer mittleren Sensation aufwarten konnte, rekapitulierte er die wichtigsten Fakten rund um die Morde in Belp, im Jura und … in Berlin. Neuigkeiten gab es vor allem aus der deutschen Hauptstadt, hatte Miray Özdemir doch am Wochenende zweimal angerufen, mit Erkenntnissen zum Tod von Stanislaw Darko und dem V-Mann. Bei der Wohnungsdurchsuchung von Darko in Berlin-Kreuzberg fanden sich 322 Gramm Heroin, das gemäss der Analyse genau jenem Rauschgift entsprach, das beim V-Mann nachgewiesen wurde, bevor man ihn erschossen und in die Spree geworfen hatte. Also konnte man davon ausgehen, dass Darko zumindest bei der Tötung des V-Mannes beteiligt war. Ob er allein gehandelt oder Komplizen hatte – daran arbeite man in Berlin noch.

Man erinnert sich: Der V-Mann hatte den Auftrag, die Drahtzieher des Drogenrings ausfindig zu machen, die sogenannten Drogenbarone, die in fast allen Fällen auch in andere kriminelle Machenschaften verstrickt waren: Waffenhandel, Geldwäsche, Prostitution, Korruption. Der Ermordete konnte noch tags zuvor den Ermittlern mitteilen, dass Darko nicht jener sei, den die Hunde zuletzt beissen. Im Gegenteil. Er schien eine grosse Nummer zu sein, die Wohnung in Kreuzberg nur Nebenschauplatz zur Tarnung. Kurz nach dem Zusammenbruch der Fly4sure hatte er nämlich im Nobelviertel von Potsdam bereits eine Villa gekauft, sodass die Vermutung nahelag, dass die Airline schliesslich nicht nur wegen der missglückten Landung zu Bruch ging, sondern möglicherweise auch aufgrund fingierter Zahlungen aufs Privatkonto von Stanislaw Darko. Der Geldfluss seiner Zahlung für den Hauskauf liess sich zwar nicht lückenlos zurückverfolgen, verstiess aber offenbar nicht gegen geltendes deutsches Recht. Aber wer weiss, ob da alles mit rechten Dingen zugegangen war … Miray Özdemir konnte eins und eins zusammenzählen: War Darko in Bern auch im Drogenhandel tätig, so konnte er nach seinem Abgang in der Schweiz nahtlos in Berlin weiterfahren, obwohl die Fly4sure als Warentransporteurin nicht mehr zur Verfügung stand.

Die Frage nach Berlin war unausweichlich: Wenn schon Darko, weshalb nicht auch sein Spezi Oliver Popovic? Die Berlinerin musste Ritter enttäuschen, gegen einen Oliver Popovic lagen keine Anschuldigungen oder Verdächtigungen vor. Auch keinerlei Erkenntnisse. Die Auswertung des Handys von Darko – mehr oder weniger immer im Grossraum Berlin eingeloggt – zeigte Kontakte zu Leuten, die den Bernern bekannt waren: Golubew, Amanovic und Krutow. Sie alle telefonierten mit Geräten – zumindest im Fall der Gespräche mit Darko – mit Prepaid-Chips, was wiederum vermuten liess, dass die Kontaktnahmen zu vorher abgemachten Zeiten geführt wurden.

Kurz und ungut: Berlin hatte Ritter aufdatiert, ohne dass man in Bern deswegen aber Griffiges zur Hand hatte, zumal Eugen Binggeli und Georges Kellerhals vom KTD bei den Nachforschungen nirgendwo Fingerabdrücke oder DNA von Stanislaw Darko gefunden hatten.

«J. R., Verständnisfrage.»
«Ja, Aarti?»

«Wenn Berlin nichts zum Verbleib von Oliver Popovic weiss – Blitz und Donner gehören schliesslich auch zusammen –, heisst das, dass Popovic gar nicht in Berlin oder Umgebung lebt? Weiss man, wo er gemeldet ist?»

«Nein, Miray Özdemir – Stephan, sie lässt dich und Claudia ebenfalls herzlich grüssen – konnte keine Angaben machen.»

«Ich gehe dem mal nach, wenn für dich okay.»

«Unsere liebe Wusch, immer zu 100 Prozent Polizistin», bemerkte Elias Brunner lachend dazwischen, worauf Stephan Moser umgehend ein fragendes Gesicht aufsetzte. Er bekam den Begriff «Wusch» nachträglich erklärt, sodass er sich bei Aarti nochmals für ihren Geistesblitz bedankte.

«Ja, Aarti, mach du das», sagte Ritter, um danach mit Erkenntnissen der besonderen Art aufzuwarten.

Er hatte noch am Freitagmittag seinen ehemaligen Militärkollegen Christian Grütter kontaktiert und ihn mit einer eher heiklen Aufgabe betraut, falls sie sich überhaupt machen liess: Aushorchen von Rolf Guggisberg im Pyri, weil sich erahnen liess, dass Guggisberg die Einvernahme vom Freitagmorgen in seiner Lieblingsbeiz verdauen respektive hinunterspülen würde. Grütter bekam zur Sicherheit ein Foto von Guggisberg gemailt, das er jedoch gar nicht benötigte, «weil Guggisberg Stammgast ist», er hatte ihn auch schon zweimal live erlebt, wie er gegen Gott und die Belpmoos-Welt wetterte, einmal sogar derart laut, dass er vom Servicepersonal des Pyri gebeten worden war, sein stimmliches Megafon um mehrere Dezibel zu reduzieren.

Ritter legte mit einem gewissen Stolz sein Handy auf den Besprechungstisch und kündigte Aufnahmen von Guggisberg «in geselliger Runde» an. Grütter habe Guggisberg bereits am späteren Freitagnachmittag getroffen, an einem Vierertisch mit einem Copain sitzend, ausgerechnet an jenem Tisch, an dem Polo Hofer mit Freunden zu jassen pflegte. Seine Kumpel spielen noch heute an diesem Tisch. Grütter fragte bewusst nicht Guggisberg, sondern dessen Gegenüber, ob er Platz nehmen dürfe. Dieser nickte wortlos. Im Verlauf der nächsten Stunde stellte sich der Bekannte von Guggisberg als Roman Gautschi heraus, früher ebenfalls am Flughafen beschäftigt, zurzeit auf Arbeitsuche «wie Guggisberg», dem man es mit dessen Entlassung ebenso «dreckig» wie ihm selber gemacht habe. Es liess sich bereits in den ersten Sekunden erahnen, dass die beiden Herren nicht beim ersten Halben Weissen waren.

An diesem Tisch, wo Polo Hofer mit Copains zu jassen pflegte, trafen sich die Herren Guggisberg, Grütter und Gautschi.

Ritter bat die Runde, sich einige Passagen aus dem Gespräch zwischen Grütter, Gautschi und Guggisberg anzuhören, Aufzeichnungen, die Ritter am Wochenende bereits aus der gesamten Gesprächslänge zusammengeschnitten hatte.

«J. R., hilf mir juristisch auf die Sprünge», bemerkte Moser, «aber sind solche Aufnahmen nicht erstens illegal und zweitens vor Gericht nicht zugelassen?»

«Stephan, dem ist so. Nur: Guggisberg erzählt Details, die ich bereits überprüft habe und mit denen ich ihn heute Nachmittag konfrontieren werde – bevor ich ihn festnehmen lasse und dem Staatsanwalt für die U-Haft überstelle. Der Staatser hat die Aufnahme bereits gehört, verlangt jedoch zusätzliche persönliche Eingeständnisse. Übrigens hat Iutschiin die Hintergrundgeräusche – ‹das huere Gschnäder im Pyri› – bereits unterdrücken respektive herausfiltern können.»

Mit diesen Worten drückte Ritter die Taste zur Wiedergabe. Er erklärte gleich zu Beginn, welche Stimme wem zuzuordnen sei: Grütter, Guggisberg, Gautschi. 3G sozusagen.

«Sagen Sie, wenn Sie sich im Belpmoos auskennen, was läuft da schief?» (Grütter)
«Die bessere Frage wäre, was denn dort überhaupt gut läuft ...» (Gautschi, lacht zynisch)
«Da hat der Roman recht. Dort macht jeder, was er will. Die Schlimmsten sind jene, die eigentlich gar nicht dort arbeiten und den Flughafen für ihre eigenen Zwecke missbrauchen.» (Guggisberg)
«Was ist eigentlich mit den beiden Fly4sure-Chefs, wo sind die heute eigentlich?» (Gautschi)
«Stan und Ollie meinst du? Stan soll in Berlin sein, höre ich. Und Ollie? Würde mich nicht überraschen, wäre er irgendwo in Frankreich, um sich vollzufressen, damit er noch dicker wird, bis er eines Tages platzt.» (Guggisberg, der einen weiteren Halben Epesses bestellt)
«Was sind das für Leute, die den Flughafen für eigene Zwecke nutzen?» (Grütter)
«Da gibt es eine Dimitrov, leitet ... *leitete* ein Reisebüro, hatte ab und zu Kunden, die sie betreuen musste, was das auch immer heisst, hat aber mit einem Amanovic krumme Sachen gedreht, bis ...» (Guggisberg)

«Bis ...?» (Grütter)

«Wurden beide erschossen, beim Tierheim. Päng! Und nochmals päng!» (Guggisberg)

«Waren es nicht drei?» (Grütter)

«Ja, päng! Krutow war aber entweder Handlanger oder eine grosse Nummer, keine Ahnung.» (Guggisberg)

«Was denn nun? Und wenn, von wem Handlanger?» (Gautschi)

«Ich sage keine Namen, will ja nicht mit einer Kugel im Kopf enden. Aber ich durfte sie aus ihrem Scheiss befreien.» (Guggisberg)

«Das verstehe ich nicht.» (Grütter)

«Mitten in der Nacht ruft mich dieser Gorbatschow an ...» (Guggisberg)

«Gorbi? Wohl kaum.» (Gautschi)

«Dann halt Golubic, was weiss ich ...» (Guggisberg, mit verbaler Schlagseite)

«Heisst gleich wie eine Tennisspielerin, was wollte dieser Golubic von dir?» (Grütter, im Pyri duzt man sich)

«Hat mit einem anderen zusammen die drei im Auto umgenietet. Die Idioten haben nicht daran gedacht, dass sie von dort fortkommen müssen. Ich also nach einem Anruf von Gorbatschow um, um, um ... halb 5 nach Belp, zum Veloweg beim Tierheim, wo sich die Routen 888 kreuzen, um sie mit meinem Golf abzuholen und wegzufahren.» (Guggisberg, lallend. Schenkt allen nach, die Hälfte leert er neben die Gläser, bestellt deshalb Aufwischtuch und noch einen Halben Weissen)

«Gutes Gedächtnis, mit 888.» (Grütter)

«Einfach zu merken. Wer bist du eigentlich?» (Guggisberg)

«Sicher CIA oder FBI.» (Gautschi)

«Weder noch, war einfach interessant, so per Zufall mit euch zu quatschen, aber ich muss jetzt gehen. Hier noch ein Zwanziger für den nächsten Halben. Tschou zäme.» (Grütter steht auf und geht.)

Für alle klar: Mit Golubic meinte Guggisberg Golubew, nachweislich im Jura anwesend. Weiter anzunehmen: Golubew hatte mit einer der beiden Pistolen zumindest einen Mord in Belp begangen. Und im Jura? Er oder der unbekannte Vierte? Und eine Frage liess sich nach wie vor nicht klären: Weshalb wurden Dimitriu, Krutow und Amanovic überhaupt umgebracht? Bei Petrenko und Klopfenstein war der Fall klar. Mittäter, lästige Zeugen. Aber in Belp? Und welche Rolle spielte Golubew, wie und weshalb kam er überhaupt nach Belp? Die gefälschten Uhren konnten kaum ein Grund sein. Drogen? Gut möglich. Wollte das Trio ihm ins Handwerk pfuschen, selber im grossen Stil wirken und abkassieren? Hatten die Ermordeten in Belp Golubew und Wlassow erpresst? Dimitriu und Amanovic waren liiert, was aber hatte Krutow in der ganzen Konstruktion für eine Aufgabe? Und weshalb dieser Mord an Darko? Wo war Popovic? Und wer war dieser Wlassow?

Ritter hatte vom Staatsanwalt bereits das Dokument zur späteren Beschlagnahmung des Handys von Rolf Guggisberg erhalten. Bevor er es zur Auswertung an den KTD weitergeben würde, interessierte den Dezernatsleiter nur eines: Ob Guggisberg am Montag, 1. Oktober, gegen 4 Uhr einen Anruf erhalten hatte, von Golubew oder wem auch immer. Er selber, Guggisberg, hatte ja mehrfach versucht, Manuela Dimitriu zu erreichen. Aarti Sivilaringam überraschte einmal mehr.

«Guggisberg hat also Dimitriu mitten in der Nacht mehrfach zu erreichen versucht. Weshalb hat ihr Freund das nicht erwähnt? War ihr Handy auf lautlos gestellt? Es lag doch zu Hause.»
«Gute Frage, habe nie darüber nachgedacht, Chapeau, Aarti», lobte Ritter, der seine vorübergehende neue Mitarbeiterin mit richtigem Vornamen nannte, den Kollegen war es überlassen, sie mit dem Kosenamen anzusprechen.

«Fragen über Fragen. Und keine Antworten …», seufzte Ritter in die Runde.
«Ich sehe das ein bisschen anders», widersprach Stephan Moser, offenbar wieder voll mit der Materie beschäftigt.
«Inwiefern?»
«Klar sind es viele Fragen, die wir im Moment aber gar nicht klären können, sondern erst dann, wenn wir mit Golubew oder dem Unbekannten sprechen werden. Dann wird sich eine Antwort nach der anderen ergeben.»
«Heisst für uns?», erkundigte sich der Chef.
«Den generellen Überblick behalten. Guggisberg einbestellen, mit Berlin in Kontakt bleiben, auf deren Recherchen aufbauen», antwortete Moser.
«Machen wir, danke, Stephan. Elias, du kommst mit zur Einvernahme von Guggisberg und seinem Anwalt. Biete beide für 13 Uhr auf. Wenn Guggisberg sich weigert, holen wir ihn ab. Aarti sucht weiter die Nadel im Heuhaufen, die sich Oliver Popovic nennt. Und Stephan schliesst mit Berlin

kurz. Den KTD schalten wir bei Bedarf zu. Ich informiere Staatsanwaltschaft, Polizeikommandant und Medienstelle über das weitere Vorgehen. Nächstes Treffen morgen Dienstag, 8 Uhr.»

Und wieder ging es Ritter nach den Folgerungen von Stephan Moser durch den Kopf: War er noch auf Ballhöhe?

«Immer, wenn ich Sie sehe, werde ich mit Problemen konfrontiert, von denen ich vorher keine Ahnung hatte.» Mit diesem vermeintlich originellen Spruch versuchte sich Rolf Guggisberg beim Zusammentreffen mit Joseph Ritter und Elias Brunner in Szene zu setzen. Ritter hätte sich gerne mit einem Spruch à la Stephan Moser wie «Entschuldigen Sie, sind Sie medikamentös falsch eingestellt?» revanchiert, verzichtete jedoch angesichts der Ernsthaftigkeit der Situation auf eine unnötige Konfrontation, diese würde sich im Laufe des Gesprächs im Beisein von Flurin Casutt ohnehin von selber ergeben. Als die vier im Verhörraum sassen, zeigte Ritter seinen beiden Gegenüber das Papier der Staatsanwaltschaft in Zusammenhang mit dem Handy von Rolf Guggisberg. «Unter Protest», wie sich der Anwalt ausdrückte, erhielt es Ritter überreicht, er bat Guggisberg jedoch, es vorher noch zu entsperren. Nach wenigen Augenblicken entdeckte Ritter das, was er wollte. Das Handy jedoch blieb für nachfolgende Untersuchungen durch den KTD auf seiner Seite des Tisches liegen.

«Herr Guggisberg, ich komme auf die Nacht vom 30. September auf den 1. Oktober zurück, wir haben uns bereits darüber unterhalten. Weshalb haben Sie Manuela Dimitriu zwischen 2.48 und 4.11 Uhr mehrfach zu erreichen versucht? Ich weiss, Herr Casutt, Ihr Mandant wird darauf nicht antworten.»
«Weshalb fragen Sie denn, wenn Sie die Antwort bereits kennen?»
«Weil ich vorhin Interessantes bei den eingegangenen Anrufen entdeckt habe. Herr Guggisberg, um 4.03 Uhr haben Sie einen Anruf einer unbekannten Nummer erhalten. Wer hat Sie angerufen?»
«Daran erinnere ich mich nicht.»
«Ich ergänze Ihr Gedächtnis gerne. Ein Zeuge hat Ihren Wagen gegen 4.30 Uhr in der Nähe des Tierheims gesehen, also in der Nähe des Tatorts mit den drei Toten.»
«Und wer soll dieser Zeuge sein, der sich um diese Zeit im Wald aufhält? Das ist absolut lächerlich.»

«Herr Anwalt», Elias Brunner loggte sich ins Gespräch ein, «ein sehr zuverlässiger Zeuge. Dieser Mann erinnert sich sogar, wo genau, nämlich an der Kreuzung zweier Velowege, Route 888, knapp 100 Meter vom BMW entfernt. Ihr Mandant sei auch nicht allein gewesen.» Der Ermittler verschwieg dabei, dass es Guggisberg selber war, der dies im Pyri ausgeplaudert hatte.

«Woher will er denn wissen, dass …?», wollte Guggisberg nahtlos weiterfahren, wurde jedoch von Casutt daran gehindert.

«Wagennummer, Wagentyp? Um diese Zeit ist es noch dunkel, da reichen ein paar dürftige Behauptungen nicht.»

«VW Golf», Ritter übernahm wieder die Gesprächsführung, im Wissen, dass er sich damit juristisch auf ganz dünnes Eis begab, denn die Tonaufnahmen aus dem Pyri entsprachen nicht der gängigen Praxis kriminalistischer Recherchen, im Gegenteil. Er nannte auch das Kontrollzeichen, das er bei einer Halterabfrage in Erfahrung gebracht hatte. Ritter war im Moment daran, einen Pakt mit dem Teufel einzugehen.

«Herr Guggisberg», fuhr Ritter im gleichen Rhythmus selbstsicher fort, «wir gehen davon aus, dass Sacha Golubew Sie angerufen hat, um sich und einen Mittäter in Sicherheit zu bringen. Wohin haben Sie sie gefahren, von Punkt 888 aus?»

«Ich kenne keinen Golubic.»

«Meine Herren, so geht das doch nicht, Sie machen meinem Mandanten gegenüber Vorwürfe, die Sie in keiner Weise belegen können.»

«Herr Casutt», antwortete Ritter mit ruhiger Stimme, «die Aufzeichnungen auf den Handys von Frau Dimitriu und Herrn Guggisberg sprechen eine andere Sprache. Und ich bin sicher, dass wir bei der Auswertung des Handys Ihres Mandanten noch weitere interessante Hinweise finden werden. Zudem schalten wir den Provider ein, das ganze Programm. Herr Guggisberg, möchten Sie dazu noch etwas sagen? Ach, und bevor ich es vergesse: Wer ist Pjotr Wlassow in Wirklichkeit?»

«Ich habe keine Ahnung, wovon Sie sprechen.»

«Kein Problem. Ich erkläre Ihnen jetzt Ihre Rechte und lasse Sie danach vorläufig festnehmen, Ihr Anwalt sitzt ja neben Ihnen. Morgen werden Sie dem Haftrichter vorgeführt.»

Während Guggisberg in sich zusammensank, beschwerte sich sein Anwalt «in aller Form» über die Art und Weise, wie man mit seinem Mandanten

An diese Kreuzung am Fahrhubelweg nahe dem Tierheim wurde Rolf Guggisberg beordert.

umspringe. Er kündigte Beschwerde und Konsequenzen an. Die üblichen Drohungen, wenn man mit dem Rücken zur Wand steht. Ritter und Brunner hörten diesem Zetermordio kommentarlos zu und liessen Rolf Guggisberg von zwei Beamten ins Regionalgefängnis Bern beim Amthaus abführen, von weiteren Protesten seitens Flurin Casutt begleitet. Noch immer verzichtete Ritter darauf, Casutt gegenüber zu erwähnen, dass man ihn demnächst in einer anderen Sache kontaktieren werde.

«So, Guggisberg wäre fürs Erste versorgt», verkündete Brunner nach der Rückkehr der beiden Ermittler im Büro, wo Aarti Sivilaringam und Stephan Moser mit ihren Handys beschäftigt waren, die Tamilin im Gespräch, Stefan Moser beim Eintippen einer SMS «an Claudia», wie er sagte. Es vergingen zwei, drei Minuten, bis Aarti den Anruf beendet hatte. Danach hatte sie Neuigkeiten in Zusammenhang mit Oliver Popovic, dank Europol, danach mit Hilfe der Föderalen Polizei Belgien.

«Popovic hat sich ganz offensichtlich unmittelbar nach dem Zusammenbruch der Fly4sure nach Belgien abgesetzt, nach Antwerpen.»
«Diamanten-Hochburg», ergänzte Ritter.
«Genau. Und in diesem Zusammenhang hätte er beinahe eine Haftstrafe absitzen müssen, vermutlich in der Justizvollzugsanstalt Nivelles, in welcher auch der Mörder und Sexualstraftäter Marc Dutroux einsitzt.»
«Einer der widerlichsten Fälle, von denen ich in meinem Leben gehört habe. Aber das ist ja nicht das Thema, zum Glück nicht. Aarti, was hast du sonst über Popovic erfahren? Und vor allem: Was heisst hier ‹hätte›?»

«J. R., auf irgendeine Geissart wurden die Ermittlungen gegen ihn eingestellt, er ist anschliessend nach Holland weiter, vor einem Monat verliert sich seine Spur.»
«Unter welchem Verdacht stand Popovic denn?»
«Hehlerei mit Diamanten. Schon merkwürdig, dass er seinen Kopf aus der Schlinge ziehen konnte. Andererseits vermutet man ja auch, dass dieser Dutroux Beziehungen in höhere Kreise hatte und deswegen seine Schandtaten mit minderjährigen Frauen so lange weiterführen konnte.»

Die Recherchen von Aarti Sivilaringam konnten niemanden überraschen. Es stellte sich einfach die alles entscheidende Frage: Wo hielt sich Popovic heute auf? Ganz abgesehen davon: Er stand nicht im Verdacht, etwas mit den Morden zu tun zu haben. Ausser Spekulationen gab es demzufolge nichts zu notieren, das an die Pinnwand gehörte.

Stephan Moser hatte in der Zwischenzeit nicht bloss Kontakt mit seiner Freundin, sondern vor allem mit Berlin. Miray Özdemir hatte einiges zu berichten, denn ihre Kollegen waren damit beschäftigt, Ermittlungen zu den beiden Verbrechen – V-Mann in der Spree, Darko im Keller – anzustellen. Und übers Weekend hatte sich einiges ergeben, in der Villa in Potsdam, die einen unglaublichen Gegensatz zur ärmlichen Wohnung in Berlin-Kreuzberg darstellte. Dort gab es bei einem zweiten Einsatz der Spurensicherung und der KTU nichts Neues zu finden, den 322 Gramm Heroin gab es nichts Verdächtiges hinzuzufügen. Und das hiess wiederum, dass diese Absteige einen reinen Umschlagplatz für Darko darstellte: Junkies und Dealer schnell rein und schnell wieder raus. Quasi just in time. Unklar blieb, weshalb er das Heroin dort bunkerte, immerhin mit einem Strassenwert von über 10 000 Euro, für Unbefugte leicht zu klauen. Unklar auch, weshalb man seine Leiche im Keller fand, denn auch dort – in seinem Kellerabteil – gab es nichts Auffälliges, was einen Zusammenhang mit krummen Geschäften zu haben schien.

Eine abschliessende Antwort gab es indes auf die Frage nach der Tatwaffe, wie bereits von Eugen Binggeli mitgeteilt: Es wurde eine jener beiden Pistolen verwendet, die bereits in Belp zum Einsatz gekommen waren. Auf Hülse und Projektil wurden keine Fingerabdrücke festgestellt, die Waffe selber hingegen konnte nicht gefunden werden. Hiess dennoch: Der Mörder, der nur einmal abdrückte, ähnlich wie in der Schweiz, musste Golubew – oder sein nach wie vor unbekannter Mittäter – sein. Nach Golubew lief eine internationale Fahndung, beim Unbekannten hingegen tappte man im Dunkeln.

Nächste Enttäuschung: Als die Polizei die Potsdamer Villa von Stanislaw Darko durchsuchen wollte, nur wenige Stunden nach Auffinden der Leiche in Kreuzberg, von einem Hausbewohner entdeckt, musste sie feststellen, dass jemand anderes das gleiche Interesse bereits verwirklicht hatte: das totale Durcheinander, Schränke aufgebrochen, Ordner herausgerissen, Kunstwerke von den Wänden gehängt, auf den Boden geworfen und mutwillig mit den Füssen zerstört, darunter Gemälde von Edward Hopper und Grant Wood. Nicht nur die Leute der Kriminaltechnik fragten sich, woher Darko das Geld für solche einzigartige Kunstschätze hatte. Ein Kollege von Miray Özdemir, ein an Kunst Interessierter, löste das Rätsel, das eigentlich keines war: Fake, wie die Uhren von Manuela Dimitriu, denn die vermeintlich zertretenen «Nighthawks» von Hopper hingen zum Beispiel nach wie vor im Museum of Contemporary Art in Chicago.

Komisch: Die Villa war mit Alarmsensoren gesichert. Wer konnte diese ausschalten? Einen Schlüssel besass die Täterschaft nicht, die Seitentüre wurde gewaltsam aufgebrochen.

«Die Kollegen in Berlin haben in Potsdam jedoch jene Waffe gefunden, mit welcher der V-Mann erschossen wurde, diese Tat ist also ganz klar Darko zuzuschreiben, ausser sie wäre von den Einbrechern dort deponiert und der Einbruch bloss vorgetäuscht worden. Sämtliche elektronischen Geräte hingegen fehlen, alles weg. Man wird also über Umwege an Auskünfte heranzukommen versuchen, Provider und so.»

«Safe?», wollte Ritter von Moser erfahren.
«Gute Frage, Chef!»
«Stephan, steht so in meinem Pflichtenheft: ‹Der Chef stellt gute Fragen›», was für einige Sekunden für Heiterkeit sorgte.
«Ja, gibt es. Leer, ohne Spuren von Gewaltanwendung. Da muss jemand den Code gekannt haben. Oder aber Darko hatte nichts hinterlegt. Wozu dann aber der Safe?»
«Was sagt Berlin dazu?»
«J. R., sie haben eine Theorie dazu, die sich wohl mit jener deckt, an die wir gerade denken.»
«Übel zugerichtete Leiche, wie es hiess, Gewaltanwendung. Heisst Folterungen, wie beim V-Mann.»
«Was von der Vorgehensweise darauf schliessen lässt, dass Darko dasselbe Schicksal ereilt hat wie Tage zuvor den V-Mann, deshalb kannte man allenfalls auch den Code für den Safe», kombinierte Brunner. Aarti doppelte nach:
«Nicht nur das.»
«Sondern?», wollte Brunner wissen.
«Es schliesst die Möglichkeit nicht aus, dass der Mörder von Darko bereits bei der Ermordung des V-Mannes anwesend war.» Erst 23-jährig und bereits derart auf Draht. Aber was hatte Stephanie Imboden doch kürzlich wegen des Alters festgestellt?

Nach diesem Denkanstoss fuhr Moser mit seinem «Bericht aus Berlin» fort, wie auch eine Politsendung des ARD-Hauptstadtstudios heisst. Stanislaw Darko hatte unzweifelhaft Verbindungen zur Russenmafia, gehörte möglicherweise sogar zum Berliner Führungsstab, zurückzuführen auf seine Zeit bei Fly4sure, die regelmässig Berlin anflog und ebenso unzweifelhaft auch Bern mit illegaler Ware bediente, unter anderem mit der Uhrenkollektion von Manuela Dimitriu. Seine Bankkontenauszüge führten die Ermittler nach Panama, auf die Bahamas, nach Andorra, Malta und – wen wundert's? – nach Genf, zu einer kleinen, aber feinen Privatbank. Es galt die nächsten Tage und Wochen abzuwarten, was die undurchsichtigen Transaktionen betraf, die Handschrift indes zeigte nur in eine Richtung: zur Russenmafia.

Weil sämtliche elektronischen Geräte fehlten, konnte (noch?) keine Verbindung Darkos zu seinem ehemaligen Geschäftspartner Ollie Popovic nachgewiesen werden, wenn überhaupt eine bestand. In den beiden Hauptstädten liess man diese Möglichkeit offen, konzentrierte sich aber in erster Linie auf die beiden Tathergänge in Berlin. Gab es Leute, die etwas bemerkt hatten? So unterschiedlich die beiden Fundorte auch waren: Verschwiegenheit galt an beiden Orten als oberstes Gebot, in Kreuzberg aus Angst, in Potsdam wegen des guten Rufs der Gegend, wo Gewaltverbrechen die scheinbar heile Welt zumindest in Schieflage versetzen konnten. Die Potsdamer Polizei konnte einige Lieder davon singen, «A- und B-Seiten, Text und Melodie», wie Özdemir einmal scherzhaft bemerkte und damit in die Zeiten der 45er-Singleplatten zurückkehrte.

«Eine Frage, J. R., weil wir im Tessin doch einiges verpasst haben, zumindest was unsere Fälle anbelangt.»
«Nur zu, Stephan.»
«Was ist eigentlich mit den Plänen von Sommerhalder und diesem Österreicher, wie heisst er schon wieder?»
«Konstantin Kaiser, genannt K u. K, Kaiserlich-königlich. Sein Anwalt ist zufälligerweise auch der Rechtsvertreter von Rolf Guggisberg, aber das nur nebenbei. Ich habe nichts mehr gehört. Wir sind jedoch überzeugt – auch Stephanie –, dass die Ausbau- respektive Umbaupläne vom Belpmoos in keinem Zusammenhang mit unseren Fällen stehen, wir vernachlässigen sie deshalb wohlwollend. Hinter den Kulissen versucht man sicher den einen oder anderen Trick, um die Gegenseite auszuspielen. Lassen wir uns überraschen.»

«Ich könnte mir gut vorstellen, dass der eine dem anderen nicht mal das Schwarze unter den Fingernägeln gönnt.»

«Das ist doch unser aller Moser, wie wir ihn mit seinen Sprüchen lieben», stellte Brunner fest. Für den Nachmittag wurden anschliessend weitere Aufgaben verteilt.

Verkehr in Berlin (Noch immer Montag, 15. Oktober)

Es lag auf der Hand, dass David Schaller noch einmal befragt werden musste. Schaller argumentierte beim Anruf von Elias Brunner, er könne «heute Nachmittag» unmöglich sein Büro in Ittigen verlassen, was den Kriminalisten jedoch vor keine wirklichen Probleme stellte, dann kämen Frau Sivilaringam und er einfach zu Jupiter, in sein Büro, was Schaller offenbar als die weniger erstrebenswert Lösung zweier schlechter Möglichkeiten empfand, weshalb er nach 20 Minuten wider Erwarten bereits im Ringhof eintraf, wo er sofort ins Verhörzimmer geführt wurde.

«Herr Schaller», begann Brunner die Befragung, «uns sind diese ständigen Begegnungen angesichts der Umstände auch unangenehm, Sie lassen uns aber keine Wahl.»
«Was haben Sie dieses Mal für unangebrachte Fragen?»
«Sie sagten, Ihre Partnerin hätte ihr Handy in der fraglichen Nacht, als sie ums Leben kam, zu Hause liegen lassen. Sie sagten ebenfalls, Sie selber hätten gearbeitet und auf ihre Rückkehr gewartet.»
«Finden Sie das nicht normal?»
«Doch schon, bei normalen Verhältnissen in Beziehungen schon», erwiderte Aarti Sivilaringam, «Frau Dimitriu erhielt mitten in der Nacht aber mehrere Anrufe auf ihr Handy. Haben Sie nichts gehört?»
«Nein, ihr Handy war offenbar auf lautlos gestellt.»
Nun brachte sich Brunner in die Befragung ein: «Okay, der KTD sagt das auch, jedenfalls zum Zeitpunkt, als Sie das Handy Herrn Ritter überreicht haben. Ob das während der Nacht bereits der Fall war, lassen wir offen. Jetzt aber Klartext, Herr Schaller, wegen dieser Fake-Uhren oder ihrer Beziehung zu Amanovic wird man sie kaum umgebracht haben. Sie selber haben uns gesagt, Frau Dimitriu sei ‹in etwas hineingeraten›. Was wissen Sie? Oder was vermuten Sie? Wenn wir Ihnen später beweisen können, dass Sie uns etwas verschweigen, kommt das einer Behinderung der Justiz gleich, im günstigsten Fall kommen Sie mit Bewährung davon.»

Brunner pokerte mit dieser Aussage etwas gar hoch. Allerdings mit Erfolg. Schaller begann nämlich wundersamerweise damit, sich an dieses oder jenes zu erinnern, was ihm «möglicherweise wegen den Ereignissen entfallen ist», wie er sich erklärte. Vom Verhältnis mit Majkl Amanovic wisse er seit einigen Wochen. Zuerst sei es nur eine Vermutung gewesen, die später zur Gewissheit wurde, weil er sich in Manuela Dimitrius «Sachen» zu schaffen gemacht habe. Indizien gäbe es auf ihrem Handy keine, da sei offenbar alles fortlaufend gelöscht worden. Möglicherweise habe sie aber ein zweites Telefon gehabt, prepaid, wobei es diesbezüglich seitens der Ermittler jedoch keinen Hinweis gab.

Ja, Dimitriu – Schaller sprach von jetzt an nur noch ihren Familiennamen aus, despektierlich – habe vermutlich nicht bloss mit Uhren gehandelt. Er wisse nicht, wann genau, «vor ungefähr einem halben Jahr» habe er erstmals die Namen Krutow, Wlassow und Amanovic in Zusammenhang mit riskanten Geschäften gehört. Als Dimitriu vor vier Wochen mit einer Reisegruppe einige Tage in Rom unterwegs gewesen sei, habe er in ihren Unterlagen nach belastendem Material gesucht. Und tatsächlich: Sie habe eine Mail ausgedruckt gehabt, aus der «glasklar» hervorgegangen sei, dass sie ebenfalls in Drogengeschäfte verwickelt war, ihm gegenüber habe sie jedoch nie eine Bemerkung gemacht. Als er sie Tage später mit dem Papier habe konfrontieren wollen und in ihrem Beisein danach gesucht habe, sei der Ausdruck nicht mehr zu finden und eine Riesenszene die Folge gewesen.

«Haben Sie eine Kopie der Mail gemacht?»
«Frau Aarti, nein, eine Kopie habe ich nicht, ich kam mir damals schon so schäbig genug vor.»
«Und was stand in der Mail?»
«Absender war jemand in RU, in Russland, Text in kyrillischer Schrift.»
«Sie können das lesen?»

«Nein, und Dimitriu offenbar nicht fliessend, obwohl sie seinerzeit in Sofia in der Schule Russisch als Zweitsprache gelernt hatte, aber das ist schon lange her. Ich nehme an, dass sie das dem Absender schrieb. Jedenfalls kam die sehr kurze Mail nochmals vollständig in Englisch daher. Von einer nächsten Lieferung H stand zu lesen, auf den üblichen Kanälen mit A. und K. abzuwickeln.»
«Absender?»
«Wie gesagt, an die Mailadresse selber kann ich mich nicht erinnern. Nie

hätte ich gedacht, dass die Polizei mich damit konfrontieren könnte, sonst hätte ich eine Kopie gemacht. Es war ja nur eine Sache zwischen ihr und mir. Unterschrieben war die Mail nur mit B. oder P., bin mir nicht mehr sicher.»

Wenn man in der Theorie nun davon ausging, dass Wlassow – oder SAG? – der Auftraggeber und Koordinator des Drogenschmuggels war, hätte es sehr gut sein können, dass sich das ermordete Trio zu verselbstständigen gedachte und auf eigene Rechnung arbeiten wollte, zumindest Amanovic mit bewährten Bezugsquellen. Möglicherweise Krutow auch. Weiter galt folgende Annahme: Wenn Wlassow und Darko oder Golubew davon wussten, hätte der Dreifachmord dem Plan einen endgültigen Strich durch die Rechnung gemacht. Nur: Weshalb Guggisberg als Chauffeur am 1. Oktober? Hatte er seinerzeit jeweils mehr als nur weggeschaut, als die Fly4sure-Flüge aus Berlin im Belpmoos landeten? Hatte jemand ihn in der Hand? Und dieses Phantom von Wlassow, wer war das? Diese Fragen – und noch einige andere mehr – hatte Ritter im Regionalgefängnis Guggisberg zu stellen, möglichst heute noch.

«Herr Schaller, was fällt Ihnen sonst noch ein?» Elias Brunner stellte die Frage ohne jeden Zynismus.
«Nichts, und sonst kann ich Sie ja anrufen, je nachdem, was mir in den Sinn kommt, wenn ich wieder zu Hause bin, Sie haben ja sicher eine Visitenkarte, nicht wahr?» Diese erhielt er sofort überreicht und Minuten später verliess er den Ringhof in Richtung seines Büros in Ittigen.

«Was glaubst du, nach diesen Aussagen, Elias?»
«Für mich ergibt der eigene Drogenring von Dimitriu, Amanovic und Krutow Sinn. In solchen Kreisen wird mit Abtrünnigen bekanntlich kurzer Prozess gemacht. Die regelrechten Hinrichtungen in Belp sind Beweis dafür. Profis.»
«Und unsere Geschichte wird jetzt in Berlin weitergeschrieben, oder was?»
«Sieht so aus, Wusch, drei Tote in Belp, zwei im Jura, zwei in Berlin, bleiben nach unserem Wissensstand noch Golubew und Wlassow, mir kommt das Ganze wie ‹Zehn kleine Negerlein› vor.»
«Elias, geht gar nicht, rassistisch, politisch unkorrekt. Wenn schon ‹Zehn kleine Jägermeister›.»
«Wie kommst du denn darauf?»
«Song der Toten Hosen.»

«Aha. Ich stehe drum mehr auf Trauffer.»

Nach diesen Wortspielereien trafen sie im Korridor auf Stephan Moser. Sie tauschten ihre Erkenntnisse aus, Moser hatte mit Berlin telefoniert. Auch dort gab es noch keinen Anhaltspunkt zur möglichen Identität von Pjotr Wlassow. Mirja Özdemir konnte Details zum Umfeld von Darko mitteilen, die aber mit Sicherheit keinen Bezug zu den Morden in der Schweiz hatten.

In Kreuzberg und in Potsdam hatte Darko in den Rollen von Dr. Jekyll und Mister Hyde rasch Fuss gefasst, obwohl er erst seit kurzer Zeit dort lebte, aber mit seinen jahrelangen Beziehungen in die Unterwelt der Hauptstadt dank Fly4sure war das nicht weiter verwunderlich. Vor seiner Potsdamer Villa seien regelmässig «nette Autos», wie sich Miray Özdemir ausgedrückt hatte, zu sehen gewesen. Nachbarn waren diese «Typen» alles andere als geheuer, einer dieser Zeugen hatte sich einmal die Kennzeichen ihrer Autos notiert, die Halter der Polizei praktisch ausnahmslos bekannt: entweder ehemalige «Knastis» oder aber in der Öffentlichkeit hoch angesehene Herren aus Wirtschaft und Politik, auch zwei Schönheitschirurgen, viele davon regelmässig in den Hochglanzmagazinen oder den VIP-Sendungen im TV zu sehen. In München als «Schickeria» bezeichnet und von der Kultband Spider Murphy Gang besungen.

«Stephan, bis jetzt hast du nur von Männern gesprochen. Keine Frauen?»

«Aarti, du kommst mir zuvor. Ja, doch, der eine oder andere kam in Begleitung, wobei …»

«… lass mich raten: chirurgische Schönheiten.»

«Ja, auch. An Wochenenden waren auffallend grosse Limousinen mit polnischen Kennzeichen und verdunkelten Fenstern zu sehen, wie sie in die Einstellhalle einfuhren.»

«Moment», unterbrach dieses Mal Brunner, «eine Einstellhalle und die Gäste parkieren vor der Hütte? Wie geht denn das?»

«Isch e chly müehsam, euch beidne Züügs z'verzelle, wenn ig ständig unterbroche wirde.»

Mit «Sorry, Stephan, wir halten unsere Schnäbel», sprach Brunner das aus, was auch Sivilaringam zuvorderst auf den Lippen hatte.

Es lag auf der Hand, was die Fahrzeuge aus Polen für eine Aufgabe hatten, nämlich den Transport von «Frischfleisch» für diese nur teilweise angesehenen Kreise. Die polnische Grenze lag relativ nahe. Einige dieser jungen

Frauen wurden am nächsten oder übernächsten Tag zurückgefahren, einzelne blieben in Potsdam zurück, von gewissen Herren gleich «unter Vertrag» genommen, wie die Potsdamer Polizei rasch herausfand. Sie konnte aber nichts gegen die Zuhälter unternehmen, welche die jungen Frauen als «Freundinnen» mit einem Schengen-Visa für Kurzaufenthalte deklarierten. Nach drei Monaten Aufenthalt in Deutschland konnten sie mit einem Aufenthaltstitel eine reguläre Arbeitsbewilligung beantragen. Keine der Frauen wagte bei der Befragung zu sagen, sie sei unfreiwillig im Land.

«Danke, Stephan, Details kannst du uns ersparen», bemerkte Brunner. Aarti nickte, wartete jedoch mit einer nächsten Frage auf.
«Hat Berlin etwas dazu gesagt, ob der Name Wlassow in diesem oder jenem Zusammenhang erwähnt wurde?»
«Oops! Habe ich zu fragen vergessen. Miray hat lediglich erwähnt, dass Oliver Popovic offenbar nicht zur Clientèle in der Villa zählte. Hole ich nach.»

Zur gleichen Zeit empfing Rolf Guggisberg im Regionalgefängnis zwei Gäste: Joseph Ritter und Flurin Casutt. Beide kamen zu Fuss, weil das Regionalgefängnis ziemlich genau zwischen Hirschengraben und Ringhof liegt. Nur einige Sekunden trennten Ritter und Casutt bei ihrem Eintreffen. Bevor sie gemeinsam das Gebäude betraten und von der Security durchsucht wurden – Ritter hatte seine Dienstwaffe logischerweise nicht dabei –, erkundigte sich Ritter nun doch «nach der anderen Sache, die mit dem heutigen Fall gar nichts zu tun hat.»

Flurin Casutt bestätigte nur, dass Konstantin Kaiser mit BERN*futura* und BERN*natura* nach wie vor alles auf eine Karte setzte und das Projekt von Julius Sommerhalder bewusst ausser Acht lasse, sich einzig auf sein Vorhaben konzentrierend. Man habe «vertieften» Kontakt mit den zuständigen Stellen. Zudem arbeite die Zeit nicht gegen «Herrn Kaiser», so wie sich die Situation im Belpmoos entwickle. Allerdings wisse man nie, plötzlich tauche ein Mäzen wie bei der Fly4sure auf und dann sei plötzlich alles anders.

Casutt wollte danach wissen, ob «im Dunstkreis der Ereignisse» in Belp und dem Jura das Projekt in irgendeiner Weise durch Beteiligte tangiert sei, was Ritter verneinen konnte, aber die nächste halbe Stunde werde möglicherweise neue Aspekte an den Tag bringen, wie er schmunzelnd feststellte, von einem zustimmenden Lachen des Herrn Casutt begleitet, worauf die beiden ihre Freundlichkeiten beendet hatten, um in wenigen Minuten ihren eigentlichen Rollen gerecht zu werden.

Rolf Guggisberg sass bereits in einem für Befragungen eingerichteten Raum. Er begrüsste demonstrativ nur seinen Anwalt, als ob der Dezernatsleiter gar nicht anwesend wäre.

«Herr Ritter, ich muss nochmals und ausdrücklich gegen die willkürliche Festsetzung meines Mandanten protestieren, so geht es nicht, wirklich nicht.»
«Herr Anwalt, von Willkür kann keine Rede sein, die detaillierte Auswertung des Handys von Herrn Guggisberg spricht eindeutig dagegen, auch die Randdaten wurden über Nacht von unserer Kriminaltechnik in Zusammenarbeit mit dem Provider analysiert, auf Antrag der Staatsanwaltschaft. Herr Guggisberg, wer hat Sie in der Nacht auf den Montag, 1. Oktober, um 4.03 Uhr angerufen?»
«Ich kann mich an einen derartigen Anruf nicht erinnern.»
«Dann stelle ich diese Frage zurück, trotz des Umstandes, dass Ihr Handy um 4.30 Uhr in der Nähe des Tierheims eingeloggt war, Gümligen und Belp liegen ja nicht weit voneinander entfernt. Weshalb haben Sie in jener Nacht sechsmal Manuela Dimitriu anzurufen versucht?»

«Mein Mandant hat bereits dazu Stellung genommen, falls Sie richtig zugehört haben: Sein Handy lag in jener Nacht in seinem Auto, weil es ihm beim Aussteigen aus der Manteltasche gerutscht ist.»
«Und hat selber zu telefonieren begonnen, oder was? Und ist dann selber nach Belp gefahren?»

Die Feststellung, Guggisberg hätte das Handy während zwei Tagen angeblich vermisst, brachte selbst den gewieften Flurin Casutt in einen Erklärungsnotstand, denn für Ritter war klar, dass man in einem solchen Verlustfall sich zu erinnern versucht, wo man das Handy letztmals benutzt hat. Und die Randdaten hatten Klarheit geschafft: Eingeloggt war es bei den letzten elf Kontakten von Guggisberg über zwei Tage im oder vor dem Haus in Gümligen, wo dieser wohnte. Mit anderen Worten: entweder im Haus selber oder im Auto. Beide Möglichkeiten kratzten arg an der Fassade von Guggisbergs Behauptung, weshalb die Frage nach den sechs versuchten Kontaktnahmen mit Manuela Dimitriu mitten in der Nacht wieder gestellt wurde. Casutt musste mehr oder weniger konsterniert zuhören, wie sich sein Mandant plötzlich auf wundersame Weise an jene Nacht erinnerte.

«Ich kannte Frau Dimitriu ziemlich gut, sie war regelmässig am Flughafen, anfänglich nur mit Kunden von Travelling, im Laufe der Zeit aber immer öfter privat.»
«Und was suchte sie ‹privat› dort, wie Sie es sagen?»
«Nun, wie soll ich sagen …»
«Herr Guggisberg wird gar nichts sagen, was später vielleicht – ich betone vielleicht – gegen ihn verwendet werden könnte.»
«Dann verrate ich Ihnen beiden, was privat jeweils passiert ist. Guggisberg & Co. haben grosszügig über gewisse Warentransporte hinweg gesehen – übrigens, Herr Guggisberg, eine schöne Uhr, die Sie tragen … – und wurden dafür entschädigt.»
«Das ist eine infame Unterstellung!», echauffierte sich Flurin Casutt.
«Frau Dimitriu hat nicht allein gehandelt, die Herren Amanovic und Krutow standen ihr zur Seite», sagte Guggisberg unerwartet, was Casutt sprachlos werden liess.
«So kommen wir der Sache schon näher, Herr Guggisberg. Wer war dieser Krutow, wie kam er ins Spiel? Er hat ja unseres Wissens nie am Flugplatz gearbeitet.»
Darauf intervenierte Casutt: «Herr Guggisberg, bitte sagen Sie jetzt nichts mehr, das chunnt süsch nid guet.»

Dennoch begann Guggisberg – entgegen dem Rat seines Anwalts – zu erzählen. Es war offensichtlich: Guggisberg hatte den Wunsch zu reden, um sich – so vermutete Ritter – einigermassen heil aus der Affäre zu ziehen. Amanovic und Dimitriu hätten anfänglich nur zu zweit gewirkt, mit falschen Uhren und echten Medikamenten, die in Deutschland zum Teil um ein Vielfaches günstiger als in der Schweiz zu kaufen waren. Auch anabole Steroide seien auf ihrer Angebotspalette gestanden, in Russland hergestellt. Eines Tages – «es mögen vier Monate her sein» – seien plötzlich dieser Wassili Krutow samt Sacha Golubew auf der Matte gestanden, die Amanovic von seiner Fly4sure-Zeit her kannte, in Verbindung mit Drogen. Guggisberg sagte, Manuela Dimitriu habe anfänglich mit Drogen nichts zu tun gehabt, Amanovic und Krutow hingegen hätten sie dazu gezwungen, weil sie bereits auf illegale Importe eingespurt hatte. Deshalb auch die Aussage von Schaller, Dimitriu sei «möglicherweise in etwas hineingeraten», ging es Ritter durch den Kopf. Das alles passte zusammen. Golubew, so Guggisberg weiter, habe sich immer als eine Art Pate aufgespielt, als gehe nichts ohne ihn.

«Und Sie haben von diesen Machenschaften gewusst und weggeschaut, wenn die Flugzeuge landeten? Und gleich noch eine Frage: Wie kamen Amanovic & Co. nach dem Grounding der Fly4sure an ihre Ware heran?»
«Meines Wissens ist Amanovic ständig zwischen Zürich-Kloten und Berlin gependelt.»
«Moment! Und hat jeweils frischfröhlich Ware importiert, an den Kontrollen vorbei? Ich bitte Sie …»
«Der neue Flughafen in Berlin, BER, liegt ja unmittelbar neben Schönefeld, von wo aus die Fly4sure geflogen ist. Amanovic hatte dort ihm gut gesinnte Security-Leute, deren Dienstpläne er kannte, heute zum Teil in BER tätig. Kleine Geschäfte erhalten die Freundschaft, Rolex und so … In Zürich kam er jeweils schlank durch, seinen Trick aber hat er nie verraten.»
«Und Sie haben seinerzeit im Belpmoos jeweils grosszügig weggeschaut – oder sogar Ware in Empfang genommen, aus Privatfliegern?»
«Bitte! Herr Guggisberg, antworten Sie nicht auf diese Frage, das könnte Ihnen einige Jahre im Gefängnis einbringen, je nachdem, was Sie sagen.»
Guggisberg hielt sich an den Rat seines Anwalts und beendete seine Ausführungen.
«Herr Anwalt, ich habe nur noch einige wenige Fragen an Ihren Klienten. Herr Guggisberg, wer hat Sie am 1. Oktober zum Tierheim nach Belp beordert? Golubew oder Wlassow? Und weshalb ausgerechnet Sie? Wurden Sie erpresst?»
«Auch darauf wird Herr Guggisberg nicht antworten.»
«Ich werde U-Haft für Herrn Guggisberg beantragen, wegen Verdunkelungsgefahr. Ausserdem reicht die Auswertung seines Handys bereits für eine Einbehaltung.»
«Tun Sie, was Sie nicht lassen können, das wird der Staatsanwalt entscheiden», gab sich Casutt zuversichtlich, vor allem, um sein Gesicht beim Mandanten zu wahren.
«Eine letzte Frage, Herr Guggisberg, wer ist Wlassow?»
«Das, sehr geehrter Herr Ritter, das herauszufinden, das ist Ihre Sache.

Dazu werde ich sicher nichts sagen.»

«Aus Angst?»

«Nein, aus Prinzip. Machen Sie Ihre Arbeit.»

«Ja, sobald ich wieder im Büro bin. Darauf können Sie Gift nehmen», sagte Ritter.

Als Ritter das Gebäude verlassen hatte, blieb er einige Minuten stehen, um zwei Anrufe zu erledigen. Zum einen wollte er seine Partnerin an diesem ganz gewöhnlichen Montag mit einem Znacht im Restaurant Gurtners auf dem Gurten überraschen, wozu er einen «schönen Tisch» reservieren liess, zum anderen rief er Grütter an, um sich nochmals für dessen verdeckte Ermittlung im Pyri zu bedanken. Auch dieses Mal begegnete er Flurin Casutt beim Hinausgehen, wobei es keinen Small Talk, sondern einzig ein beiderseitiges «Uf Widerluege» gab.

Den Rest des Tages verbrachten die Ermittler mit einer Auslegeordnung der Fakten im Ringhof, samt der Mitteilung des Staatsanwalts, er habe Haftbefehl gegen Guggisberg erlassen. Das Team Ritter ahnte zu diesem Zeitpunkt noch nicht, was der nächste Tag an Überraschungen bringen würde.

Von Bern nach Berlin
(Dienstag, 16. Oktober)

Zugegeben, es hatte sich gestern Nachmittag eine gewisse Ratlosigkeit gezeigt, was den weiteren Verlauf der Ermittlungen betraf. Zwar hatten die Herren Schaller und Guggisberg einiges verlauten lassen, von einem Durchbruch war man aber ungefähr so weit entfernt «wie der FC Bern vom Titel als Schweizer Fussballmeister», wie Elias Brunner ironisch feststellte, selber Aktiver bei den Senioren des FCB. Sowieso schienen die Ermittlungen immer mehr nach Berlin zu entgleiten.

Stephan Moser hatte am Vortag noch mit Berlin telefoniert und, wie mit Aarti Sivilaringam abgesprochen, bei Miray Özdemir nachgefragt, ob der Name Wlassow in Zusammenhang mit den Vorkommnissen in der Villa erwähnt wurde. Nichts dergleichen. Die Berlinerin versprach Moser, ihn sofort zu kontaktieren, sollten sich Neuigkeiten ergeben. Dies war bereits gegen 9 Uhr der Fall. Özdemir empfahl Moser, sein Handy auf laut zu stellen, was dieser sofort tat.

«Juten Tach nach Bern. Wir haben eine schlaflose Nacht hinter uns, der Grund dafür wird Sie interessieren.» Diese Bemerkung veranlasste Moser, sein Handy auf volle Lautstärke zu schalten.

Die Polizeihauptkommissarin berichtete davon, dass es gestern Abend gegen 21.45 Uhr einen Zwischenfall mit Todesfolge in einer Berliner Bar gegeben hatte. Genauer gesagt: in der Besenkammer am Alexanderplatz, die seit Jahrzehnten – bereits zu DDR-Zeiten – nie geschlossen hielt, 24/365 offen. Stephan Moser und Claudia Lüthi waren während ihres Aufenthalts an der Szenekneipe in unmittelbarer Nähe des Fernsehturms vorbeispaziert, einem bekannten Treffpunkt von Homosexuellen. Die Umstände des Vorfalls filmwürdig: Ein Besucher auf einem Barhocker schreit plötzlich auf, dreht sich um, sieht einen Mann, der zum Ausgang drängt. Seine letzten Worte mit einem Fingerzeig zum Unbekannten: «Haltet ihn!» Danach fällt er buchstäblich vom Hocker, liegt am Boden, der Körper zuckt unkontrolliert. Schaum aus dem Mund, Exitus. Weil gerade einige Herren die Bar betreten wollen, gibt es am Eingang ein Gedränge, der Flüchtende kommt nicht raus, wird auf- und festgehalten, ihm fällt dabei eine Spritze aus der Hand, ein Zeichen, dass hier etwas nicht stimmen kann, auch wenn noch niemand den Überblick hat. In der Nähe stehen zwei Polizisten, sie werden herbeigerufen, Minuten später verpassen sie einem mutmasslichen Täter Handschellen. Die Ordnungshüter versuchen, Näheres herauszufinden. Sie bitten alle Anwesenden, vor Ort zu bleiben, für nähere Abklärungen, denn der Gast am Boden ist tot. Die anwesende Wirtin befürchtet bereits, dass ihr Lokal zum ersten Mal seit Menschengedenken geschlossen werden muss, was für einige Stunden der Fall sein sollte.

«So viel zu den Ereignissen von gestern Abend. Jetzt folgen einige Überraschungen.»

«Miray, bitte spanne uns nicht länger auf die Folter!»

«Stephan, der Tote heisst Sacha Anatoli Golubew.»

«Sag das noch einmal, bitte!»

«Ihr habt schon richtig verstanden. Golubew war in der Gay-Szene Berlins einschlägig bekannt, aber unseres Wissens kein Stammgast in der Bar.» In Bern war man sprachlos, schaute einander an. Was hatte das zu bedeuten?

«Seid ihr noch da?»

«Jaja, sind wir, Miray.» Ritter fand als Erster zu seiner Stimme zurück. «Und weiter?»

«Sitzt ihr?»

«Nein, wir stehen alle um das Handy herum, das kommt aufs Gleiche raus. Fast.»

«Nun denn. Der Festgenommene, der vermutete Täter, wie wir in Polizeikreisen zu sagen pflegen ...»

«Ja, bitte! Was ist mit ihm?», fragte Ritter, nicht nur er ganz im Bann der Aussagen von Özdemir, der es hörbar Spass bereitete, weitere Aussagen hinauszuzögern.

«Also. Der Mann war nicht bloss extrem übergewichtig. Fett. Grässlich.»

«Sondern? Was ist jetzt mit ihm? Hopp!»

«J. R., als ein älterer Kollege von mir seine Foto sah, meinte er nur, dieser Fettsack mit dem Dreifachkinn erinnere ihn an einen ehemaligen sowjetischen Gewichtheber, an einen gewissen ... Wlassow.»

«Wlassow? An unseren Wlassow?», kam Brunner allen anderen zuvor.

«Ja, Wlassow, er heisst aber ganz anders.»

Die Besenkammer-Bar in Berlin, wo es zu einem Zwischenfall kam.
Unzweideutig zu lesen: «Man(n) fühlt sich hier wohl!»

«Miray, du machst uns fertig! Bitte!»

«Ganz ruhig, Stephan. Er heisst … Oliver Popovic.»

«Das ist jetzt aber nicht wahr», kommentierte eine weibliche Stimme in Bern.

«Ohne zu wissen, wer du bist, Kollegin, doch. Die andere, die gewichtigere Hälfte von Laurel und Hardy.»

Die Tragweite der Informationen aus Berlin konnte noch niemand abschätzen, weder in Berlin noch in Bern. Man einigte sich deshalb, einige Stunden verstreichen zu lassen, um sich um 14 Uhr mit einer Videokonferenz auszutauschen. Ein Nagel wurde bereits jetzt eingeschlagen und Miray Özdemir gebeten, noch für den Abend einen Flug nach Zürich zu buchen, Stephan Moser würde noch sie dort abholen und nach Bern fahren. Medienkonferenz am Mittwoch, da wolle man sie dabeihaben. Unbedingt. Die Berlinerin sagte zu, Moser stellte ihr zum Schluss keine Currywurst in Aussicht, sondern ein feines Fondue am Mittwochabend samt Stadtbesichtigung, Rückflug erst am Donnerstagabend. Özdemir versprach, bei ihrem Vorgesetzten um diese halb dienstliche, halb private Reise nachzufragen. Damit verabschiedete man sich vorübergehend.

Die Neuigkeiten musste man im Ringhof zuerst verdauen. Oliver Popovic wurde also wegen seiner Körperfülle nicht bloss Oliver Hardy genannt, sondern von Insidern Wlassow, dabei spielte es überhaupt keine Rolle, wer den wenig schönen Kosenamen in die Welt gesetzt hatte. Guggisberg kannte ihn, das hatte er selber angedeutet. Aber sonst? Egal.

Umgehend wurden Ursula Meister und Gabriela Künzi gebeten, in den Ringhof zu kommen, zur Vorbereitung auf die Medienkonferenz vom Mittwoch, sicher auch im Beisein von vielen deutschen Journalisten. Für den Nachmittag zur Konferenzschaltung nach Berlin wurde Martin Schläpfer aufgeboten, ebenso Polizeipräsident Christian Grossenbacher sowie die Herren Binggeli und Kellerhals vom KTD. Veronika Schuler vom IRM liess man die Teilnahme offen. Sie sagte jedoch sofort zu, als sie von den Tatumständen hörte.

Ritter rekapitulierte auf der Infowand die wichtigsten Fakten, da man jetzt um die Identität von Wlassow wusste.

Belp: Amanovic, Dimitriu und Krutow erschossen. Vermutete Täter: Golubew und Popovic
Jura: Petrenko und Klopfenstein erschossen. Vermuteter Täter: Golubew oder Popovic
Berlin: V-Mann erschossen. Vermuteter Täter: Darko oder Golubew
Berlin: Darko erschossen. Vermuteter Täter: Popovic oder Golubew
Berlin: Golubew vergiftet. Vermuteter Täter: Popovic

«Ein bisschen sehr viel ‹vermuteter Täter›, das gebe ich zu», sagte Ritter, derweil sein Team noch immer daran war, die Ergebnisse aus Berlin geistig zu sortieren, weshalb keine unmittelbaren Reaktionen folgten. Der Chef setzte dem Schweigen ein Ende.

«Juhuuu, guete Morge, liebi Lüüt!»

«Jaja, sorry, J. R., ich habe mir gerade überlegt …»

«Was denn, Elias?»

«Was ist denn mit diesem Luca Babic, den man aus dem Thorberg freizupressen versuchte und dem nachgesagt wird, dass er aus der Strafanstalt heraus noch Aktionen in Szene setzt?»

«Der wird seit den Ereignissen im Jura speziell überwacht, ich erkundige mich aber mal beim Chef, bei Hans-Rudolf Schwarz, ich kenne ihn von seiner Zeit in der Strafvollzugsanstalt Witzwil her. Guter Typ. Danke für den Hinweis.»

«Immer wieder gerne», sagte Brunner.

Es war in der Tat nicht ganz einfach, die Ereignisse in einen Gesamtzusammenhang zu bringen. Versuche, ein tragfähiges Konstrukt daraus zu gestalten, fielen in sich zusammen, als Ritter einen Anruf erhielt. «Staatsanwaltschaft» sagte er nur. Er blieb einige lange Augenblicke stumm, murmelte nur mehrmals «Das ist jetzt nicht wahr», ein Zeichen, dass völlig Unerwartetes passiert sein musste. Martin Schläpfer verabschiedete er ohne weiteren Kommentar lediglich mit «Danke».

Niemand wagte, den Chef zu fragen, was passiert sei. Ritter sass nur da, sprach vorerst kein Wort, schüttelte nur den Kopf, bis zum Moment, als er «Guggisberg hat Suizid begangen» sagte, ohne dass jemand nach dem Grund gefragt hätte. In diesem Moment kamen die beiden Mediensprecherinnen zur Türe herein, nur um zu merken, dass seit dem Anruf aus Berlin und dem Aufgebot von Ritter, in den Ringhof zu kommen, etwas passiert sein musste. Ohne grosse Begrüssung nahmen sie auf zwei Stühlen Platz, in Erwartung einer Erklärung.

«Guggisberg hat Suizid begangen.»
«Wie denn das?», wollte Ursula Meister wissen, worauf Ritter sie lange anschaute, geradezu anstarrte, bis er zu einer Antwort fand.
«Das ist noch unklar, Veronika Schuler ist bereits dort.»
«Was heisst das jetzt für uns?»
«Aarti, dass wir eine Menge wohl nicht erfahren werden, sollte Popovic in Berlin die Aussage verweigern. Ihm gegenüber gilt es, diesen Vorfall so lange als möglich vorzuenthalten. Im Gegenteil, wir müssen ihn mit allem konfrontieren, was uns Guggisberg gesagt hat. Ich werde mich mit seinem Anwalt absprechen, damit seinerseits zumindest bis morgen zur Medienkonferenz keine Details an die Öffentlichkeit gelangen. Mir tut Schläpfer leid, Casutt und die Medien werden ihn in Stücke reissen.»
«Wie konnte das passieren?»
«Sag du es mir, Elias, ich weiss es nicht. Sicher werden wir heute Nachmittag mehr erfahren, wenn der Staatsanwalt zur Videokonferenz kommt. Würde mich nicht wundern, wäre auch der Generalstaatsanwalt dabei.»
Ritter rief danach Miray Özdemir an, um ihr mitzuteilen, dass ein wichtiger Wissensträger Selbstmord begangen habe. Diesen Umstand gelte es Popovic gegenüber in den nächsten 24 Stunden vorzuenthalten. Özdemir sah darin kein Problem, sagte Ritter auch, der Flug nach Zürich und retour sei gebucht, Kloten heute Abend an um 20.15 Uhr, Abflug am Donnerstag um 18 Uhr. Man möge ihr ein Hotelzimmer reservieren, in einem Mittelklassehotel, «nicht eine höhere Kategorie. Budget und so …» Ritter überliess Moser die Reservation und das Abholen in Kloten.

So schnell konnte eine Gemütslage kippen: zuerst die erfreulichen Ergebnisse aus Berlin, jetzt die Bestürzung über den Tod Guggisbergs. Und es passierte, was passieren musste: Gabriela Künzi erreichte – kaum im Ringhof angekommen – der Anruf eines Journalisten der Berner Zeitung, der bereits vom Suizid «eines U-Häftlings» wusste, ohne einen Namen zu nennen. Künzi sagte von sich aus, «das sei jetzt aber Telepathie» und dass es morgen an einer Medienkonferenz nähere Informationen geben werde, die Einladung folge innerhalb der nächsten Stunde, was alle Anwesenden in Erstaunen versetzte, denn noch war dazu keine Abmachung getroffen worden. Nur ihre Kollegin Ursula Meister schmunzelte, wusste um diese Reaktion.

In Medienkreisen gilt nämlich der Ehrenkodex, dass zu einem bestimmten Thema nichts geschrieben oder gesagt wird, sobald ein Pressekommuniqué zu dem klar kommunizierten Thema in wenigen Stunden in Aussicht gestellt oder zu einer Medieninformation innerhalb der nächsten 24 Stunden eingeladen wird. Verstösst jemand dagegen, so kann er oder sie sicher sein, dass er oder sie nie mehr weitergehende Informationen erhalten wird, was einige mediale Jungspunde bereits erfahren mussten, so auch Matthias Berger. Learning by Doing.

«Bitte nehmt auf meinen Gemütszustand keine Rücksicht», sagte Martin Schläpfer bei seiner Ankunft zur Videoschaltung nach Berlin, «wir haben trotz aller Vorsichtsmassnahmen nicht mit diesem Suizid rechnen können.» Guggisberg hatte sich nämlich selber erstickt, eine sehr seltene Form des Freitods. Ähnliche Handlungen kennt man aus sexuellen Praktiken, weil eine verminderte Sauerstoffzufuhr die sexuelle Erregung stimuliert. Einzelheiten mochte er nicht preisgeben, verständlich, so kurz nach dem Vorfall. Und wie vermutet, hatte auch der Generalstaatsanwalt den Weg in den Ringhof gefunden. Zusammen mit allen anderen aufgebotenen Spezialisten.

Punkt 14 Uhr stand die Leitung zur Konferenzschaltung. Im Gegensatz zu Bern waren in der deutschen Hauptstadt nur zwei Personen zugeschaltet: Miray Özdemir und Oberstaatsanwalt Jürgen Grossmann, der die Untersuchungen im Fall Popovic leitete. Als Erstes bestätigte Özdemir, dass Oliver Popovic in Einzelhaft sei, von der Aussenwelt abgeschirmt. Jürgen Grossmann setzte anschliessend zu einer veritablen Informationsrunde an, nicht zuletzt deshalb, weil sich Popovic bereits kooperativ zeige, dass man ihm jedoch in einigen Punkten die Aussagen nicht glaube.

«Er bestreitet zum Beispiel, jemals im Haus von Darko gewesen zu sein, obwohl die Spusi seine DNA-Spuren sicherstellen konnte. Unsere ersten Erkenntnisse gehen auch dahin, dass die Verwüstung in der Villa nur den Zweck hatte, von der eigentlichen Tat abzulenken, nämlich die Pistole zu verstecken, um frühere Verbrechen Darko in die Schuhe schieben zu können.»
«Sagt er etwas über seine Mordmotive?»
«Nein, Herr Ritter, keine Einzelheiten, aber es muss um Aktivitäten rund um diese Fluggesellschaft gehen …»
«Um die Fly4sure?»

«Genau, danke, der Name ist mir entfallen. Darko, so sagt Popovic, habe betrogen, wo es nur ging. Kein Wunder also, konnte sich Darko die Villa leisten, abgesehen davon, dass Darko in und um Berlin als Hintermann im Drogenbusiness galt. Sein Tod geht also weit über die Ereignisse in der Schweiz hinaus. Ich höre, dass Sie für morgen bereits zur Medieninformation geladen haben.»

«Ja, das ist korrekt.»

«Sind Medienreferenten bei Ihnen im Raum anwesend?»

«Ja, zwei Pressesprecherinnen, wie man in der Schweiz sagt. Ursula Meister und Gabriela Künzi, schon viele Jahre bei der Kantonspolizei in dieser Funktion tätig.»

«Sehr gut, dann kann ich den Damen nicht bloss Miray Özdemir für heute Abend ankündigen, sondern auch mehrere Medienschaffende aus Deutschland, die ihre Auslandskorrespondenten in der Schweiz zusätzlich verstärken werden. Wie gesagt, Ihre Mordfälle sind auch unsere Mordfälle.»

Aufschlussreich waren die News für Veronika Schuler im Zusammenhang mit dem Tod von Golubew, der mit einer Spritze umgebracht wurde, dieses Mal jedoch nicht wie bei Krutow mit Insulin gefüllt, sondern mit einem «noch genau zu bestimmenden» Kampfstoff, ähnlich VX oder Sarin.

Beide Seiten erhielten im Lauf der nächsten 90 Minuten gegenseitige Informationen, primär für die Medienkonferenz von grosser Wichtigkeit. Aber nicht nur. Gegen 15.45 Uhr verabschiedete man sich. Ursula Meister bestätigte die Übertragung von morgen als Livestream, Stephan Moser teilte Miray Özdemir mit, dass er sie am Flughafen Zürich abholen werde, in Begleitung von Claudia Lüthi, ein Umstand, der in Bern für freudige Gesichter sorgte. Ein Zimmer sei für die Berlinerin im Hotel Kreuz reserviert, wo auch die Medienkonferenz stattfinden werde. Mit der Bemerkung, die Hotelkosten würden vom «Staate Bern» übernommen, ging die Videokonferenz zu Ende, alle machten sich an ihre Arbeiten.

Bis zum Abend hatten sich bereits über 50 Journalisten angemeldet.

Von Berlin nach Bern (Mittwoch, 17. Oktober)

Die Maschine aus Berlin landete pünktlich. Es war eine Freude des Wiedersehens, gestern Abend am Flughafen Zürich, als Claudia Lüthi und Stephan Moser Miray Özdemir begrüssten. Und es lag auf der Hand, dass während der Fahrt nach Bern über den aktuellen Fall gesprochen wurde. Zuvor hatte sich Miray Özdemir nach dem Befinden von Claudia Lüthi erkundigt und sie gefragt, ob es für sie erträglich sei, darüber zu reden. Die Bernerin begrüsste es sogar, das gehöre zur Aufarbeitung, ausdrücklich von der Polizeipsychologin empfohlen. Einmal angekommen, konnte Miray Özdemir ihr Zimmer im Hotel beziehen. Einen «Absacker» verschob man.

Der zum Presseraum umfunktionierte Saal im Hotel Kreuz war um 10 Uhr «plein à craquer», wie die Romands zu sagen pflegen. Auf dem Podium: Miray Özdemir, Joseph Ritter, Martin Schläpfer und Ursula Meister. Man hatte in der Vergangenheit damit gute Erfahrungen gemacht, nur wenige Auskunftspersonen ins Scheinwerferlicht zu stellen, so liessen sich auch mögliche Widersprüche minimieren …

Ursula Meister begrüsste die Medienschaffenden, dankte für ihr Erscheinen. Sie stellte danach die drei neben ihr sitzenden Leute vor und erklärte, dass man sie in ihrer Muttersprache referieren lasse – «das heisst Miray Özdemir auf Schriftdeutsch», wobei diese mit der neckischen Bemerkung «Eigentlich spreche ich von zu Hause aus Türkisch» die Lacher und Sympathien sofort auf ihrer Seite wusste. Mit der Bemerkung «Ein kluger Kopf hat einmal gesagt, man könne sich ruhig einmal am Tag blamieren – das habe ich soeben vollbracht» doppelte Ursula Meister nach. «Selbstverständlich führen wir diesen Morgen in schriftdeutscher Sprache durch. Und hiermit begrüsse ich ausdrücklich unsere Gäste aus Deutschland.» «Und aus Österreich», tönte es aus der zweitletzten Reihe, ergänzt mit «und aus Liechtenstein». Damit ging man endgültig zur eigentlichen Tagesordnung über.

Joseph Ritter begann damit, «die Ereignisse bei ‹Adam und Eva› zu starten», nämlich mit dem Diebstahl des blauen BMW in Muri am Sonntag,

30. September. Es folgte das Auffinden des Autos am frühen Morgen des 1. Oktober beim Tierheim Fahrhubel und die ersten Ermittlungen rund um die drei Todesopfer, die Entführung «meiner Kollegin» mit zwei weiteren Morden, worauf nach einer halben Stunde die Reihe an Miray Özdemir war, die während einer Viertelstunde die Vorkommnisse in Berlin rekapitulierte: den Mord am verdeckten Ermittler und an Stanislaw Darko, samt Einzelheiten zu seinem Lebenswandel in Berlin-Kreuzberg und in Potsdam, der unterschiedlicher nicht hätte sein können. Sie schloss ihre Ausführungen mit dem Mord an Sacha Golubew ab, übergab das Wort an Staatsanwalt Schläpfer, der über den Suizid im Regionalgefängnis Bern berichtete.

Nebst den bereits erwähnten Personen aus Berlin und Bern sassen Berner Spezialisten im Saal, nicht bloss aus eigenem Interesse, sondern vor allem, um Fragen zu beantworten, sollte sich während der Fragerunde spezielles Fachwissen als notwendig erweisen. Veronika Schuler sass ebenso in der hintersten Reihe wie die beiden Kollegen vom KTD, Elias Brunner, Aarti Sivilaringam, Gabriela Künzi, der Generalstaatsanwalt und der Polizeidirektor – nicht anwesend waren dagegen Stephan Moser und Claudia Lüthi. Ursula Meister als Moderatorin hatte das Gefühl, dass sich Ritter, Özdemir und Schläpfer perfekt vorbereitet und auf die wichtigsten Fakten konzentriert hatten, auch anhand von projizierten Tatortfotos. Was Ursula Meister zuvor nicht wusste: Die drei Referenten hatten sich in der Tat bereits um 6 Uhr getroffen und abgesprochen, um nichts dem Zufall zu überlassen. Sie übernahmen gegenseitig auch die Rollen von kritischen Journalisten, um einander in die Enge zu treiben.

Noch vor 11 Uhr ging es in die Fragerunde, mit der Bitte an die Medienvertreter, sich mit Namen und Medium vorzustellen, «weil wir einige unter Ihnen eher selten in Bern sehen». Auffallend: Es fehlte an diesem Morgen Matthias Berger von 20 Minuten, der mit seiner eher unbeholfenen Art dann und wann doch für Heiterkeitserfolge sorgte.

«Konrad Keller, Berner Zeitung. Herr Ritter, weil Sie das Auto gleich zu Beginn erwähnt haben: Was ist mit dem BMW, steht er demnächst im Kriminalmuseum?»
«Nein», antwortete der Dezernatsleiter schmunzelnd, «dafür fehlt uns definitiv der Platz. Aus verständlichen Gründen verzichtete der Halter dar-

auf, den Wagen wieder zu fahren. Wenn ich richtig informiert bin, wurde das Auto ins Ausland verkauft. Ob von der Versicherung oder dem Halter selber, entzieht sich meiner Kenntnis.»

«Yusuf Bayram, auch B. Z. – Berliner Zeitung. Diese ganze Mordserie erinnert an das Lied der Toten Hosen mit den zehn Jägermeistern. Weiss man, wer wen und weshalb umgebracht hat?»
«Der in Berlin vorgestern verhaftete O. P. ist das letzte Glied in dieser Kette. Er scheint mit uns kooperieren zu wollen, die nächsten Tage werden hoffentlich viele Antworten zu den vorkommnissen in Berlin liefern. Immerhin lassen sich zwei Tatorte in der Schweiz erklären, wie ich von Herrn Ritter weiss», sagte Miray Özdemir, und mit Blick zum Dezernatsleiter der Kapo Bern: «Er wird Ihnen die gewünschte Auskunft geben können.» Womit Ritter das Wort erhielt: «Die drei Toten in Belp», führte er aus, «wollten sich ganz offensichtlich selbstständig machen, unabhängig von der Russenmafia. Sie haben das Vorhaben mit dem Leben bezahlt. Und im Jura wurden zwei Mitwisser umgebracht.»

«Simon Karbe, RTL. Frau Özdemir, Stanislaw Darko scheint sich nicht bloss mit Drogenhandel in Berlin bereichert zu haben, sondern auch während seiner Zeit bei dieser Airline, die regelmässig von Bern aus nach Berlin und zurück geflogen ist. Hat man seine Geldflüsse überprüft?»
«Ja, Herr Karbe, unsere Kollegen von der Wirtschaftskriminalität sind daran, das alles zu untersuchen. Einige Konten, die wir eindeutig Darko zuordnen konnten, wurden umgehend gesperrt.»
«Was passiert mit dem Geld und der Villa? Die Wohnung in Kreuzberg ist da wohl vernachlässigbar …»
«Das entscheidet die Staatsanwaltschaft Berlin, dazu kann ich keine Angaben machen.»

«Günter Mayer, Bild. Miray, du hast von diesen Vorkommnissen in der Potsdamer Villa berichtet», fragte der Boulevardjournalist, vermutlich um allen anderen zu beweisen, dass er mit der Polizei quasi auf Du und Du stand, «wird jetzt wegen Frauenhandel und Prostitution ermittelt?»
«Davon darf man ausgehen, wir stehen erst am Anfang unserer Ermittlungen, die Sitte wird in nächster Zeit bestimmt die eine oder andere Mitteilung auf den üblichen Kanälen kommunizieren», antwortete Özdemir und wich der Du-Provokation elegant aus.

«Caroline Dusset, Der Bund. Herr Ritter, weiss man, weshalb die Täterschaft am Morgen des 1. Oktober R. G. aufgeboten hat, um sie vom Tatort wegzufahren?»

«Nach allem, was wir inzwischen wissen, war der Tote erpressbar. Weil er jedoch nicht mehr befragt werden kann, verzichte ich auf ein rein spekulatives ‹Weshalb?›»

«Eine zweite Frage an den Staatsanwalt: Wie kann es vorkommen, dass sich jemand in Untersuchungshaft das Leben nehmen kann? Sie waren vorhin sehr ungenau betreffend die Todesursache.»

«Frau Dusset, es handelt sich um Selbsttötung, die selbstverständlich von externer Stelle genauer untersucht werden wird. Fremdeinwirkung, so viel kann ich immerhin sagen, ist ausgeschlossen. Wie gesagt, das wird untersucht.»

«Erwin Haller, Blick. Herr Ritter, bei der Entführung Ihrer Mitarbeiterin wollten die Männer einen Inhaftierten freipressen. Wer war es – und was ist mit ihm?»

«Danke für die Nachfrage, Herr Haller, meiner Mitarbeiterin geht es bereits besser, sie wurde hervorragend von einer unserer Psychologinnen betreut. Vermutlich wird sie demnächst wieder im Ringhof zu arbeiten beginnen. Was den besagten Häftling anbetrifft: Dieser steht unter besonderer Beobachtung und wird mit Sicherheit seine gesamte Haftstrafe absitzen.»

«Greta Biver, Süddeutsche Zeitung. Frau Özdemir, zu diesem Mord in Berlin habe ich eine Verständnisfrage: Ihren Erkenntnissen zufolge war der getötete S. A. G. den Ermittlern im Drogendezernat bekannt. Als eine grosse Nummer, der man nie konkret etwas beweisen konnte.»

«Das ist korrekt, ja.»

«Nun, so höre ich von unserem Hauptstadtkorrespondenten, soll die Besenkammer-Bar zwar ein einschlägiger Treffpunkt sein, aber nicht für die Drogenszene. Was suchte der Mann dort?»

«Frau Biver, ja, Drogen werden vor allem im Görlitzer Park gehandelt. Mögliche Gründe, weshalb er dort war und woher der mutmassliche Täter wusste, dass sich S. A. G. dort aufhalten würde, sind Gegenstand unserer Befragungen.»

«Robert Koch, Tages-Anzeiger. Frau Özdemir, weiss man, wie der besagte S. A. G., ermordet wurde?»

«Unsere Rechtsmedizin spricht von einer Vergiftung mit Kampfstoff, der näher untersucht wird. Der Täter benutzte eine Spritze, gefüllt mit einer Überdosis, die den sofortigen Tod zur Folge hatte.

«Roland Gugger, ‹Schweiz aktuell›, Fernsehen SRF. Herr Schläpfer, werden Sie die Auslieferung des Täters beantragen?»

«O. P. hat sich in der Schweiz und in Deutschland strafbar gemacht, auch in Antwerpen wurde bereits gegen ihn ermittelt. Wo und durch wen die Befragungen stattfinden werden, wird sich zeigen, wir stehen bereits in Kontakt mit der Staatsanwaltschaft in Berlin.»

Eine Aussage, die von Miray Özdemir mit Kopfnicken quittiert wurde.

Man ahnte es: Viel mehr Fragen wurden coram publico nicht gestellt, weil man sonst Exklusivität preisgegeben hätte, erst im persönlichen Gespräch hakten die Medienschaffenden nach. Kam hinzu, dass einige Fakten nur den Ermittlern bekannt waren und mit den eigentlichen Ereignissen nichts zu tun hatten. Diese Fragen und Bemerkungen hob man für das interne Debriefing auf, zur Abwechslung nicht im Gasthof Kreuz in Wohlen, sondern im Gasthof Rössli Säriswil.

Den Nachmittag verbrachte das Team Ritter im Beisein von Miray Özdemir, um sich gegenseitig mit Details aufzudatieren. Stephan Moser und Claudia Lüthi fehlten auch da, sie hatten aber mit der Berlinerin um 18 Uhr in der Harmonie von Jimmy Gyger abgemacht, dem Käserestaurant schlechthin. Für die Kriminalhauptkommissarin war das Lokal leicht zu finden, wenn auch nicht unbedingt der Nase nach. Gleich beim Zytglogge, nicht zu verfehlen.

Es war ein unterhaltsamer Abend, ein kurzweiliger. Miray Özdemir bekam erklärt, weshalb sich ihre beiden Gastgeber während des Tages rar gemacht hatten. «Nun wollen wir mal nichts übertreiben, aber du siehst selber, dass es Claudia schon recht gut geht. Eines nach dem anderen.» Um 22 Uhr erlebte das Trio den Glockenschlag des Zytglogge, danach wurde Özdemir zurück ins Hotel begleitet. Nächster Termin: «Morgen um 9 Uhr in der Hotel-Lobby zur Stadtbesichtigung. Lässt sich locker zu Fuss machen, Bern hat 25-mal weniger Einwohner als Berlin …» Die Stadt begeisterte die Berlinerin und als sie am frühen Nachmittag den Zug zum Flughafen nahm, hatte sie im Gepäck das Versprechen der beiden Einheimischen, «nächstes Jahr nach Berlin zu kommen».

Personelle Mutationen (Donnerstag, 8. November)

Zum inoffiziellen Debriefing trafen sich alle Beteiligten auf eigene Rechnung im Gasthof Rössli Säriswil von Fritz und Marina Kaufmann-Wanner – die fünfte Fritz-Kaufmann-Generation im traditionellen Wirtshaus –, die das Säli für die Ermittler reserviert hatten. Sinn und Zweck dieser Zusammenkunft: Weil nicht alle Involvierten über alle Details zum Fall wussten – da bereits anderweitig bei neuen Ermittlungen engagiert –, besprach man offene Fragen.

An diesem Abend anwesend: das Team Ritter, ergänzt mit Aarti Sivilaringam und Peter Kläy, Eugen Binggeli und Georges Kellerhals vom KTD, Veronika Schuler aus dem IRM, Ursula Meister und Gabriela Künzi als Medienverantwortliche, Polizeikommandant Christian Grossenbacher sowie Staatsanwalt Martin Schläpfer, ohne Valerie. Als Special Guests eingeladen: Generalstaatsanwalt Max Knüsel sowie die beiden Lebenspartnerinnen von Joseph Ritter und Elias Brunner, Stephanie Imboden und Regula Wälchli.

Seit der Medieninformation am 17. Oktober hatte sich einiges getan, vor allem in Berlin. Popovic zeigte sich völlig überraschend zur Kooperation bereit, wohl in der Hoffnung auf mildernde Umstände... Die wichtigste Erkenntnis daraus: Die Morde in Belp gingen auf das Konto von Golubew und Popovic, im Jura wurden Petrenko und Klopfenstein einzig von Popovic mundtot gemacht. Den verdeckten Ermittler in Berlin brachte Darko um, bevor er selber von seinem ehemaligen Partner bei Fly4sure ins Jenseits befördert wurde. Dass beide Opfer auf ähnliche Weise umgebracht wurden, war Zufall. Und Schluss aller Ends bekam Golubew in Berlin von Popovic eine Spritze verpasst, die er nicht überlebte. Dieser Domino-Effekt wurde von Ritter zweimal wiederholt, in allen Einzelheiten, weil derart verschachtelt, einmal mit Waffe 1 und Waffe 2, wie er selber es bereits einmal erklärt bekommen hatte.

Seither ebenfalls geklärt: Die Rolle von Sacha Anatoli Golubew, der erstmals von Valerie in Vitznau dem Staatsanwalt gegenüber erwähnt wurde, noch in Unkenntnis, dass er in der Bern-Berlin-Connection zu einem der Hauptprotagonisten avancieren würde. Wie Darko gehörte auch Golubew der Berliner Führungsebene der Russenmafia an, beide für den Drogenhandel und die Geldwäscherei zuständig, was auch die Konten von Darko im Ausland bewiesen. Die Eidgenössische Finanzmarktaufsicht, die FINMA, hatte in diesem Zusammenhang in der Zwischenzeit mehrere Konten der Genfer Privatbank sperren lassen. Insider sprachen davon, dass dieses Geldinstitut – weil nicht zum ersten Mal mit zweifelhafter Kundschaft – unmittelbar vor der Schliessung stand, eine Imagekatastrophe für den Finanzplatz Schweiz, genauso wie der Rücktritt von Bundesanwalt Michael Lauber 2020, mit Schaden für die Glaubwürdigkeit der Schweiz.

Mit der notwendigen Diskretion nahm Marina Kaufmann-Wanner die Bestellungen auf. Ganz abgesehen davon: Brisantes wurde in Anwesenheit Dritter ohnehin nicht besprochen. Joseph Ritter rekapitulierte in groben Zügen die Ereignisse in der Schweiz, erwähnte nochmals ausdrücklich Oliver Popovic als Täter in Belp, zusammen mit Sacha Golubew. Und er galt als Alleintäter bei der Entführung von Claudia Lüthi: Popovic hatte dabei André Klopfenstein und Oleksander Petrenko erschossen.

Wie immer bei solchen Debriefings wurden Fragen über Fragen gestellt – und auch beantwortet, sofern möglich.
«Stephan, ihr wart ja in Berlin, wo ebenfalls wegen der Fly4sure ermittelt wurde. Weshalb haben die Kollegen dort nicht in Bern nachgefragt, ob wir von den Drogenflügen wüssten?»
«Regula, das wollten wir auch wissen. Die Antwort ist einfach, gibt aber zu denken: Miray Özdemir sagte, sie seien im Drogendezernat personell unterdotiert, zudem sei die Fly4sure nur eine von mehreren Fluggesellschaften gewesen, die wohl Drogen ausgeflogen haben, man habe sich bis zu jenem Zeitpunkt auf die grossen Fische konzentriert. Bern gehörte offenbar nicht dazu. Immerhin konnten wir den Berlinern mit unseren Recherchen ein wichtiges Puzzleteil liefern, entsprechend wurden danach verschiedene Personen in Gewahrsam genommen und in Berlin Heroin und Kokain in beachtlichem Umfang sichergestellt.»

«Claudia, darf ich in diesem Zusammenhang eine persönliche Frage stellen?»
«Veronika, ungeniert.»

Zum Debriefing traf man sich im Gasthof Rössli Säriswil von Fritz und Marina Kaufmann-Wanner.

«Hat man herausgefunden, weshalb die Entführer um deinen Wohnort und deine Gewohnheiten wussten?»

«Nein, bis jetzt jedenfalls noch nicht. Aber eines können wir ausschliessen, dass die Hinweise aus unseren eigenen Reihen kamen, nicht wahr, J. R.?»

«Ja, das ist korrekt. Über mehrere Details an jenem Tag wusste intern nachweislich niemand Bescheid, nur Stephan und du. Popovic hat sich dazu bis jetzt nicht geäussert.»

«In Pohlern gab es doch diesen zweiten Mann, der mit Manuela Dimitriu und Majkl Amanovic zu Tische sass. Wer war das?», eine Frage von Stephanie Imboden an ihren Partner.

«Beat Beyeler, der Chef im Restaurant Rohrmoos, konnte den Mann gut beschreiben. Es ist niemand, der uns bekannt wäre. Wir vermuten einen Hehler, weil Uhren auf dem Tisch lagen.»

«Was ich nicht mitbekommen habe», meldete sich der Generalstaatsanwalt, «weshalb haben Popovic und Golubew im Jura gemerkt, dass der Zugriff erfolgen würde, sodass sie flüchten konnten? Und was ist mit dem Fluchtauto passiert, das in Biel gefunden wurde?» Georges Kellerhals fühlte sich angesprochen, weil er die Aktion von Enzian in Bern vor den Bildschirmen koordiniert hatte.

«Herr Knüsel, wir haben die verschiedenen Videos der Drohnen nochmals visioniert, mehrmals. Auf einer Aufnahme ist zu sehen, wie jemand aus einem Fenster schaut und eine Drohne zu bemerken scheint, das wäre eine Erklärung. Der Fluchtwagen ist auf einer anderen Aufnahme zu sehen, allerdings nicht die Flucht der beiden Täter. Wir haben das Auto auf Spuren untersucht, vergeblich. Weil die Besitzerin angesichts der Ereignisse verzichtete, es wieder zu fahren, wurde es ähnlich dem BMW ins Ausland verkauft.»

«Was für eine Rolle spielte dieser Krutow?»

«Aarti», antwortete Ritter, «er war eigentlich ein Mitläufer aus der Berliner Drogenszene, hat vermutlich das Rauschgift beschafft, zusammen mit Amanovic. Keine grosse Nummer.»

«Die Alarmanlage in Potsdam hat bekanntlich nicht funktioniert, der Safe wurde ausgeräumt. Was hat man dazu herausgefunden?», wollte Eugen Binggeli von Ritter erfahren, im Wissen, dass dieser am Nachmittag noch

Kontakt mit Berlin gehabt hatte.

«Miray Özdemir hat die Vermutungen bestätigt, dass die Verwüstung für Popovic nur Mittel zum Zweck war, um die Pistole bei Darko unterzubringen. Der Safe habe, so Popovic bei seinen Aussagen, nur Belangloses enthalten, nicht der Rede wert. Komisch. Wie auch immer: Die Zahlenkombination sowie die Angaben, wie die Alarmanlage auszuschalten sei, habe er von Darko mit Gewaltanwendung vor dessen Tod erfahren. Und wenn wir schon dabei sind: Die Kollegen in Berlin ...»

«... und Kolleginnen.»

«Jaja, Aarti, die Kolleginnen und Kollegen in Berlin haben Popovic auch befragt, weshalb überhaupt der Mord an seinem ehemaligen Compagnon? Popovic sagte, Darko allein sei am Scheitern der Fly4sure schuld. Als er, Popovic, erfahren habe, dass Darko in Berlin lebe, habe er seinen Racheplan an allen Beteiligten zu Ende geführt, Golubew inbegriffen. Fast eine Art von zehn kleine Jägermeister.»

«Herr Staatsanwalt, Sie waren bisher sehr zurückhaltend, was den Suizid von Rolf Guggisberg betrifft. Können Sie uns mehr sagen?»

«Frau Meister, ich würde diese Antwort gerne Frau Schuler überlassen, sie hatte Rolf Guggisberg auf dem Tisch, ich möchte keine falschen Angaben machen. Bitte, Frau Schuler.»

«Rolf Guggisberg hat sich selber erstickt, und zwar auf eine fast unmögliche Art und Weise, ich habe das noch nie gesehen. Er hat sich Stoffstreifen aus seiner Hose herausgerissen, in Mund und Nase gestopft, sich dann die Hände verbunden und an einem Bein seiner Pritsche festgebunden. Es muss ein fürchterlicher Todeskampf gewesen sein», was alle verstummen liess. Niemand hatte weitere Fragen dazu.

Zu reden gab auch die Fahrt von Rolf Guggisberg am frühen Morgen des 1. Oktober. Weil man ihn nicht mehr befragen konnte, ging man davon aus, dass er Golubew und Popovic zu sich nach Hause fuhr, weil sein Handy um 5 Uhr in Gümligen eingeloggt war, das unmittelbar weitere Reiseziel unbekannt.

«Da wir sozusagen das Geschäftliche besprochen hätten», sagte Stephan Moser und durchbrach damit die Stille, «hätte ich noch Privates», was sofort zu neugierigen Gesichtern führte. Und diese Erwartungen wurden vollumfänglich erfüllt. «Claudia und ich werden zusammenziehen und nächstes Jahr …»

«… heiraten?», kam es ein bisschen sehr spontan von Regula Wälchli, was Elias Brunner umgehend zu einem verständnislosen Blick mit Kopfschütteln in Richtung seiner eigenen Ehefrau veranlasste.

«Ja, Regula, wir werden Mitte Jahr heiraten», was zu einer stehenden Ovation führte, samt Gratulationsrufen, die mit Sicherheit in den übrigen Räumen des Gasthofs wahrgenommen wurden – sygs eso.

«Zudem hat Claudia noch eine Mitteilung in eigener Sache …» Regula Wälchli vermied es dieses Mal, voreilig und erwartungsfroh nach einer Schwangerschaft zu fragen.

«Liebe Kolleginnen und Kollegen, wobei ich unseren obersten Boss und die Justiz einschliesse. Ich habe mir diesen Entscheid lange überlegt, viel mit Stephan gesprochen, pro und contra abgewogen …»

«Sag jetzt, aber bitte nicht, dass du den Dienst quittierst!» Dieses Mal war es Veronika Schuler, die voreilig vorpreschte, um sich augenblicklich den Mund mit den Händen zuzuhalten, begleitet mit einem «Sorry!».

«Doch, es ist so. Trotz eurer grossartigen Begleitung und Betreuung merke ich, dass sich durch die Entführung etwas Entscheidendes in meinem Leben verändert hat. Ich möchte das neue Kapitel mit Stephan nicht belasten, weshalb ich J. R. gebeten habe, mich sofort vom externen Dienst zu dispensieren. Am kommenden 1. März werde ich zudem die Arbeitgeberin wechseln und ins Backoffice vom Stab der Securitas AG in Zollikofen eintreten.» Dieses Mal gab es keine stehende Ovation, die Betroffenheit über die Nachricht war spürbar, aber der Entscheid schliesslich nachvollziehbar. Zum Glück wurden Augenblicke später die Hauptspeisen aufgetragen, sodass sich gut ein neues Gesprächsthema finden liess.

Nach ungefähr eineinhalb Stunden mit feiner Verpflegung – und genügend Zeit für Small Talk – stand das Dessert an, wobei Joseph Ritter die Chefin, von den anderen unbeachtet, zuvor gebeten hatte, mit dem Servieren noch zuzuwarten. Er hatte aber nicht vorgesehen, Kuchen mit brennenden Wunderkerzen wie im «Traumschiff» auffahren zu lassen.

«Liebe Freunde», Ritter stand von seinem Stuhl auf, nachdem er mit der Dessertgabel gegen ein Glas getippt hatte, «ich habe auch noch das eine oder andere, was ich gerne loswerden möchte», er blickte dabei zu seiner Partnerin. «Also, kurz und gut: Auch Stephanie und ich werden nächstes

Jahr heiraten.» Es wiederholte sich die Jubelszene von kurz zuvor. Darauf setzte der Dezernatsleiter aber ein ernsthaftes Gesicht auf.

«Das ist aber noch nicht alles. Auch ich möchte zusammen mit Stephanie ein neues Lebenskapitel aufschlagen. Kurz und gut: Ich lasse mich frühpensionieren, das ist bereits mit dem Polizeikommandanten abgesprochen. Für Spezialaufgaben stehe ich jedoch zur Verfügung, zumal Stephanie noch zu 50 Prozent Teilzeit arbeiten wird.»

Das auf diese Feststellung folgende Schweigen war eindrücklicher als jede verbale Reaktion. Damit hatte Ritter aber noch nicht alles gesagt.

«Nach Gesprächen mit Stephan Moser und Elias Brunner, die beide aus persönlichen respektive familiären Gründen auf meine Nachfolge verzichten, habe ich dem Polizeikommandanten Peter Kläy vorgeschlagen, der perfekt zu uns passt. Er wird die Herausforderung annehmen, wie er mir bei einer Fahrt ins Westside zu Travelling sagte», was einige Anwesende bereits zum Klatschen animierte. «Halt! Das ist noch nicht alles … Es geht ja auch um die Nachfolge von Claudia im Team», wobei einige Augen auf Aarti Sivilaringam gerichtet wurden. Zu Recht.

«Weil Wusch», so sagte Ritter sehr zur Verwunderung von Staatsanwalt und Generalstaatsanwalt, sodass er seine Geheimsprache auflöste, «weil Aarti Sivilaringam eine derart gute Arbeit geleistet hat, bekommt sie die Chance, ins Dezernat Leib und Leben einzutreten.» Weiter kam er mit seiner Ansprache nicht, alle standen auf und gratulierten Peter Kläy und Aarti Sivilaringam zu ihren Berufungen, man freute sich mit ihnen, zeigte diese Freude auch. Mit etwas weniger Enthusiasmus sprach man mit Claudia Lüthi und mit Joseph Ritter.

Epilog

Was im Zuge der Ermittlungen – ganz bewusst – ausser Acht gelassen wurde, das war die vorgesehene Entwicklung fürs Belpmoos, um die sich Konstantin Kaiser mit seinem Anwalt Flurin Casutt sowie Julius Sommerhalder einerseits, und andererseits indirekt, weil es um Payerne ging, Jean-Louis de Châtenier und Claude Bannel mit Sommerhalder stritten. Es galt jedoch auch hier eine bekannte Lebensweisheit: Erstens kommt es anders und zweitens als man denkt. Mit anderen Worten: Man hatte sich hüben und drüben gefunden. Allerdings nicht von heute auf morgen. Zum Schluss sprach man von einer Win-win-win-Situation für das Belpmoos, Payerne und Grenchen. Einziger Haken bei der Sache: Der Linien- und Charterverkehr im Belpmoos musste zuerst von sich aus zusammenbrechen, ohne Einfluss von Dritten und ohne dass die betroffenen Instanzen das Handtuch wegen Insolvenz werfen und die Stadt Bern bitten, sie vorzeitig aus allen Verträgen aussteigen zu lassen. Das tönte zwar relativ kompliziert, was es tatsächlich auch war, aber alle involvierten Parteien – Privatinvestoren, VBS, Heli-Firmen und die Rega-Basis auf dem Belpmoos, die Standortgemeinde Belp, Kanton und Stadt Bern, die drei betroffenen Flugplätze und Umweltschutzorganisationen – hatten einen scheinbar gangbaren Weg gefunden, für den Fall der Fälle, der so unwahrscheinlich nicht erschien und schliesslich auch eintreffen sollte, wenn auch nicht ganz so schnell wie erwartet.

Zur definitiven Umnutzung nach der Zonenplanänderung ausdrücklich vorbehalten wurden seitens der Geldgeber mögliche, bislang unbekannte Altlasten im Boden und deren Entsorgung, die einen Hightech-Park – das Herzstück des künftigen Areals – mit vernünftigen Investitionen verunmöglicht hätten. In jenem Fall wäre das Belpmoos zu jenem Status quo zurückgekehrt wie nach dem Grounding von Fly4sure. Kein Wort übrigens davon, dass Kaiser BERN*futura*, wenn denn einmal fertiggestellt, so schnell wie möglich an einen ausländischen Investor zu verkaufen gedachte.

Kaiser spielte auch hier mit Erfolg mit verdeckten Karten, ohne dass ein Vertragspartner hartnäckig hinterfragt hätte, weshalb er im Rahmenabkommen mit Stadt und Kanton Bern BERN*futura* messerscharf von der eigentlichen Freizeitanlage für die Bevölkerung unter dem Namen BERN*natura* abzutrennen gedachte. Die Begründung, dass «firmeninterne Gründe» in Zusammenhang mit seiner Holding dies zwingend notwendig machen würden, weil BERN*futura* kommerziell zu führen sei, die Freizeitanlage hingegen als Schenkung an die Bevölkerung gedacht, genügte anscheinend. Dass Anwalt Flurin Casutt im umfangreichen Regelwerk, das über 100 Seiten umfasste, seinerseits ganze Arbeit geleistet hatte und bei einzelnen Vertragspunkten gewichtige Vorteile bei der KKI lagen, war für den Österreicher sicher kein Nachteil.

Konstantin Kaiser als Gutmensch.

Zufrieden waren sie zum Schluss alle: Bern konnte sich auf BERN*futura* und BERN*natura* freuen – die Umbauzeit wurde sportlich mit zwei Jahren veranschlagt –, Payerne die lukrativen Privatkunden von Jules Sommerhalder übernehmen, der seinerseits Geschäftsleiter eines neu gegründeten Unternehmens am Aeropole Payerne wurde. Grenchen schliesslich profitierte von den ausgelagerten Schulungsflügen. Und von den Bewohnenden angrenzender Gemeinden gab es eine stille Standing Ovation für die anstehende Ruhe am Himmel. Na ja, beinahe.

ENDE

Quellenverzeichnis

Broer, Robert-Jan: Wie man Uhrenfälschungen erkennt, www.watchtime.net, 31. Juli 2019.

Bürgler, Eugen: Neue Ära für den Flugplatz Payerne, www.skynews.ch, März 2019.

Eichhorn, Christoph von: Diese Masken ermöglichen das fast perfekte Verbrechen, SonntagsZeitung, 1. März 2020.

Haefely, Andrea: Luxusuhr? Leider nein, Beobachter 3/2020.

Jungo, Stephanie: Man darf kein zartes Pfänzchen sein, Berner Zeitung, 11. Juli 2020.

Küpfer, Adrian/Zimmermann, Krispin: Täglich werden unsere Handydaten registriert, Treffpunkt SRF 1, 7. August 2019.

Nuhr, Dieter: Jahresrückblick 2019 mit Dieter Nuhr, ARD, 28. Dezember 2019.

Reichen, Johannes: Flughafen begräbt alte Bauprojekte, Berner Zeitung, 11. Januar 2020.

Reichen, Johannes: Flughafen saniert alte Hangars, Berner Zeitung, 8. Juni 2020.

Reichen, Johannes: Müllers holen sich das Flughafenhotel zurück, Berner Zeitung, 6. Mai 2021.

Reichen, Johannes: Restaurant am Flughafen geht zu, Berner Zeitung, 16. Mai 2020.

Russ-Mohl, Stephan: Bizarres aus Absurdistan, Neue Zürcher Zeitung, 21. September 2019.

Rutschi, Sandra: Was eine Leiche erzählen kann, Berner Zeitung, 18. Mai 2020.

Schifferli, Daniel: Einsatz Grenzwache, TeleBärn, 8. Januar 2020.

Schwarz, Pauline: Mein Leben und Leiden am Görlitzer Park, 2018.

Sulc, Adrian: Schweizer staunen über chinesische Kopien, Tages-Anzeiger, 16. April 2014.

Witschi, Julian: FlyBAIR will trotz schwerem Start 2021 wieder abheben, Berner Zeitung, 28. Oktober 2020.

www.20minuten.ch: Schweizer dürfen gefälschte Uhren tragen, 6. November 2015.

www.accu-check.ch: Allgemeine Infos zu Hypoglykämie.

www.bazl.admin.ch: Allgemeine Infos zu den verschiedenen Flugplätzen.

www.berliner-unterwelten.de: Foto alias Teufelsberg Berlin: ©Berliner Unterwelten e. V./Holger Happel.

www.bkw.ch: Foto Windpark.

www.bote.ch: WEKO verbietet ETA die Auslieferung von Uhrwerken, 18. Dezember 2019.

www.btc-echo.de: Allgemeine Infos zum Bitcoin-Mining.

www.flughafenbern.ch: Für allgemeine Informationen.

www.rega.ch

www.teufelsberg-berlin.de: Geschichte Teufelsberg Berlin.

www.wikipedia.org: Flugplatz Belpmoos, Russenmafia, Bitcoins und weitere Infos.

The Making of ...

Auch in dieser Kriminalgeschichte seien einige Intermezzi erwähnt, die ich backstage erlebt habe. Viel Vergnügen!

Das wichtigste Ereignis vorab, auch wenn ich mich wiederhole: Im Kapitel «Eine Woche zuvor» wird eine Sitzung in einem kahlen Sitzungszimmer im Belpmoos beschrieben. Dieses Treffen hat wirklich stattgefunden, genauso wie im Roman beschrieben, samt dem Vorschlag «Air Tell». Denn: Ich war selber dabei, als alias Beat Neuenschwander (jaja, schmunzeln Sie nur ...), samt seinem abrupten Abgang. Sie staunen? Ich auch. Die Sache ist in den nachfolgenden Monaten jedoch im Sand verlaufen, weil in Aussicht gestellte Gelder nicht überwiesen wurden. Auch Bankgarantien gab es nicht. Sie staunen? Ich nicht. Übrigens: Zwar war ich an der Sitzung anwesend, aber alles, was sich in der Kriminalgeschichte daraus ergibt, ist reine Fiktion, auch die Tätigkeiten von Jules Sommerhalder nach der Sitzung zu Beginn des Romans. Vor allem aber: Es war just dieses Treffen im Belpmoos, das mich zur Kriminalgeschichte «Belpmoos» inspiriert hat.

Übrigens: Das Pseudonym Beat Neuenschwander habe ich vor vielen Jahren benutzt, um beim damaligen Radio Förderband Scherzanrufe zu führen. Ungefähr an die 50. Einige der Themen: «Ein weltbekannter Cola-Hersteller wird heuer 100 Jahre alt und möchte in der Schweiz eine Riesenshow abziehen. Können wir Ihr Hallenbad in Bern mit Cola füllen?» oder bei Globus Delicatessa, «Weil ich verreisen muss: Kann ich meinen Königspinguin übers Wochenende bei Ihnen im Kühlraum abgeben?», aber auch «Hier ist die Zollbehörde am Flughafen Belpmoos: Wir haben 5000 blaue Kanarienvögel für Ihre Tierhandlung, bitte sofort abholen, morgen kriegen wir gelbe und können sie nicht mischen, weil es sonst grüne gibt!» Und, bei einem Blumengeschäft: «Kann ich via Fleurop auch Peterli und Knoblauch nach Kalifornien bestellen?» Jaja, Sie haben recht, liebe Lesende, ich habe zeit meines Lebens so ziemlich alles gemacht, worüber der liebe Gott zumindest eine Augenbraue hochzieht. Nicht nur der liebe Gott.

Da kommt mir noch in den Sinn, wegen der Telefonstreiche: Zum Schluss musste ich jeweils Farbe bekennen und um Erlaubnis fragen, ob Radio Förderband das Gespräch ausstrahlen dürfe. Nicht immer war das der Fall. Ein bekannter Optiker zum Beispiel hetzte uns seinen Anwalt auf den Hals, weil wir fragten, ob er einem Ross Kontaktlinsen verpassen könne. Bei Erfolg würde der Besitzer das begnadete Springpferd aus Dankbarkeit auf den Namen «Bern» umtaufen, Stadtpräsident Werner Bircher würde für Proben sogar den kleinen Garten mit aufgestellten Hindernissen im Erlacherhof zur Verfügung stellen. Ein anderes Mal ging es darum, dass Beat Neuenschwander für falsches Parkieren in der Hotelgasse Bern eine Busse gesteckt bekommen hatte, nicht aber sein Freund aus Polen, der dahinter parkiert hatte. Dieser wolle jetzt auch eine Busse. Eine Politesse erklärte, gegenüber Ausländern sei man tolerant. Als die komische Anfrage aufgeklärt wurde, liess sich die aufgebrachte Polizistin zu Äusserungen hinreissen, die schlicht nicht druckfähig sind.

Oder die US-Botschaft, bei der Beat Neuenschwander um Asyl in den USA bat, weil er nicht in die RS einrücken möge. Kein Witz: 17 Minuten lang (!) dauerte das Gespräch, wobei «dauerte» der falsche Ausdruck ist, Beat Neuenschwander wurde verbunden und verbunden und verbunden. Zweimal wurde ihm aufgehängt, also rief er wieder an, «Hello, it's me again, Beat Neuenschwander». Zum Schluss der Bescheid, man gewähre Schweizern kein Asyl. Antrag bereits telefonisch abgelehnt. Und: Ein bekannter Berner Mundartrocksänger, nennen wir ihn Polo Hofer – kein Hundefreund – hatte keine Freude, als ihm Beat Neuenschwander mitteilte, Marcus Aurelius («Auf diesen Namen reagiert der Bernhardiner auch») sei ihm zugelaufen, dank eines Medaillons mit Adresse und Telefonnummer um den Hals wisse man um den Besitzer … Der Zapfen war dann spätestens in jenem Moment ab, als Beat Neuenschwander dem Sänger erklärte, dass Neuenschwanders Frau für ihn schwärme, vor allem für das Lied mit den grünen Bananen. «Das isch nid vo mir, das isch vom Räber!» Ausstrahlung auch hier abgelehnt.

Als Fundort des BMW mit den drei Toten habe ich mir zuerst den Parkplatz des Restaurants Campagna vorgestellt, die Idee aber nach dem Studieren von Google Maps verworfen und mich für einen Wald nahe dem Tierheim entschieden. Ich rufe dort an, will Details zum Heim wissen. Es nimmt jemand ab, der sich mit «Bornhauser» meldet. Ich bin baff (was selten genug vorkommt), frage ihn, weshalb er wisse, wer anrufe? «Ich heisse Bornhauser, melde mich immer mit Namen.» Süsch no Frage? Übrigens hat Jakob Bornhauser inzwischen das Tierheim an Alexandra Rohrer übergeben.

Sie erinnern sich: Ziemlich zu Beginn findet eine Medienkonferenz im Restaurant Campagna statt. Weil ich die Lokalität nicht genau kenne, erkundige ich mich per Mail bei Campagna-Boss Willy Wüthrich, ob es ein Säli für ungefähr 20 Leute gibt. Offenbar drücke ich mich eher ungenau aus, denn als Antwort schreibt er: «Wann brauchen Sie das Säli? Datum, Uhrzeit? Was sind meine Dienstleistungen? Einfach so gebe ich das Säli nicht. Mit freundlichen Grüssen.» Eine zweite Mail meinerseits schafft Klarheit und zaubert ihm, wie er schreibt, ein Schmunzeln aufs Gesicht, weil er meine erste Mail offenbar «nicht genau» gelesen hat. Kommt vor. Nicht nur bei ihm.

Zurück zur Kriminalgeschichte. Der angebliche Freund von Stephan Moser, der in Tegel lange auf den TXL-Bus warten musste und im Hotel H4 elektronisch nicht einchecken konnte (Seiten 92–106), das war … ich.

Im Roman ist von der Videoüberwachung im Coop Pronto Shop in Muri die Schreibe. Dass die Innen- und/oder die Aussenbereiche für spätere Kontrollen tatsächlich aufgezeichnet werden, ist eine Mutmassung meinerseits, dazu erhielt ich von der Tankstelle auf Anfrage «aus Sicherheitsgründen» keine Auskunft.

Dann und wann muss ich ab mir selber lachen. Das passierte auch gegen Schluss dieses Romans. Als Berlin Bern mitteilte, dass man Stanislaw Darko tot aufgefunden habe, begannen meine Wirrungen. Wer hatte jetzt wen wo erschossen? Dass sich Ritter von Binggeli die Sache in drei Kapiteln mit Waffe 1 und Waffe 2 erzählen lässt, ist nicht auf seine Überforderung zurückzuführen, sondern auf meine eigene Unsicherheit. Aber zum Schluss fällt bei Ritter das Zwänzgi. Bei mir auch. Rappenweise.

Als Autor mit viel Fantasie kann man auch bös stolpern, wenn man(n) es nicht checkt. Als ich den Roman schon beinahe fertig geschrieben hatte, erfuhr ich durch eine Bekannte, dass der COO am Flugplatz Belpmoos zum Zeitpunkt meines Schreibens Heinz Kafader heisst, in meiner Story nannte ich den CEO in Belp per Zufall … Heinz Kappeler. Ein bisschen sehr viel Nähe, sollte jemand ein ungebührliches Konstrukt fantasieren, finden Sie nicht auch? Deshalb habe ich zum Schluss den ohnehin fiktiven Namen Heinz Kappeler mit Rolf Guggisberg ersetzt. So kommt niemand auf dumme Gedanken. Heinz Kafader ist inzwischen pensioniert worden.

Zum Schluss noch dies: Dass Staatsanwalt Martin Schläpfer einen Lancia Appia fährt (siehe Abbildung auf Seite 143), das ist kein Zufall. Ein solcher Appia war vor genau 50 Jahren mein erstes Auto, als Occasion mit dem allerletzten Ersparten gekauft. Dieser wunderschöne Sportwagen erfüllte nicht bloss alle Vorurteile, die man damals gegenüber italienischen Autos hatte – bei den Fiat-Fahrzeugen hiess es, im Handschuhfach würde sich der Fahrplan des ÖV von Turin befinden, weil man nie wusste, ob die Karre bei Temperaturen unter 10 Grad Celsius überhaupt anspringen würde –, Appia übertraf sie hemmungslos. Immer wieder musste ich mein Portemonnaie öffnen, fast wie bei einer schönen Frau. Ich entging einem späteren finanziellen Bankrott nur dadurch, dass ich Appia auf dem Flughafen in Paris mit fast vollem Benzintank für umgerechnet 50 Franken verkaufen musste, weil das Gefährt in der Nähe des Airports nicht mehr bremsen mochte, dafür konnte man die Scheinwerfer und Scheibenwischer nicht mehr abstellen. Aber äbe: Schöööööön isch dä Chlapf gsi. So schön. Überzeugen Sie sich selber; trotz der verwitterten Aufnahme:

Ich habe zu danken ...

... namentlich Willy Wüthrich, Christoph Gnägi, Jakob Bornhauser, Holger Happe, Sydney Peter Allanson, Bernhard Binggeli, Dustin Schütte, Barbara Nyffeler, Christian Jankowski, Adrian Schindler, Patrick Bornhauser, der Medienstelle der Kapo Bern, Kurt Schindler, Darja Hosmann, Shana Hirschi, David Heinen, Heinz Zürcher, Madeleine Hadorn, Rahel Schaffner, Ernest Oggier, Ramon Egger, Tim Schueler, Desiree Troxler-Fallet, René Lenzin, Jean-Luc Lehmann, Rolf König, Pauline Schwarz, Beat Beyeler, Andrey Angelov, Gina Moser, Marguerite Imobersteg-Hofstetter, Beat Sigel, Eveline Hostettler, Regula Thalmann, Ernest Oggier und Bruno Chapuis.

Ein spezieller Dank geht an Annette Weber, die mich immer auf aussergewöhnliche Weise unterstützt.

Und last but not least: DANKE, liebe Lesende, dass Sie bis zum Schluss durchgehalten haben.

Auf «Westside» im nächsten Jahr.

Foto: Matthias Bachmann

Zum Autor

Thomas Bornhauser, *1950, ist als Sohn eines Diplomaten in New York, Bordeaux und Bern aufgewachsen. Nach einer kaufmännischen Ausbildung und verschiedenen Anstellungen in den Bereichen Sport, Tourismus und Detailhandel war er 28 Jahre lang Leiter Kommunikation und Kulturelles bei der Migros Aare in Schönbühl BE. Heute ist er Kommunikationsberater, Fotograf und Autor. Für den Weber Verlag hat er bereits die Kriminalromane «Fehlschuss», «Die Schneefrau», «Tod auf der Trauminsel», «Wohlensee», «Rüeggisberg» und «Wengen» verfasst. Bornhauser lebt in Wohlen BE und Vercorin VS, ist verheiratet, Vater von zwei erwachsenen Kindern und Grossvater.